向南怀瑾借人生智慧

丁振宇 编著

时事出版社

图书在版编目（CIP）数据

向南怀瑾借人生智慧 / 丁振宇编著．—北京：时事出版社，2011.8

ISBN 978-7-80232-420-6

Ⅰ.①向…　Ⅱ.①丁…　Ⅲ.①人生哲学—通俗读物
Ⅳ.①B821-49

中国版本图书馆 CIP 数据核字（2011）第 081440 号

出 版 发 行：时事出版社
地　　　址：北京市海淀区万寿寺甲 2 号
邮　　　编：100081
发 行 热 线：（010）88547590　88547591
读者服务部：（010）88547595
传　　　真：（010）68418647
电 子 邮 箱：shishichubanshe@sina.com
网　　　址：www.shishishe.com
印　　　刷：大厂回族自治县正兴印务有限公司

开本：700 mm×1000 mm　1/16　印张：17.5　字数：234 千字
2011 年 8 月第 1 版　2011 年 8 月第 1 次印刷
定价：29.80 元

前　言
FOREWORD

现代社会正处在转型时期，社会问题众多，很多人在滚滚红尘中精神迷失，失去自我，身心俱疲。总觉得人生之路不顺畅，为人处事不舒心。怎样才能让我们走出人生困境，愉快地生活，对物质的匮乏、生活的艰辛、处世的艰难、人际的复杂、信仰的缺乏做到坦然而受、应对自如，使精神保持幸福的状态，使整个人生状态进入佳境呢？这时候，我们需要一位智者为我们指点迷津：指点人生路上的陷阱与弯道；点破为人处事的技巧与方法；指引未来的人生方向。南怀瑾先生就是符合这一条件的智者。通过他的指引，你一定能够破除生活的困顿和人生的迷惘；获得心灵的慰藉和精神的寄托；战胜旅途的恐惧和欲望的折磨；迎来心灵的解放和诗意的栖居……

南怀瑾先生是一位颇富神秘色彩的传奇人物，他寻仙、访道、习武、练剑，传奇经历打造别样人生；他说儒、论道、学佛、参禅，脱俗智慧化解人生苦难。他讲经说法、读史悟道，把那些沉浸在先哲背后的智慧展现出来。他妙手轻轻拂动，迷雾顿消，让我们看到了历久弥新的智慧光华和率真的生命哲学。他人称国学大师、易学大师、佛学大师，号称“上下五千年，纵横十万里，经纶三大教，出入百家言”。上下五千年，步履如飞，尽情体会传统文化智慧的精髓；纵横十万里，目光如炬，穿透历史风尘品味生活的繁华与精彩。先生熟习经史子集，贯通东西文化，学识渊博，著作等身。特别是他用“经史合参”的方法，讲解儒、释、道三教名典，旁征博引，拈提古今，蕴意深邃，生动幽默，在普及中国传统文化方面取得了引人注目的成就，深受海峡两岸各层次读者的喜爱。

人们习惯称他为“居士”，也有人喜欢尊他为“教授”，然而更多的是敬他为“大师”。他是“国学大师”，是“禅宗大师”，是宗教家、哲学家，也是温暖人生的最佳顾问。人们希望通过他的指引，找到阅读传统文化的捷径，感受人生智慧的光芒。

南怀瑾先生就像一个布道者，他把老子、庄子、孔子的智慧，以通俗的方式一一讲来，趣味横生。让我们在轻松阅读中领略生活的艺术，知晓生存之道。

听南怀瑾先生娓娓道来国学智慧，于时光交错中寻找人生思想的弧线。沉思若水，选取点滴，滋润如饥似渴的心田。空谷回响，追随南先生的脚步，感悟新的人生，体会平凡背后无尽的绚烂……

学道千日，悟道只在一个法门。南怀瑾大师讲道数十年，著述甚丰，常人欲学习南大师的无上智慧，就算穷数年之功，亦难得其大全。本书分为两大部分，首先从南怀瑾大师数百万字的著述中提炼出关于人生的醒世金言，汇聚成《南怀瑾语录》，然后围绕语录主旨，结合其亲身经历或他讲述的故事，印证他在醒世金言中体现出来的人生智慧。对做人、处世、交友、学习、养生、博爱、包容、忍让、应挫、坚持等关系我们当代人生存、生活的十个问题做了深入细致而又浅显易懂的探讨。为了进一步让读者理解南怀瑾大师的金言要义，编者在传播南怀瑾大师的智慧时融进了个人的理解和感悟，也希望能为南怀瑾大师弘扬中国传统文化尽一点绵薄之力。不当之处敬请南怀瑾大师及读者棒喝指正。

理不在烦，明白为真；法不在多，有用就行。如果读者朋友能从本书中有一言二句之得，能打开一个心结，解决一道难题，驱散一重迷雾，换来一脸欢颜，编者将感到不尽荣幸。

目录
CONTENTS

第一章　做人好，做事对，就是学问
——南怀瑾做人智慧

南怀瑾先生在学问和做人上更注重的是做人。他说："学问不是文学，文章好是这个人的文学好；知识渊博，是这个人的知识渊博；至于学问，哪怕不认识一个字，也可能有学问——做人好，做事对，绝对的好，绝对的对，这就是学问。这不是我个人别出心裁的解释，我们把整部《论语》研究完了，就知道孔子讲究做人做事，如何完成做一个人。"

第二章　曲成万物，曲者生存
——南怀瑾处世智慧

南怀瑾先生认为，宇宙万物都是曲线的。所以他说："'曲成万物'、'曲则全'。

处世不要走直路，走弯路才能全，处理事情转个弯就成功了。比如说小孩玩火，直接责骂干涉，小孩跑了；但用方法转个弯，拿一个玩具给他，便不玩火了。这就是‘曲则全’的妙处。”

第三章　交朋友之道，最重要的是久而敬之
——南怀瑾交友智慧

南怀瑾先生认为，交朋友要把握好分寸，既不能太疏远，也不能太密切。他说：“交朋友之道，最重要的就是这四个字——久而敬之。我们看到许多朋友之间搞不好，都是因为久而不敬的关系；初交很客气，三杯酒下肚，什么都来了，最后成为冤家。……这个‘敬’的作用是什么？好像公共汽车后面八个字的安全标记：‘保持距离，以策安全。’少碰为妙。”

第四章　随时随地的生活都是我们的书本
——南怀瑾学习智慧

南怀瑾先生认为，“修行是从各方面着手的，无一处不是修行处”。学习也是如此，“处处留心皆学问”。他说：“学问从哪里来呢？学问不是文字，也不是知识，学问是从人生经验上来，做人做事上去体会的。这个修养不只是在书本上念，随时随地的生活都是我们的书本，都是我们的教育。”

第五章　生命功能的源泉，都从“静”中生长
——南怀瑾养生智慧

南怀瑾先生认为，养生最重要的是坚持一个字“静”，他说：“世界上的人们拼命消耗能源和资源，拼命追求享受，等于在加快消耗生命。所以，保持健康长寿，必须要学会‘静’。”“静”既是养生之道，也是养心之道。

第六章　大慈大悲，大仁大爱

——南怀瑾博爱智慧

南怀瑾先生认为，要有一颗兼善天下、包容万物的慈悲之心，要以一颗慈悲心对待一切众生。他说："佛要教化一切众生。慈爱一切众生，对好的要慈悲，对坏的更要慈悲。好人要度，要教化，坏人更要教化。天堂的人要度，地狱里的更可怜，更要度。这是佛法的精神，所以说要度一切众生。"

第七章　常开笑口，放大度量

——南怀瑾包容智慧

南怀瑾先生认为，胸襟气度是一个人成功的关键。他说："每个人的气度、知识、范围、胸襟都不同。你要成大功、立大业，就要培养自己的器度像大海那样大，培养自己的学问能力像大海那样深。你要修道，要够得上修道材料，先要变成大海一样的汪洋。所以佛经上形容，阿弥陀佛的眼睛'绀目澄清四大海'，又蓝又大，就像四大海一样。"

第八章 “忍”是最难做到的

——南怀瑾忍让智慧

南怀瑾先生认为，人生世间，想做个伟人、强者，需做足“忍”字功夫。他说：“我们要想学佛，要想修行成就，‘忍’是最难做到的，就如打坐修定，为什么定不住啊！两个腿痛，你就忍不住了，这个忍就是忍辱里的一忍啊！”

第九章 失意的事并不是倒霉

——南怀瑾应挫智慧

南怀瑾先生认为“得意失意都是平常事”，要坦然面对人生的困境或逆境。他说：“人生得意的事，有时并不是幸福；而有时失意的事，并不是倒霉。……人生得意的事，虽不一定是坏，也不一定是好，有时失意也不一定是差。”

第十章 行到有功即是德

——南怀瑾坚持智慧

南怀瑾先生认为，行善事是没有尽头的，就如同佛说的“修功德是没有尽头”的一样。他说：“在佛的戒律上看到许多地方，佛带领一般弟子修行，学生中有眼睛看不到的，佛帮忙他做事情，那些弟子说您老人家怎么还来帮忙呢？他说我也是要培养功德，他说一个人做功德是无穷无尽的。”

第一章

做人好，做事对，就是学问

——南怀瑾做人智慧

南怀瑾先生在学问和做人上更注重的是做人。他说：“学问不是文学，文章好是这个人的文学好；知识渊博，是这个人的知识渊博；至于学问，哪怕不认识一个字，也可能有学问——做人好，做事对，绝对的好，绝对的对，这就是学问。这不是我个人别出心裁的解释，我们把整部《论语》研究完了，就知道孔子讲究做人做事，如何完成做一个人。”

1. 人生重要是做人

【南怀瑾语录】

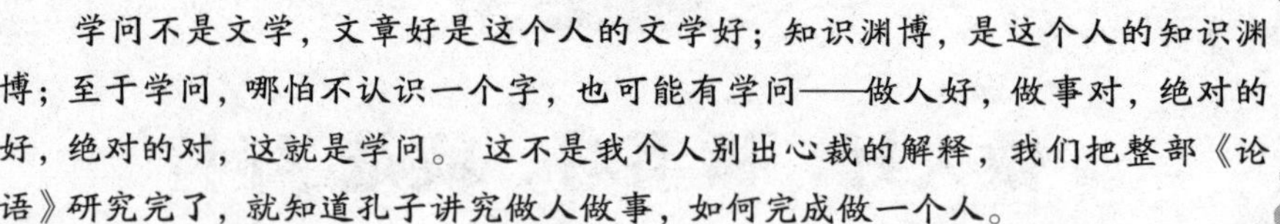

学问不是文学，文章好是这个人的文学好；知识渊博，是这个人的知识渊博；至于学问，哪怕不认识一个字，也可能有学问——做人好，做事对，绝对的好，绝对的对，这就是学问。这不是我个人别出心裁的解释，我们把整部《论语》研究完了，就知道孔子讲究做人做事，如何完成做一个人。

有人说，人生在世最重要的事情不是幸福或不幸，而是不论幸福还是不幸都保持做人的正直和尊严。做人比事业和爱情都重要。不论你在名利场和情场上多么春风得意，如果你做人失败了，你的人生就在总体上失败了。最重要的不是在世人心目中占据什么位置，和谁一起过日子，而是你自己究竟是一个什么样的人。

南怀瑾不但知识渊博、学贯中西、兼修文武，也深谙做人的学问。他的朋友众多，遍及世界各地，各种政党派系身份的都有。尽管如此，他还是能够在如此复杂的政治、社会关系中进退自如，与各方人士相处甚洽。南怀瑾幽默地将自己做人立世的“秘诀”形象地称为“只买票、不进场”。所谓“只买票、不进场”，实际上就是一种做人的学问。

他常常自称“隐士”。隐士在政治上的态度，用西方政治哲学的观念叫做“不同意主张”，不反对，也不赞成。当然，这种不同意完全是个人化的。即使不同意某个派系的主张，他还是能够把各党各派人士都当做朋友。

起初，有人怀疑他是这一派那一党，给他戴上各种帽子和头衔。结果直至到今天，他始终还是一个隐士。他说：“我就是因为一辈子光买票、不进场，所以现在各方面都变成了朋友。”

从上面这件事可看出，南怀瑾先生做人的学问一点都不亚于他治学讲课的学问。他把做人称作“第一等学问”，可见人生最重要的是学会做人之道。

那么，学习这天下第一等重要的学问“做人”该从哪儿入手呢？建议从身边的人入手。一位作家说：一个人，如果一辈子能搞好身边七八个人的关系，也就基本掌握了做人的精髓了。他所谓的“七八个人”是指父母、配偶、关系最密切的上司或同事、最要好的朋友。如果连身边的人关系都搞不好，又怎么会和陌生人和睦相处呢？那做人肯定是失败的。

有的人毕业于名牌大学，不一定会做人；有的人从未进过学校的门，不一定不会做人。这并不是说读书没有用，而是说只会读书还远远不够。因为很多做人的经验、办事的技巧不是课本上能够学到的。只会读书，充其量获得了人生需要的30%左右的学问；而不读书的人，如果他在做人做事的过程中留心学习，也能学到人生需要的70%左右的学问。很多博士在事业上的成就远不及一些读书不多的农民，原因即在于此。

尤其是做人的学问。并不是光啃书本所能学到的，书本只是间接经验，只有深入到社会实践中才能学到做人的学问。因为现在的教育体制主要向学生传授知识和技能，在如何做人方面关注不够，即使毕业于名牌大学，将来走上社会，仍然会面临很大的问题。因为知识技能仅仅是应用工具，做人的学问却能告诉人们如何合理运用这些工具。好比一辆车，尽管它很豪华，很漂亮，如果驾驶员的驾驶技术生疏，不懂交通规则，难免不出车祸。那还不如骑一辆破自行车稳当呢！所以说，做人是天下第一等大学问。

如何做人呢？归纳《论语》中曾子和子夏的意见，包括五个方面：

一是敬重贤人。在生活中，很多人瞧不起那些才能高、品行好的人，这恰恰暴露了自己不辨贤愚、狂妄自大的毛病。懂得敬重贤人，至少能证明你心有天平，懂得好坏，这已经足够让人肃然起敬了。

你能够敬重贤人，就体现出你谦逊做人的风度和教养，就能够赢得他人的尊敬。

二是孝敬父母。父母是生养我们的人，是我们最亲近的人。孝敬父母，是做人的根本。很多人开始忙于事业，忽略了父母亲情，等到父母不在了再来伤心痛悔，不是太迟了吗？

孔子曾遇到一个名叫丘吾子的高士，此人年少时遍览群书、周游天下，回来后双亲已经亡故了。所以他痛悔地对孔子说：树欲静而风不止，子欲养而亲不在。他还说：走了就不再来的，是年龄；失去了不能再见的，是双亲啊！孔子当即对弟子们说："你们记住，这足以作为教训！"于是，弟子回去奉养父母的有十三人。孔子认为孝敬应该及时，不要等到将来。所以说父母之年，不可不知。父母在不远游，即使有重要工作，在外打工也要常回家看看。

三是忠于职守。在绝大多数领导者眼里，一点忠诚胜过更多智慧。一位大师说："假如把智慧和勤奋看作金子那样珍贵，那么比金子还珍贵的就是忠诚。"

四是诚信待人。颜回曾向孔子请教"怎样才能立身"，孔子的回答是：谦恭、尊重、忠诚、守信，可以立身。保持谦恭就能免于受众人所忌；尊重别人就会受到别人爱戴；待人忠诚就能得到别人的帮助；坚守信用别人就会依赖你。有人爱戴你，有人帮助你，有人依靠你，你一定能免除祸患。这样的人可以治理国家，何况安身立命呢？从孔子的话中，我们可以得出结论：诚信是立身之本。如果一个人不讲诚信，在社会上连脚都站不住，哪还谈得上发展呢？

五是勇于实践。做学问的目的，肯定不是为了让那么多知识、经验占用自己的大脑内存，也不是为了好玩，更不是为了向知识贫乏者炫耀自己多么有才华。归根结底，做学问的目的是为了应用到社会实践中，为自己、为他人、为社会创造价值。如果不能用学问创造价值，跟没有学问也差不多，又何必费神去做学问呢？

任何学问都是有欠缺的，都会过时，只能在实践中完善它、改进它，才能长久。离开了实践，任何学问都是漏洞百出。以之自矜，只会得到"书呆子"的评价；以之示人，还会谬种流传，成为侵害他人思想的病毒。所以说，勇于实践，对于人生成长，至关重要。

人们常常慨叹："做人难，难做人。"看来，南怀瑾先生所言非虚，做人确实是一门学问，而且还是比较难的学问。不过，如果你能够仔细阅读"社会"这本无字的大书，并且勇于实践、认真总结的话，那么总有一天你会从"社会"这所大学顺利毕业的。

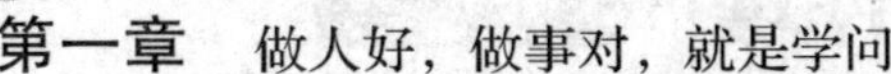

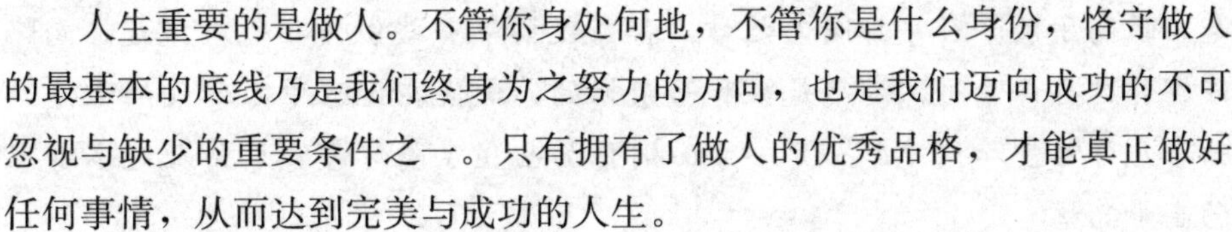

人生重要的是做人。不管你身处何地，不管你是什么身份，恪守做人的最基本的底线乃是我们终身为之努力的方向，也是我们迈向成功的不可忽视与缺少的重要条件之一。只有拥有了做人的优秀品格，才能真正做好任何事情，从而达到完美与成功的人生。

2. 对待他人不苛求

【南怀瑾语录】

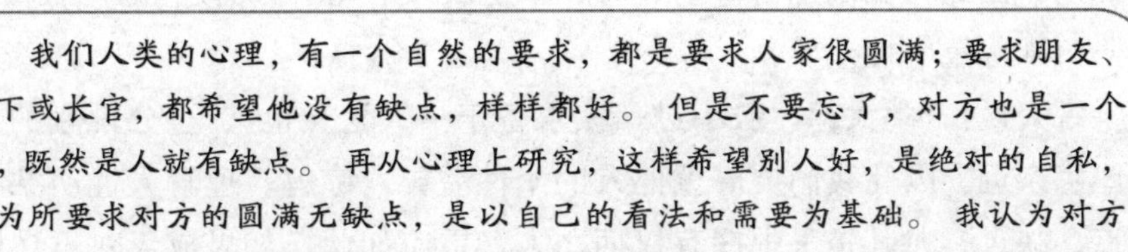

我们人类的心理，有一个自然的要求，都是要求人家很圆满；要求朋友、部下或长官，都希望他没有缺点，样样都好。但是不要忘了，对方也是一个人，既然是人就有缺点。再从心理上研究，这样希望别人好，是绝对的自私，因为所要求对方的圆满无缺点，是以自己的看法和需要为基础。我认为对方的不对处，实际上只是因为违反了我的看法，根据自己的需求或行为产生的观念，才会觉得对方是不对的。

古人云：金无足赤，人无完人。世界上没有十全十美的人，求全只是一个美好的愿望，可是谁见过毫无缺点的“完人”呢？

南怀瑾身边曾经有一位叫蔡策的朋友，《论语别裁》的出版跟他有很大关系。蔡策会速记，南先生在讲台上讲《论语》时，他就在下面一边听一边用笔记录。然后通过对笔录进行整理，并补充相关资料，最后成书出版。《论语别裁》出版以后，两人又多次合作，出版了《孟子旁通》等书。随着书的不断出版，他们之间的友谊也愈加深厚了。

蔡策是一位记者，几十年的记者生涯，在“见官大三级”的心态影响下，不知不觉培养出傲慢的心理，并在外在行为上不自觉地显露了出来。因此，常人都不大愿意跟他亲近。对他这一缺点，南怀瑾看得很清楚，不过并不放在心上，而且丝毫未影响他们的合作以及友谊的发展。一次，南怀瑾曾温和地评价蔡策是个“目视云汉”的人。何谓“目视云汉”？自然与“眼高于顶”有异曲同工之妙，都在说蔡策有些傲慢之气。但是，南怀瑾在作这番评价时，语气是柔和而亲切的，这便在无形中让蔡策的傲慢透出了几许可爱和俏皮，而另一方面则更加凸显了南怀瑾宽厚待人绝不苛求的高贵品格。

人非圣贤，孰能无过？就如同南怀瑾先生所说的，我们人类的心理有一个自然的要求，那就是都要求别人能够圆满。但是不要忘了，对方也是一个人，既然是人就有缺点。他这种处世态度对我们很有借鉴意义。人们往往因为别人生活方式以及应对态度与自己不同，因而排斥对方，认为唯有自己才正确。其实，任何一个人，只要他能够遵守基本的做人原则，那么采取什么生活方式都无所谓。如果能认清这个道理，我们的心胸就会豁然开朗。因此，我们在对待别人时，不妨从以下几个方面入手：

（1）尊重个性差异

古人说：“举大德，赦小过，无求备于一人之义也。”过分挑剔的人没人愿意亲近。因此我们要尊重他人的个性差异，谅解、理解人性所共有的弱点、缺点。尤其是手中握有权柄之人，更应如此。如果成天对下属颐指气使，只能使自己变成孤家寡人，让自己的人际关系过分紧张。如此无谓地增加自己的心理负担，是很划不来的。

（2）多恕人，常责己

俗语：“责人之心责己，恕己之心恕人”。这句话的意思是：批评别人时，应想想自己做得是否够好；宽恕自己的时候，也应想想对别人不能太苛刻，也就是所谓的“将心比心”。如果一味地恕己责人，只会让自己不思进取，蛮横无理。反过来，如果能够常责己，就会发觉有很多事并不像自己想象的那样，于是加以修正；如果能够多恕人，就会退一步海阔天空，给别人，也给自己一个机会。

（3）站在别人的角度想问题

其实只要多站在别人的角度上看看问题，多考虑考虑别人的想法，就不会有太主观、偏颇，自然也不会一味地苛求别人，而且还能免去诸多误会。

（4）改变评价别人成功的标准

通常情况下，人们爱用一件事是否做得成功来评价做这件事的人。如

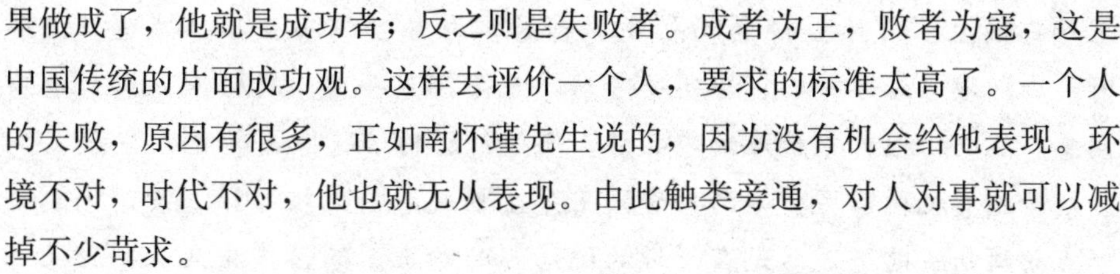

果做成了，他就是成功者；反之则是失败者。成者为王，败者为寇，这是中国传统的片面成功观。这样去评价一个人，要求的标准太高了。一个人的失败，原因有很多，正如南怀瑾先生说的，因为没有机会给他表现。环境不对，时代不对，他也就无从表现。由此触类旁通，对人对事就可以减掉不少苛求。

没有错误的人是没有的。有的人功大过小，不能因为他一时的错误就否定他的主要功德，这就是古人说的“不以一眚（过错）掩大德。”（《左传·傅公三十三年》）看人要看本质，看主流，不能专挑别人的小过小非，斤斤计较别人的小节问题。因此古人又说：“人有厚德，无问其小节；人有大誉，无疵其小过。”对别人宽容一些，别人也才会用宽容的心来对待我们。总之，对人不过分苛求，凡事留有余地，应当成为我们做人的准则。

3. 做事多替他人想

【南怀瑾语录】

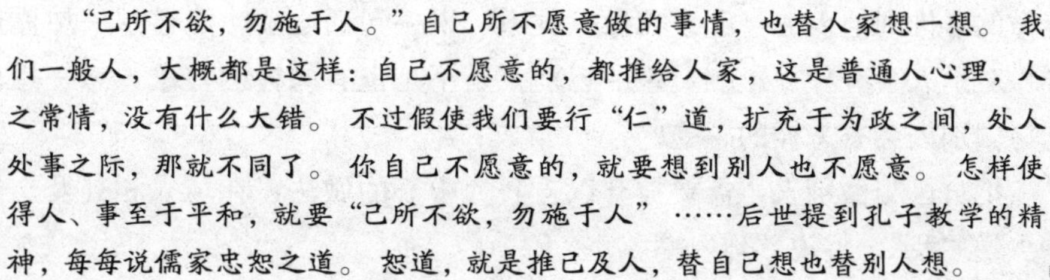

“己所不欲，勿施于人。”自己所不愿意做的事情，也替人家想一想。我们一般人，大概都是这样：自己不愿意的，都推给人家，这是普通人心理，人之常情，没有什么大错。不过假使我们要行“仁”道，扩充于为政之间，处人处事之际，那就不同了。你自己不愿意的，就要想到别人也不愿意。怎样使得人、事至于平和，就要“己所不欲，勿施于人”……后世提到孔子教学的精神，每每说儒家忠恕之道。恕道，就是推己及人，替自己想也替别人想。

南怀瑾说的“推己及人，将心比心”，与孔子所说的“己所不欲，勿施于人”是一个意思。用现代流行的词语来说，就是多替他人着想，换位思考。

一次，南怀瑾的内侄王先生从上海给他带来了一盒酱猪肘。这个上海话叫做“酱蹄膀”的带骨酱猪肘，外观齐整，酱色也美观，就是欠火候，里外都偏生，肉丝显得老而粗硬，嚼着实在费劲，而且品味不佳。就餐时，南怀瑾只尝了一口，确实咬不动，只得搁置一旁。其他人一尝，也有同感。然而，他并未就此加以品评，而是借别的话题将这事岔过去了。

酱猪肘之所以遭受冷遇，皆因王先生临赴港前比较匆忙，没时间到好一点的商店去购买，只是在附近的小店临时购来。南怀瑾先生深知侄儿一定也想带上好佳肴来看望自己，出现这样的情况也是无心之过。而此时他心里也必定深感愧疚。所以，万不可再“火上浇油”，让他更加难堪。

从上面这件小事中不难发现，南怀瑾先生已把“为他人着想”这个做人的理念渗透到了他日常生活的点点滴滴中。

我们在与人交往的过程中，应当体会他人的情绪和想法，理解他人的立场和感受，并站在他人的角度来思考和处理问题。应当将自己的想法推及别人，自己希望怎样生活，就应想到别人也会希望怎样生活：自己不愿意别人怎样对待自己，就不要那样对待别人；自己所不愿承受的，就不要强加在别人的头上。如果这样去做了，那么你将发现许多人际问题迎刃而解，你也不会常常慨叹“做人难”了。

做事多替他人着想，具体可从以下几点入手：

（1）把自己当成别人

把自己当做别人，就是站在别人的角度思考问题，这样便不会将自己应做的事推到他人的身上。在做一件事、说一句话之前，能够想一想你这样做对别人会有什么影响，想一想别人是不是也有同样的要求，想一想你这样做别人会有怎样的感受。

把自己当做别人，需要摒弃以自我为中心的做法，在与人相处及交谈中少说“我”、多说“你”。

把自己当做别人，可以使自己拥有平和的心态。比如说：当你感到痛苦时就把自己当成是别人，痛苦就减轻了；当你喜悦时把自己当成别人，喜悦将变得平和中正。

（2）把别人当成自己

把别人当成自己，就能够真正理解他人所求所想。理解别人，哪怕是一个敌人、一个伤害你的人、一个侮辱你的人，所拥有的任何一种结果、任何一种行为、任何一种境界、任何一种心态，都必有其理，都有理所当然的地方。

把别人当成自己，就能够同情他人的不幸遭遇。当别人遇到麻烦、烦恼、不快及意外时，需要给予真诚的关心，而不是视而不见、麻木不仁、冷漠处之或幸灾乐祸。

把别人当成自己，就能够在别人需要时给予恰当的帮助。多做雪中送炭的事，少做锦上添花的事。

（3）把别人当成别人

把别人当成别人，是要尊重每个人的独立性，在任何情形下都不可侵犯他人，更不会勉强他人做他不愿做的事情。

（4）把自己当成自己

把自己当成自己，则是将自己放在一个独立的天地中，做一个大写的人。前面三点侧重“替他人着想”，这一点则强调“为自己而活”。当你做一件事之前，如果对自己有益，而对别人不会产生较大的负面影响，那么就要果断地去做。

“替他人着想”实际上就是“推己及人，将心比心”。一个人如果能够常常站在别人的角度考虑问题，为别人想一想，便会减少很多不满和抱怨，使自己的工作和生活轻松愉快，使人与人之间的关系变得和谐美好，何乐而不为呢？

4. 做好人生三件事

【南怀瑾语录】

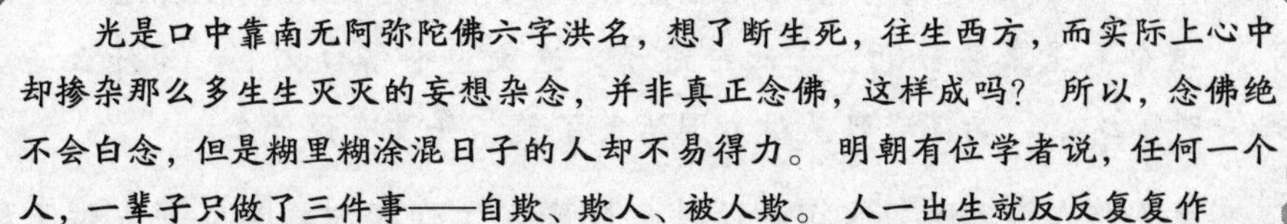

光是口中靠南无阿弥陀佛六字洪名，想了断生死，往生西方，而实际上心中却掺杂那么多生生灭灭的妄想杂念，并非真正念佛，这样成吗？所以，念佛绝不会白念，但是糊里糊涂混日子的人却不易得力。明朝有位学者说，任何一个人，一辈子只做了三件事——自欺、欺人、被人欺。人一出生就反反复复作这三件事，直到死亡。一辈子自我欺骗蒙蔽自己，再不然哄骗人家。哎唷！我念佛念得好好啊！你赶快跟我去念，念佛真的很有意思，实际上自己满腹牢骚，天天烦恼。这不是自欺欺人吗？而那个莫名其妙跟着赶来凑热闹的，便是被人欺。此人生之三件大事也……我们念佛，却不明何为念佛，这是自欺，自己辜负自己。

南怀瑾曾经讲过关于人生三件事的故事：

有一个从美国来访的天文博士，指名要跟南怀瑾学禅宗。初次见面，他讲了自己的一些经历，说是博士毕业后一直在找工作，到现在还没找到。又说他已在日本禅堂学了一些时间了。谁知这位博士说完之后，南怀瑾却毫不客气地对他说："你学禅宗只是找一个栖身之所，大概找不到工作，心中苦闷，就躲到禅门里头了……"

刚说到这里，只见这位博士的眼泪流下来了。南怀瑾的话虽然太尖锐一些，不过却类似禅宗的棒喝法门，把他的起心动念、内心深处的弱点打出来，使他认清事实，不必自欺欺人。

博士很坦率，承认了这个事实。于是，南怀瑾劝他努力奋斗，工作可以退而求其次，不必坚持博士的标准待遇。因为美国的工作待遇是以学位分等级的，经济不景气的时候，公司情愿雇用学位较低的人。

这位天文博士听后，果然放弃学习禅宗，重回社会去工作了。

上面是一个"自欺欺人"的故事，下面这个故事则是"被人欺"。

南怀瑾在台湾信义路三段办公时，有一次一个陌生人来到他的办公室，对他说要回家缺路费，向他借五百元路费，回去一定依址寄还。结果他并没有还钱。隔了一年左右，这个人又来了，这次换了个题目，说脚被撞伤，缺医药费。这事被南怀瑾的一个学生古国治知道了，很生气，很想揍这个人一顿。但是南怀瑾却照给不误。这个人走之后，古国治不解地问："这个人是来骗钱的，上次给过了，这次换个借口又来，为什么还要给？"听了这话，南怀瑾只是对古国治笑了笑，并没有说什么。

"自欺欺人被人欺"这句话，是南怀瑾先生晚年时，阅尽了人生千种艰难、万种丑陋，同时也反省了自己的经历后有感而发的。他把人生透析得那么彻底、那么不留情、那么近于残酷。也许，只有他这样的人才能悟得出来、才能讲得出来。这种人生的大彻大悟，可以算是他人生智慧中的精华，也是值得每一个人学习的。

人，必须自己对自己负责，不能自欺，不能欺人，更不能被人欺。只有做好这三件事，才能“跳出三界外，不在五行中”。

一个欺字，有两层含义：一为欺负，二为欺骗。

（1）自欺

所谓“自欺”，一是自己辜负自己，也就是自己跟自己较劲。世上本无事，庸人自扰之，自己钻进牛角尖，时时刻刻愤世嫉俗，好像全世界的人都与你为敌，其实是自寻烦恼。二是自己欺骗自己。这更是世人的通病，自以为是，眼高手低。把自己置于一个错误的位置，或不合时宜地扮演了一个错误的角色。如此这般，是别人的不幸，更是自己的悲哀。

（2）欺人

所谓“欺人”，就是欺骗或欺负别人。这种人时时刻刻都活在谎言中，说一句谎话要用十句谎话来圆谎。有时，连他自己都搞不清楚究竟是事实还是谎言。至于欺负他人，更是一种怯懦的表现，恃强凌弱其实是色厉内荏。

有这样一句话：人往往是被“三碗面”吃死的。它们分别是：情面、场面、体面。针对这种情况，南怀瑾先生曾这样说：“坦白地说，有时生活困难，过着穷不到一月，富不到三天的日子，表面上充阔气，内心里很痛苦。”中国人要面子，常常“死要面子活受罪”，可算得上是一种群体的自欺欺人了。

（3）被人欺

所谓“被人欺”，就是被别人欺骗或欺负。这一点更是人生中不可避免的无奈。

自欺、欺人、被人欺，人们总在三者之间徘徊往复。

那么，如何才能做好这三件事呢？唯有重新审视自己的人生。

（1）不要自欺欺人

有人说，人的一生之中只有三件事：

一件是“自己的事”。今天做什么，吃什么，开不开心，要不要助人，皆由自己决定。

一件是“别人的事”。别人心中的难题，他人的故意刁难，自己的好心善意被误解、被施以恶言，其实都是由别人主导的，与自己无干。

一件是“老天爷的事”。天灾人祸，不管是狂风暴雨还是山石崩塌，都是人力所不能及的事，只能是“谋事在人，成事在天”，过于烦恼，也于事无补。

人总是忘了自己的事，爱管别人的事，担心老天的事，所以总逃不出自欺欺人的怪圈。其实，要活得真实自在很简单，你只需要打理好“自己的事”，不去管“别人的事”，不操心“老天爷的事”。

（2）不要被人欺

如果有人欺骗你，你最好可以分辨出他是出于恶意还是出于善意。恶意的要小心提防，避免被其伤害；善意的也许可以不去揭穿，让谎言留几分美丽。对于别人的欺负，要在心中划出一道底线，既不要因为他人的无理取闹而一时冲动，也不要在别人变本加厉之时步步后退。

如果你能够牢记：不要拿自己的错误惩罚自己，不要拿自己的错误惩罚别人，不要拿别人的错误惩罚自己，那么做一个好人其实不太难，拥有一个幸福的人生其实也很简单，自欺、欺人、被人欺的误区更是可以轻松跨越的。做好人生这三件事，你就是一个富有智慧的人。

5. 待人接物讲礼仪

【南怀瑾语录】

《论语》上的“礼”是社会秩序的礼，个人的礼……礼是干什么的？是中和作用，说大一点就是和平，这也就是礼的思想。人与人之间会有偏差的，事与事之间彼此有矛盾；中和这个矛盾，调整这个偏差就靠礼。……假如没有礼，社会就没有秩序，这怎么行？所以人与人之间要礼，事与事之间要礼，而礼的作用“和为贵”，就是调整均衡……

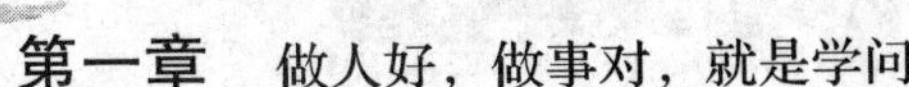
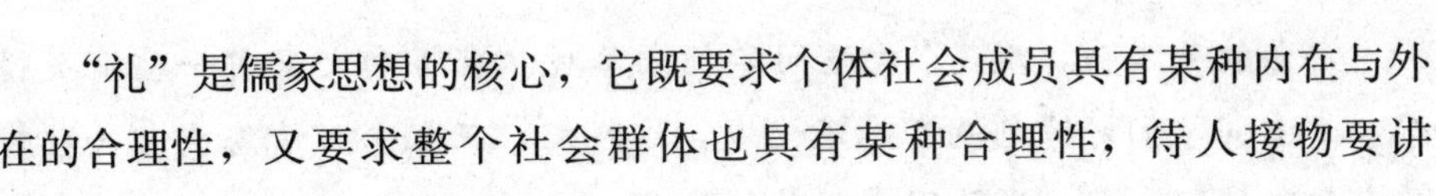

“礼”是儒家思想的核心，它既要求个体社会成员具有某种内在与外在的合理性，又要求整个社会群体也具有某种合理性，待人接物要讲礼仪。

南怀瑾说：“现在的学生几乎不会应对，如问他：‘贵姓?’他就答：‘我贵姓某。’‘府上哪里?’他会说：‘我府上某地。’就是如此，应对的礼仪没有了，这是大问题。”其实，不光学生不会应对，很多成年人也不会，见了人连个招呼也不会打，请客、做客的礼仪也不懂，在公共场所或交际场所还有一些不良习惯，如掏耳朵、挖鼻孔、咬指甲、晃悠双腿等，这就难免让人反感，并影响到很多事情。

一位女记者约请一位知名教授采访，教授爽快地答应了。原定采访时间两小时，没想到，刚谈了三分钟，教授便借故要走，而且态度很冷漠，使女记者十分尴尬，又大惑不解。后来，她通过教授的学生才弄清原因：原来，那天采访时，她像往常一样，习惯性地脱掉鞋，架起二郎腿。也许是早上起床忘了换袜子的缘故，那味儿很不好。教授十分反感，就中止了采访。

许多不好的习惯早就形成了，而且习以为常。我们自己也许感觉不到，却不知不觉地冒犯了别人。我们经常埋怨别人对自己不礼貌、不友善，其实也许是我们自己的态度或习惯不好，才影响到了他人的态度和情绪。

会见尊长要保持谦恭的态度。尊重领导和长者，是起码的礼节。有的人正好相反，看见领导，心里就想：“大家都是人，谁也不比谁高，我将来的成就没准比你更大呢!”看见长者，心里就想：“你除了年纪比我大，其他方面也平常。”心里有了不恭的想法，自然会在神色和言行上表现出来。其实，别人是否高明，那是别人的事，你在尊者面前不懂礼节，却暴露了自己没有修养。

一位导师带着24个学生到国家某部委的实验室参观。这时，部长走进来，很有礼貌地和大家打招呼：“抱歉，让大家久等了!”同学们静悄悄的，没有一个人回应。一个叫小丽的女孩，犹犹豫豫地鼓了几下掌，同学们这才稀稀拉拉地跟着拍手。

部长皱皱眉头，说："欢迎同学们来参观。我将向大家讲一些有关情况。我看同学们好像都没有带笔记本，这样吧，王秘书，请您去拿一些我们部里印的纪念册，送给同学们作纪念。"

秘书抱来一摞纪念册，部长依次分给大家。同学们都坐在那里，很随意地用一只手接过部长双手递过来的手册。部长脸色越来越难看了。轮到小丽时，她礼貌地站起来，身体微倾，双手握住手册，恭敬地说了一句："谢谢您！"部长舒心地一笑。早已汗颜的导师看到此景，也微微松了一口气。

两个月后，当同学们为找工作发愁时，小丽被点名招进了那个部委的实验室。

你瞧，礼仪看似小事，却经常能成为影响人生命运的大事，我们怎么能掉以轻心呢？

礼节是一个人最佳的"推荐信"。判断一个人修养的高低，不是看他的学识和才华，而是看他是否能够以礼待人，在做事的时候是否能够做到"如承大祭"。

40 年前，苏联宇航员加加林乘坐"东方"号宇宙飞船进入太空遨游了 108 分钟，成为世界上第一位进入太空的宇航员。加加林能在 20 多名宇航员中脱颖而出，起决定作用的是一个偶然事件。在确定人选前一个星期，主设计师罗廖夫发现：在进入飞船前，只有加加林一人脱下鞋子、只穿袜子进入座舱。就是因为这个细节，加加林一下子赢得了主设计师的好感。罗廖夫感到这个 27 岁的青年如此懂得规矩，又如此珍爱自己为之倾注心血的飞船，于是他决定支持加加林执行这次飞行。

德国有一句谚语叫"脱帽在手，世界任你走"。有礼节不一定总能为你带来好运，但没有礼节却往往使你与幸运擦肩而过。

对于知礼守礼的人来说，成功的大门会向他们敞开。他们即使身无分文，也随时随地会受到人们热情的接待。假设有这么两个人，他们在其他方面都一样，只是在待人处世方面不同：一个谦和友善，助人为乐，举手投足无不具有绅士风范；而另一个举止粗鲁轻佻，对人总是吹毛求疵，没有一点合作精神。很显然，前者的事业会蒸蒸日上，后者只会江河日下。

英国教育家洛克说，没有教养的人有了胆量，胆量就会带有野蛮的色彩，而别人也必以野蛮相看待——学问就变成了迂气，才智就变成了滑稽，率直就变成了粗俗，温和就变成了谄媚。没有礼仪，无论什么美德都会变样。他说，美德是精神上的一种宝藏，使它们生出光彩的则是良好的礼节。

“礼之用，和为贵。先王之道，斯为美，小大由之。”（《论语·学而》）礼的运用以促进和睦为最宝贵，古代先王的治国之道中，“和”是最重要的，这是从政治角度谈“和”的重要作用。孟子也说：“天时不如地利，地利不如人和。”（《孟子·公孙丑下》）认为“人和”是在军事、政治斗争中取胜的主要因素。“和”在为人处事中也同样重要，一团和气，人人喜爱。

古代思想家强调“和为贵”和中庸之道是一致的。调节矛盾，使社会达到适当、适度的平和状态，是一种最高的理想境界。因而在社会生活中，强调人和，反对纷争。因为“和则一，一则多力，多力则强，强则胜物”；“争则乱，乱则离”，离则弱，弱则不能胜物。”（《荀子·王制》）古人认为：“和为贵”不仅适用于人事，也适用于自然宇宙，适用于人与自然的关系。阴阳调和，滋生万物；风雨调和，始有丰年。人与自然并不对立，而是相通相依。虫鱼鸟兽可以成为人类的朋友，山川草木可以成为人们心灵的依归。

在人际交往中，“和为贵”是一项基本原则。它适用于人际交往的各个层次。家庭是社会的细胞。和睦的家庭是社会稳定的基础，兴旺的家庭是社会进步的标志。家庭是人生的摇篮，美满的家庭为少年儿童的健康成长提供理想的环境。家庭是人生的港湾，温馨的家庭为青壮年奋进拼搏提供支持和慰籍。家庭是人生的归宿。幸福的家庭为老人安度晚年提供物质的和精神的保证。尽管现在传统的大家庭已开始解体，向小型化发展，家庭的一部分职能已开始由社会化的组织承担，但家庭对人生的影响仍然是不可忽视的。

“家和万事兴”。在家庭关系中坚持“和为贵”的原则，才能使家庭兴旺发达。夫妻和，有利于双方在事业上互相支持、携手同行，有利于子女在和谐融洽的气氛中健康成长，有利于老年人在祥和的气氛中愉快地度过晚年。夫妻不和，以至反目成仇，家庭破裂，就会上不能供养父母，下不能抚育子女，给他们留下难以平复的精神创伤，实为人生的悲剧。此外，父子之和、婆媳之和、兄弟姐妹之和，也是家庭中形成祥和温馨气氛的必要条件。如果父子不和、婆媳不和、兄弟姐妹不和，都会损害家庭成员之间的亲情，造成紧张沉闷的气氛。在这样的家庭气氛中，每一个人都会感到精神上的压抑和痛苦。家庭矛盾一般不具有对抗性质，要多一些宽容、理解和交流，少一些冲动和对立。晚辈对长辈要尊重、关心，长辈对晚辈要爱护、引导。夫妻之间要互敬互爱、互信互谅、互勉互励。鲁迅《题赠许广平》诗云："十年携手共艰危，以沫相濡亦可哀。聊借画图怡倦眼，此中甘苦两心知。"夫妻两心相知，在困境中相濡以沫，在顺境中比翼齐飞，自然可以化解一切困难和矛盾，在建立团结和睦的家庭关系中起支柱作用。

邻里关系中也应该坚持"和为贵"的原则。邻里关系因地缘关系而确立，没有血缘的联系，也不一定有工作和事业上的联系。但邻里关系对个人、家庭和社会都有重要影响。

一个机关、一个团体、一个企业，也要以"和为贵"的原则处理同事关系、部门关系、上下级关系以及领导者被领导者之间的关系，使大家感情相通、目标一致、同心同德。在这种团结融洽的人际关系中，才能发挥每个人的积极性、创造性，才能把每个人的积极性、创造性联合起来，形成克服困难的强大合力。

古人说："同恶相助，同好相留，同情相成，同欲相趋，同利相好。"（《史记·吴王濞列传》）因为有同样的爱憎，就能互相帮助扶持；因为有共同的目标和利益，就能同甘共苦，同生同死。这种因"众志成城"而产生的巨大力量，是工作事业取得成功的根本保证。一个团体、企业或工作部门，如果人心涣散、关系紧张、情绪对立，个人的聪明才智就会因内部矛盾互相抵消，工作和事业就很难有起色。维护团结稳定的政治局面，建立和睦融洽的人际关系，不仅是发展的前提，也是发展的目标。有中国特色的社会主义建设，包括物质文明建设和精神文明建设两个方面。团结和谐的人际关系，文明礼貌、遵纪守法的社会风尚，是精神文明建设的重要内容之一。从个人来说，不仅需要富裕的物质生活，还需要亲情友谊，需要心灵的沟通、理解和交流。如果不能满足这种精神情感方面的需要，即

使成了百万富翁，人生仍然是痛苦的、不幸的。当然，稳定不是停顿，和谐团结不是不分是非、放弃原则。稳定要促进改革、保证发展，和睦团结要做到“和而不同”、“和而不流”。把“和为贵”变成与坏的思想行为同流合污，当然是完全错误的。如果我们对这个问题有全面的认识和把握，那么“和为贵”的思想就可以成为处理人际关系的基本原则，成为人际关系的理想境界。

由此可见，礼仪之道绝非小事，作为一个生活在礼仪之邦的现代人，没有理由不提高自己的修养，与他人和睦相处，取长补短，共同发展，做一个彬彬有礼的人。人人讲礼，公民幸福，社会和谐，国家安定。

6. 帮人要在急难时

【南怀瑾语录】

我们帮助别人，要在人家急难的时候帮忙人家。别人已经有了办法，再给他那么多，不是成了锦上添花吗？这是不必要的。这也就是所讲“求人须求大丈夫，济人须济急时无”的道理……孔子说“君子周急不济富”，已经有了的人，就不必再给他了。

孔子说“君子周急不济富”，这也是儒家的“仁爱”思想，帮助别人是一种美德，掌握帮助的时机更是一种智慧。

公西赤出使齐国，冉有替公西赤的母亲请求小米。孔子说：“给他六斗四升。”冉有请求增加一些。孔子说：“再给他二斗四升。”结果冉有竟给了他八十石。孔子说：“公西赤到齐国去，坐的是肥马驾的车辆，穿的是又轻又暖的皮袍。我听说过：君子周济急需而不给富人添富。”

值得我们注意的是，孔子说：“公西赤到齐国去会过得很好，完全有能力负担他母亲的生活，因此我们没有必要为他锦上添花了，而要去周济周济那些穷困的人，为他们雪中送炭。”

这就是所谓“求人须求大丈夫，济人须济急时无”。

凡事都有轻重缓急，圣人的心里是非常有数的。我们在日常生活当中，遇事又何尝不应做如此处理呢？量力而行，向那些确实力不从心而又求助于你的人提供支持和帮助。

南怀瑾初到台湾时，日子过得相当艰苦。不过，他仍然不忘助人。他得知邻居揭不开锅，就会悄悄地把自己家仅有的米送到邻居家门口。那时，台湾整个社会经济不发达，一般老百姓生活都比较困难，比南怀瑾贫穷者大有人在。只要有人向他求助，他总是慷慨解囊，因此受过他接济的人不知道有多少。即使后来，南怀瑾成名之后，也依然保持着这种救人于急难的作风。后来，南怀瑾的一些学生在他面前表示说，等自己赚了大钱，发了大财以后，一定去做好事，做善事。南怀瑾听了，一笑置之，并不以为然。因为在他看来，助人不在于资助数量的多少，而在于帮助时机是否及时。从这个角度说，雪中送炭比锦上添花更可贵。

一个人，当他的钱多得花不了的时候，拿出一小部分来，捐给教育机构，捐给慈善事业，自己留个好名声，这样的人当然也不错，西方国家和港台地区很多人就是这样做的，但毕竟还是比较容易做得到的；难的是在自己并不富裕的情况下，能从自己的碗里拨出半碗饭给饿肚子的人，这就是所谓的雪中送炭了。

锦上添花与雪中送炭相比较，前者不是必要的，后者却救人于危难。人需要关怀和帮助，也最为珍惜在自己困境中得到的关怀和帮助。有人说，真正的助人是雨中的一把伞，是雪中的一捧炭，是寒室中温暖的棉被，是佳肴中不可缺少的盐花。

人都是需要别人的爱和帮助的，而这些帮助和爱，对每个人的影响是不同的。对于一个身陷困境的人，一碗热面，一杯热茶，可能就会使他度过人生中最黑暗的时刻，从而获得喘息的机会，最终凭借勇气和信心成就一番事业；对于一个执迷不悟的浪子，一次交心的促膝长谈，就可能使他浪子回头，重新树立人生的正确方向，发奋努力，实现自己的理想；就是在日常生活中，一个信任的眼神，可能就成了正义行动的强大动力；一阵赞同的掌声，可能就是对创新思想的巨大支持。

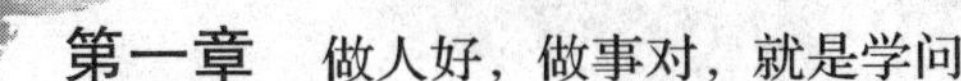

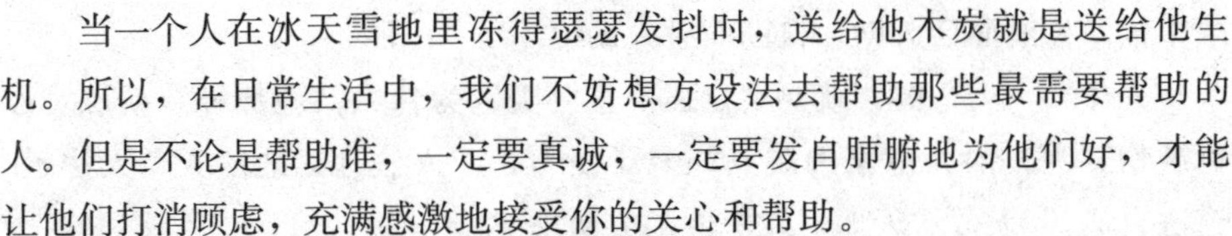

当一个人在冰天雪地里冻得瑟瑟发抖时，送给他木炭就是送给他生机。所以，在日常生活中，我们不妨想方设法去帮助那些最需要帮助的人。但是不论是帮助谁，一定要真诚，一定要发自肺腑地为他们好，才能让他们打消顾虑，充满感激地接受你的关心和帮助。

与此同时，你也要防止对别人的恩情过重，使对方自卑乃至回避你。因为一来他无法报答，你会成为他心理上的沉重负担；二来他会感到自己的低能，而这是由于你的“能耐”而愈加彰显出来的。所以，要处处帮助别人，但要把握帮助的度；雪中送炭可以，但千万不要让“炭”过热，否则会“烫伤别人”。

爱是需要传播的，我把爱给别人，别人也会把爱给我，请把爱送给最需要的人。

7. 自强不息遵天道

【南怀瑾语录】

> 佛并不具权威性，也不具主宰性。佛这个主宰和权威，都是在人人自我心中，所以说一个人学佛不是迷信，而是正信。正信是要自发自醒，自己觉悟，自己成佛，这才是学佛的真精神。

《周易》曰：天行健，君子以自强不息；地势坤，君子以厚德载物。意谓：天（即自然）的运动刚强劲健，相应于此，君子应刚毅坚卓，发愤图强；大地的气势厚实和顺，君子应增厚美德，容载万物。

人人都想成功，无苦无难，多福多贵，功成名就，名垂千古，万古流芳。但人生难免遇到挫折，实现理想的道路也充满坎坷曲折，那怎么才能成功呢？谁是你的救世主？南怀瑾大师告诫大家：如果你去祈祷一下，那是迷信的做法；想靠佛祖菩萨保佑自己，老实说，佛不大会管你这个闲事，佛会告诉你保护自己的方法。这一点与中国文化的精神是一样的，自求多福，自助而后天助，自助而后人助。

为什么“天行健”就要“自强不息”呢？为什么“地势坤”就该“厚德载物”呢？因为道家的观点如老子所言：“人法地，地法天，天法道，道法自然。”人效法天地，就把握了成功规律。

天地万物、世态人情都处于变化之中，这就像那句现代流行语所说：唯一的不变是变。在一个变化的世界里，人应该认清变化，因变应变，与时俱进，这才不致于落伍。

依道而行、追求变化的人，生命力是强健的、圆通的，他们以追求人生价值为目标，永不满足于现有成就，也永远不会安于现状。

云门禅师对上堂的众人说法：“我对你们只说一句话，乃是教你们直下承当。即使拈一毫而顿悟山河大地，也不过是剜肉作疮。别去抓捞那些空洞的东西，要在自己脚下寻找，不作丝毫的理会，也不带丝毫的迟疑。大丈夫做事应当独自承当，不可受人欺瞒。”

他又说：“你们不要只知道吃别人的口水，记住一大堆废话，担着无数老掉牙的古董到处行脚，而且不管驴唇马嘴，四处夸耀自己什么都懂。就是你能从早说到晚又怎么样？死后阎王面前他可不会听你说。你们都是舍离父母、师长而出家，踏破草鞋，千里迢迢，在外面经冬历夏的人。你们要小心，不要因为图人一粒米而失掉半年粮。”

云门话意思就是一个人只有自己来承当自己，才能真正走上解脱之路。没有别的路了，你剩下的只有向你自己求救，打开自己的心门，点燃那盏心灯，让自己成为自己的避难所。

有一个信者在屋檐下躲雨，看见一位禅师正撑伞走过，于是就喊道：“禅师！普度一下众生吧！带我一程如何？”

禅师道：“我在雨里，你在檐下，而檐下无雨，你不需要我度。”

信者立刻走出檐下，站在雨中，说道：“现在我也在雨中，该度我了吧！”

禅师：“我也在雨中，你也在雨中，我不被雨淋，因为有伞；你被雨淋，因为无伞。所以不是我度你，而是伞度我。你要被度，不必找我，请自找伞！”

说完，他便扔下这个人独自走了。

自己有伞，就可以不被雨淋；自己有真如佛性，应该不被魔迷。雨天不带伞想别人助我；平时不找到真如自性，想别人度我；自家宝藏不用，专想别人的，岂能称心满意？自伞自度，自性自度，凡事求诸己，禅师不肯借伞，这就是禅师的大慈悲了。

道谦禅师与好友宗圆结伴参访行脚，途中宗圆因不堪跋山涉水的疲困，几次三番闹着要回去。

道谦就安慰他说："我们已发心出来参学，而且也走了这么远的路，现在半途放弃，实在可惜。这样吧，从现在起，一路上如果可以替你做的事，我一定为你代劳，但只有五件事我帮不上忙。"

宗圆问道："哪五件事呢？"

道谦非常自然地说道："穿衣、吃饭、屙屎、撒尿、走路。"

道谦的话，让宗圆终于大悟，从此再也不敢说辛苦了。

谚语说："黄金随着潮水流来，你也应该早起把它捞起来！"世间没有不劳而获的成就。万丈高楼从地起，万里路程一步始，生死烦恼别人不能代替分毫，一切都要靠自己啊！即使是天皇老子，也不是什么都不干，眼巴巴等待援助之手啊。

天帝对一人讲："在你危难时，我可以救你三次。"事后这个人果然遇到了危难，他被困在洪水之中。

突然，一条渡船经过，船上的人说："上来吧！"他说："天帝会管我的。"过了一段时间，漂来一段圆木，上面有人喊："上来吧！"他说："天帝会管我的。"又过了好长时间，一只大木盆远远漂来，他想去抓，转念想："天帝会管我的。"

最后，他终于支撑不住落水淹死了。他的灵魂去找天帝，问："你为什么说话不算数？"天帝讲："我讲话是算数的，已救你三次，可惜你缺乏悟性，因此在劫难逃。"

南怀瑾大师说：没有一种方法可使一切众生皆入涅槃中，因为自性自度，佛也不能度你。神仙与佛，不过是自度的过来人；一切名师只是把整个经过的经验告诉你。人毕竟要自度，一切众生皆要自度。

天行健，君子以自强不息。自强不息，即是自己拯救自己，有了自救的愿望，才会奋起努力，克服一切困难，征服所有阻碍，老天自然就会暗中帮助你了。

惟有自强不息，才能用毅力和睿智去实现奋斗一生的梦想。古人说：宝剑锋从磨砺出，梅花香自苦寒来。从自然界中蚕蛹破茧而出的痛楚，到人类历史上勾践卧薪尝胆的苦涩，我们感受到了成功历程上的艰辛与磨难，而这份特殊的感悟也激励着我们在磨难面前急流勇进，争取并珍惜来之不易的甘甜。因此，自强不息也是民族兴旺发达、社会发展进步的不竭动力。一个人只有自强不息，才能立足于社会；一个国家，一个民族，只有自强不息，才能立足于世界。

8. 做人关键是修德

【南怀瑾语录】 

“德不高则行不远”，只有品德高尚的人，才能获得真正的成功；只有德才兼备之人，才能与利世一起患难与共、荣辱共担。

古人强调德是事业的基础。立业如果不思养德种德，事业就没有根基。人的富贵名誉也是如此，要靠道德的涵养，不能靠权势或其他的东西来获得和长久保持。因此，洪应明说：“富贵名誉自道德来者，如山林中花，自是舒徐繁衍；自功业来者，如盆槛中花，便有迁徙废兴；若以权力得者，其根不植，其萎可立而待矣。”（《菜根谭》）

南怀瑾说：“一个人不怕没有地位，最怕自己没有什么东西站得起来。根本要建立。如何建立？拿道家的话来说：立德、立功、立言——古人认为三不朽的事业，这是很难的成就……这个‘立’，是自己真实的本领，自己站得起来的立。不怕没有禄位，也可以说是不求人爵的位子，只管天爵的修养。同时也不要怕没有知己，不要怕没有人了解，只要能够充实自己，别人自然能知道你。”

有的人天天抱怨没有人了解自己的本事，没有人重用自己的才能，抱怨“千里马常有，而伯乐不常有”。却从来不想想：自己到底是不是千里马呢？俗话说“是骡子是马，拉出来溜溜”，假如真的是千里马，就要拿出脚力来。老是躺在那里等草料，人家怎么看得出你是千里马呢？

如何证明自己是千里马呢？首先要在立德、立功、立言上下功夫，让别人清楚地看到自己的价值。

如何立德？就是拿出好心来，多做于人有益的事。雷锋只是一个普通战士，因为爱做好事，就全国扬名，成了大家学习的楷模。

当然，不是每个人都要把“立德”做到全国扬名的地步，但至少要在本单位树立一个好人形象，让老板、同事和下属都称道你的德行。

什么是“德”呢？每个时代、每个国家、每个地区、每个团队都有不同的标准，我们当然只能与时俱进、入乡随俗。就工作单位来说，团队精神、忠诚敬业、勇于创新、勤劳节俭，这都是公认的美德。认认真真体现这几个方面的德行，自然会受到欣赏和重视，你在工作单位的地位就确立了。

孔子说：“即使有周公那样的才能和那样美好的资质，只要骄傲吝啬，那他其余的一切也都不值一提了。”

才能资质属于才的方面，骄傲吝啬属于德的方面。

才高八斗而德行不好，圣人连看也不看他一眼，只有德才兼备才是完美的人才。

如果二者不可得兼，那么只能取一。德是熊掌，才是鱼，孟子舍鱼而取熊掌，圣人舍才而取德。

今天我们的用人之道，我们选拔和培养跨世纪的人才，似乎依然坚持的是这个原则。当然，其德和才的内涵都已不可同日而语。

至于周公本人，不但不骄不吝，而且是谦逊大度的典范，这也是人所共知而勿庸赘言的了。

孔夫子教导我们，德育是整个教育的基础，所以抓教育首先要抓德育；孔夫子还告诉我们，德育本身也有基础，要抓德育就要狠抓这个基础。所谓“君子务本，本立而道生”。“务本”就是要“抓根本”，也就是抓基础。这里的“本”即做人的根本，务本就是要学会做人，学会做一个有高尚道德、高尚人格的人。

孔子心目中有高尚道德的人是有仁爱之心的人，是对大众博爱、能为人民大众办实事谋福利的人。

为了使这个高尚的道德目标具体化，以便通过社会教化和自我修养来逐步达到，孟子在继承和发扬孔子的“教人做人”思想基础上进一步提出了“人格教育”问题。其基本内容是：教人做人就是要教人做一个人格完善的人。道德教育就是人格教育，按孟子的话说就是实施“人道”，使人明白做人的道理，明白“人兽之别”，从而逐步完善自己的人格。

他明确指出：“人之有道也，饱食暖衣，逸居而无教，则近于禽兽。”（《孟子·滕文公上》）意思是说，如果只讲究吃饱、穿暖、居住安逸而不受教育，人就会失去人格，和禽兽也差不多。为此，他在“性善论，的基础上论证了人格教育的基本内涵为：“仁、义、礼、智、孝、悌、忠、信”八德，这也就是孟子道德教育的基本内容。

这样，孟子就明确地回答了要让学生作一个什么样人的问题。

事业的成败和个人的德才有直接关系。而“德”与“才”相比，“德”是主要的。“德者才之主”，没有“德”的约束，“才”会走反面，使事业遭受失败，使个人身败名裂，使社会遭受危害。无德的人，才越高危害越大。故个人修身要重视道德品质的培养，要以德御才，不要恃才败德。用人要注意德才兼备，以德为生。

在处理人际关系上，古人也重视道德的感召力。有道德的人才能吸引人、感化人，获得别人的尊敬，并对他人产生潜移默化的影响。《孟子》中说：“闻伯夷之风者，顽夫廉，懦夫有立志”，“闻柳下惠之风者，鄙夫宽，薄夫敦。”（《万章下》）也就是说：伯夷能使贪婪的人廉洁，使懦弱的人立定志向；柳下惠能使狭隘的人心胸宽阔，使刻薄的人变得厚道。之所以会这样，都是因为他们有高尚人格的感召力量。

处理政务，治理国家，也要贯彻重德的原则，实行“仁政”、“德政”。这就是道德伦理型的政治。《荀子·强国》篇说：威有三，有道德之威者，有暴察之威者，有狂妄之威者。这三种“威”中，道德之威最强，因此要以德服人，不以力服人。诸葛亮七擒孟获，每次捉住孟获以后，都把他放了，最后使孟获心悦诚服，不再闹事，使蜀国后方巩固，得以专心对待魏国。这是以德服人的成功事例，也是解决汉族和少数民族矛盾的成功范

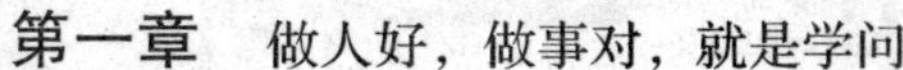

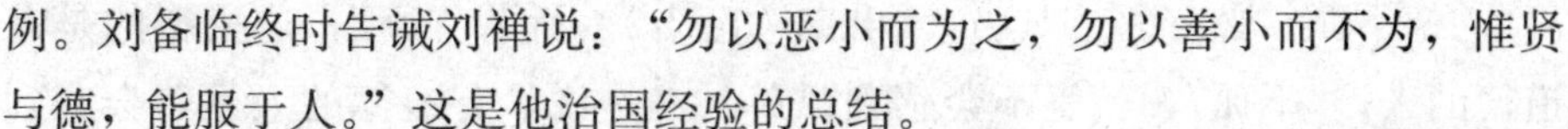

例。刘备临终时告诫刘禅说："勿以恶小而为之，勿以善小而不为，惟贤与德，能服于人。"这是他治国经验的总结。

从个人处世方面说，修德是保身远祸的好办法，修德就是积善，善积一分，德长一分。《周易·坤卦》中说："积善之家必有徐庆，积不善之家必有馀殃。"《增广贤文》说："善恶随人招，祸福自己招。"这都是说德可得福、恶必遭殃的道理。修德积善还可获得人生的乐趣，实现人生的价值。修德向善者，仰不愧于天，俯不怍于人，自然有心灵的宁静、充实和满足，免却追逐名利、勾心斗角、尔虞我诈的种种烦恼。

孔子盛赞颜回说："贤哉回也！一箪食，一瓢饮，在陋巷。人不堪其忧，回也不改其乐。贤哉回也！"（《论语·雍也》）孔子本人也是在贫困的物质生活条件下"发愤忘食，乐以忘忧"的。这就是理学家推崇的"孔颜乐处"。"孔颜乐处"乐在哪里？周敦颐解释说："天地间，至尊者道，至贵者德而已矣。至难得者人，人至难得者，有道德于身而已矣。"这和孔子说的"仁者不忧"是一致的。有道德的人能超越世俗的功利眼光和尘世的物质诱惑，不论富贵贫贱，都处之泰然而自得其乐。他们从道德的修养、完善中获得人生的乐趣和价值。

"德不高则行不远"是利世的做人观，做事首先做人，我们相信：只有品德高尚的人，才能获得真正的成功；只有德才兼备之人，才值得一起患难与共，荣辱共担；只有有品行端正的员工，才可能有长盛不衰的企业。

9. 有德朋友遍天下

【南怀瑾语录】

一个不想被孤立的人，必须要以德交人。这正是《论语·里仁》中所说的"德不孤，必有邻"的千古名训。只有高尚的德行，才能让你身边的人感受到你的关怀与热情，如此一来，你才不会在茫茫人海中感到寂寞。

“德不孤，必有邻。”这句话出自《论语》。所谓“德”，这里指的是有道德的人；“不孤”，就是不会感到孤单。就是说，有道德的人是不会感到孤单的。为什么呢？孔子说，这是因为“必有邻”。从字面上来理解，“邻”就是“邻居”。我们知道，在生活中邻里关系是人们接触最多、也是最为重要的人际关系之一，俗话说“远亲不如近邻”，亲近和谐的邻里关系，是幸福生活的一个重要条件。从这个角度来说，“邻”就可以引申成为邻居之间互相亲近的关系。所以“德不孤，必有邻”的意思就是说，有道德的人是不会孤单的，一定会有志同道合的人来和他相伴。

德行对每个人来说都很重要，德行的价值是我们无法用金钱去衡量的。孔子曾经说：“出则事公卿，入则事父兄，丧事不敢不勉，不为酒困，何有于我哉？”意思是说，我在外尽心做国家的事务，回到家里尽到父亲兄弟的责任，对于生死大事十分周到，不沉迷于酒，除了这几点之外，我一无长处，一点学问都没有，是个十分平凡的人。

圣人孔子如此平凡，那是什么成就了他的不凡？答案是“德”，所谓“有德者得天下”。一个最明显的表现就是，有德的人朋友一定遍天下，而一个交友遍及天下的人，绝不会过于平凡。就像我们经常说的：人脉就是钱脉。当今社会，志同道合的朋友对任何一个人来说都十重要。

一位老人到一家旅店投宿，但客房都已经满了。于是侍者热情地把他领到一个房间说：“这也许不是最好的，但我也只能做到这样了。”

老人看到屋子既干净又整洁，很高兴地住了下来。第二天老者去旅店前台结账时，侍者却对他说：“老先生，不用了，我只不过把自己的房间借给你住一晚而已。”

原来侍者昨晚一夜没睡，自己在前台值了一个通宵的夜班。老人知道后，十分感动地说：“年轻人，你是我见过的最好的旅店侍者，相信你会得到回报。”

一段时间后的一天，侍者突然收到一封信。里面有一张去纽约的单程机票，附言说，聘请他去做另外一份工作。侍者乘飞机来到纽约，并按着信中的地址找到一家非常豪华的大酒店。侍者十分不解，当他看到那位自己接待过的老先生后才明白。原来老先生是一位亿万富翁，他为侍者高尚的品德所感动，买下了这座大酒店打算交给侍者管理，并深信他会经营得

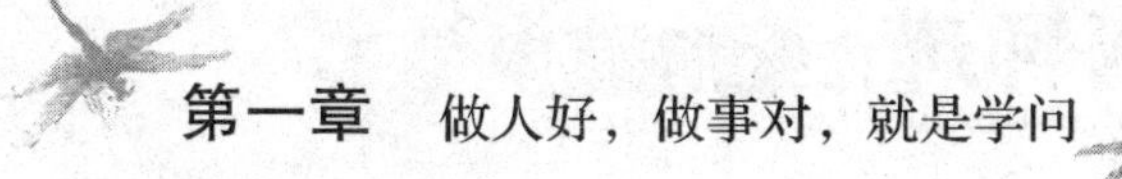

很出色。侍者高尚的品德感动了别人，也为自己赢得了机会。

孔子告诉我们，为人处世的种种行为都要依据德行。因为有道德的人会用自己的修养及风范影响、感动、吸引周围的人成为朋友。一个身边处处有人诚心帮助自己的人，也必然能成大事。

《三国演义》里的风云人物中，曹操以权术相驭，刘备以性情相契，孙氏兄弟则以意气相投。刘备用人可谓以“仁、义”为基，而他之所以能成就西蜀大业，很大一部分原因就是因为他好结侠士、素有大志、宽厚待人、长于忍耐等优良品德广传天下后，使许多人投奔到他麾下，因而让这个本来无权无势的刘备得以三分天下。

以“桃园三结义”为例，不难看出，猛将张飞、亡命者关羽之所以投奔到刘备麾下，其中一个重要因素就是因为刘备好结侠义，这是刘备的“义”德。再说在公孙瓒处不受重用而且屡被嘲弄的赵云，刘备对他可谓礼遇有加，以诚相待委以重任，并对他深信不疑，让他发挥所长，这是刘备的“信”德。刘备“三顾茅庐”为请卧龙先生，最终如愿以偿，诸葛亮也助他成就大业，这是刘备的“诚”德。

正是刘备具备这种“义”、“信”、“诚”等德行，才让当时的风云人物关羽、张飞、赵云、诸葛亮等精英终身奉他为主，追随左右。而刘备对身边的人能够始终以德相待，也正是因为他具备这种品德。建安五年，曹操擒得关羽后，虽用尽“拜为偏将军，礼之甚厚”、“绫锦及金银器皿、小宴三日，大宴五日”、“美女十人”、“战袍一领”、“纱锦作囊，与关公护髯”、“赤兔马”、“封汉寿亭侯”等一系列拉拢手段终不起作用，也正是因为刘备这种品德的影响力。一代智者诸葛亮在其死后，仍然尽力辅佐阿斗，并留下“鞠躬尽瘁，死而后已”的誓言。可见，刘备以德聚人的重大意义与非凡成功。

南怀瑾在读罗贯中的《三国》时，感慨刘备是仁义的代表。他在《三国志集注》中对刘备的评价也是：“岿然一世之雄，以兴复汉室为己任，崎岖百折，偾而益坚，颠沛之际，信义逾明，故能终系景命，信大义于天下。任贤使以，洒落诚尽，使诸葛亮以死自效，复见三代君臣高光为不亡矣！”刘备的仁德领导风格，使他情感三军，更让民众对他倍加信赖，最终将他推向三国鼎立的一方霸主。

“德不孤，必有邻”，要搞好邻里关系，关键在于提高每个人的思想道德素质。例如：要尊重他人的利益，不能只顾自己方便，不为他人着想；更不能以邻为壑，损害和侵犯他人的利益。发生矛盾以后，要检查自己，体谅别人，不可为一点小事斤斤计较，争吵不休；更不能覆私护短，无理取闹。邻里矛盾常常是从闲话流言中产生的。喜欢搬弄是非、飞短流长的人，会使邻里间无端生出许多是非，小则增加矛盾，大则酿成悲剧。如果能从以上这些方面提高自身的修养，就可以避免因细小事情破坏邻里关系，收到“德不孤，必有邻”的效果。

南怀瑾先生教导我们：坦坦荡荡地做一个有道德的人，就算是短时间内会孤单、失落，但是时间长了，总会有人感于你的德行而与你亲近。古往今来，天地万物，总是朝着与自己相近的事物移动；而相同、相近的事物往往也会走到一起，进而相交、相知、相助、相成。孔子所讲的“德不孤，必有邻”，可以说是一种人生经验，但更是社会生活中为人处世的座右铭。

第一章

曲成万物，曲者生存

——南怀瑾处世智慧

南怀瑾先生认为，宇宙万物都是曲线的。所以他说：“‘曲成万物’、‘曲则全’。处世不要走直路，走弯路才能全，处理事情转个弯就成功了。比如说小孩玩火，直接责骂干涉，小孩跑了；但用方法转个弯，拿一个玩具给他，便不玩火了。这就是‘曲则全’的妙处。”

1. “曲则全”，善用巧妙曲线

【南怀瑾语录】

老子把我们老祖宗传统文化的原则抓住，指出做人处世与自利利人之道——“曲则全”。为人处事，善于运用巧妙曲线，只此一转，便事事大吉了。

“曲则全，枉则正。洼则盈，敝则新。少则得，多则惑。是以圣人抱一为天下式。”能够忍受委曲，那么反而能够保全、成全、完成一定的目标。能够不拒绝退让、弯路与变通，反而能比较平直地到达目的地。能够谦虚与自居低洼，聚集的东西与人气反而充盈。能够爱惜陈旧、珍重历史，反而能做到更新图新立新求新。少要求一点，少一点贪心，反而能够多得到一些收获。而活动太多、说话太多、要求太多、算计太多的结果，只能是增烦添乱，不知所措，一事无成。所以说，圣人是有一定之规的，他坚持他的始终如一的原则和道路，就能够成为天下的榜样范式。这就是老子以柔克刚以退为进的人生哲理。

南怀瑾认为，处世不要走直路，走弯路才能全，处理事情转个弯就成功了。比如说小孩玩火，直接责骂干涉，小孩跑了；但用方法转个弯，拿一个玩具给他，便不玩火了。这就是“曲则全”的妙处。

南怀瑾有个朋友叫侯承业，心直口快，常因直言批评别人而得罪人。有一次，当办公室没有其他人时，南怀瑾便请他进来，写了两句话送给他：“扬善于公堂，规过于私室。”然后他接着说：“你同富士（指侯承业的妻子王富士）最大的不同点是，富士做每件事情的出发点都是为别人好，去帮助别人，就是她批评或指责了别人，别人还是心存感谢。而你呢，虽然最后目标是一样，也做了好事，但出发点不同，你是认为别人做不好，所以你一定要做好，你是不服气，所以你做起来很辛苦。你可称是

儒家所谓的‘中流砥柱’，而富士是道家所谓的‘顺其自然’，也就是顺势，知其力，用其势。”

侯承业认为南怀瑾这几句话，指出了他一生最大的毛病，是非常中肯的。因此，他愉快地接受了他的批评。

在上面这个故事里，南怀瑾先生实际上是用了“婉转批评”的“曲线”法则。他选择在办公室无人的时候与侯承业面谈，并在谈话中将他与其妻在批评别人时的不同出发点及方式进行比较，含蓄地指出了他因直言而得罪他人的缺点，听上去没有一句批评之语，却句句中肯、句句入耳，因此侯承业才能够愉快地接受。南怀瑾先生只稍稍转了弯，就一下子达到了批评的目的，真可谓“以曲求全”、“以曲求直”。

几何学上说：空间上最短的距离是直线距离。不过，在人世间处世，最短的距离却不是直线的距离，而是曲线的距离。因为“曲”，则更容易拉近人与人之间的距离；因为“曲”，许多事更容易达成。正如南怀瑾先生所说：“为人处世，善于运用巧妙的曲线，只此一转，便事事大吉。”如果把他这句话换个说法就是：处世要讲艺术，即要讲求婉转的美。

“曲全、枉直、洼盈、敝新。”老子数语点破处世精髓，深得南怀瑾先生推崇。不错，人世间很多事情，思路一转，变直为曲后，便可化腐朽为神奇。以言谈为例，善于言辞之人，讲话婉转而圆满，既可达到目的，又能皆大欢喜。

“曲”的内涵是很丰富的，比如：柔和、变通、圆融、灵活、弹性、应变、适应、隐藏、低调、退让、适度妥协、忍辱……为人处世，善于运用巧妙的曲线，实际上是为了不折断正直。有时候，适当的弯曲是一种理智。

弯曲不是倒下，而是为了更好、更坚定地站立。

弯曲不是毁灭，而是为了退一步的海阔天空，是为了让生命锻炼得更坚强。

弯曲不是妥协，而是战胜困难的一种理智的忍让。

人世之旅，坎坷多多，难免直面矮檐，遭遇逼仄。弯曲，就是在生命不堪重负的情况下，效仿雪松柔韧的品格，适时适度地低一下头，躬一下腰，抖落多余的沉重，以求走出屋檐而步入华堂，避开逼仄而迈向辽阔。唯有如此，人生之旅方可伸缩自如，游刃有余，步履稳健，一路好走。

可是，人性中就有一种为争而争的无聊冲动，连争蝇头小利都谈不上，而是意气之争，字眼之争，打锸之争，取笑之争，为了显示自己而强词夺理之争，恶评酷评之争，吃饱了撑的之争，穷极无聊、无事可做之争，怕别人忘了自己之争。夫妻间就难免这种争执，还有一种叫做姑嫂勃豁、婆婆与媳妇之争。文人间文坛上也多有这种争执，更有无聊小文痞以与比自己个头大的人争为出道捷径。你能奉陪吗？绝对不能。只能以不予置理对待之。最好的办法仍然是埋头耕耘，培植与收割自己的作物，争取自己的丰收，显示自己的包容与宽大。

不争的结果还是最好的回应与过招。你把蝇头小利、浮名虚势看得重如泰山，我看得轻如鸿毛，我根本不予置理，你还能怎么样呢？你什么都争的结果并不可能给你添加一斤一两，而我的不争只干的政策，不是反而处于不败之地了吗？

“曲则全”在于以无成有，以退为进。你在功名上、俗务上、金钱上、风头上退了、无了、曲了、枉了、洼了、敝了、少了、你在事业上、学问上、智慧上、境界上、大道上、贡献上才能有所进取、有所获得、有所创造、有所作为。当然，给赵姨娘式的男人与女人讲这样的道理是对牛弹琴了。然而这样的事例与成效无数，岂是虚言！

至于不自见，故明；不自是，故彰；不自伐，故有功；不自矜，故能长。老子判定：一个人最大的障碍有可能是他自己，光注意表现自己兜售自己了，他能看明白这个世界吗？不要让自己挡住了自己的道路，自己蒙上了自己的眼睛，自己堵上了自己的耳朵，自己使自己变得可笑兮兮、孤家寡人、脱离大道、脱离生活、脱离人群了吗。

为人处世，善于运用巧妙的曲线，懂得弯曲并敢于弯曲，是一种本领，更是一种智慧。

2. “先合作”，然后引之大道

【南怀瑾语录】

一般人都知道，生命活着要有用处，有价值。其实啊，人生的价值，自己觉得没有用的最有用；规规矩矩、老老实实活一辈子就好了，这是庄子的结论。

…………

这些过去历史上的人物，也不错啊！为什么呢？有理想，有抱负，尚未得志时，不妨在个性上将就别人一点，先取得别人的信任，肯与你合作，以后才慢慢地引导他们走上大道：“先合作，然后引之大道。”那也是一种处世的办法啊！

南怀瑾所谓“先合作，然后引之大道”，简而言之就是“先适应，后改变”、“先生存、后发展”。他是这样说，也是这样做的。

抗日战争时期，南怀瑾曾到过四川。在此期间，他为了找碗饭吃，来到一家叫做《金岷日报》的报社。当时，柜台上坐着一个老头子，南怀瑾便上去请安，问能不能在这里找到一份差使。老头子把他打量了一下，问他是哪里人，不是日本人吧。那时候的人都很怕日本的特务或汉奸。他连忙说：“我是浙江人，逃难逃到这里，想找一份差使，好有碗饭吃；随便什么事都行，倒茶扫地也干。”

这时，坐在里面的老板听见了，伸出头来看看，就叫他进去。南怀瑾还是那句话：流浪到大后方来，举目无亲，没有饭吃。老板就说：那好啊，你就来上班，我们缺一个工友，扫地的。他当天就在那家报馆上了班——扫地。

这个老板姓许，在一边看了一会儿，便把南怀瑾叫过去，对他说，看样子你不是干这种事的人。然后，许老板又问他会不会写文章。他不敢说大话，只说自己在私塾里念过“子曰诗云”等等。许老板马上出了一个题目，叫他写一篇文章。南怀瑾大笔一挥，许老板看了非常满意，就让他当了报纸的副刊编辑。

报社也就那么几个人，所谓编辑，除了经常写些文章外，什么杂事都要干。不过，对于南怀瑾来说，吃点苦算不了什么，总算有一个立足的地方，有一碗饭吃。

毋庸置疑，当年的南怀瑾先生已经深谙”“弯曲”二字的真谛。为了解决吃饭问题，宁愿放下文人的架子，从扫地做起；之后由于才能不凡，被任命为编辑。他这样做，与陶渊明提倡的“不为五斗米而折腰”并不矛盾。后者需要放下个人的气节与尊严，前者放下的只是所谓的“脸面”与“文人架子”，是一种适应现实的灵活做法。

现代社会是需要这种“先适应、后改变”、“曲线生存”的处世态度的。在社会变迁中，人们直接感受到的就是生活节奏加快，交通工具增加，电子系统丰富，这些都会导致个人的情绪纷扰甚至身心疾病。这时，一个人的行为是否健康，就要看他对生活的变迁是否有良好的适应能力。

许多人行走于社会，常常带着一股闯荡江湖的侠气，在碰壁后更是毫不妥协，最后在与诸多社会规则的抗争中倒下。

不过，还有另一种人，他们似乎并不强大，甚至处于弱势地位，却能够在来自各个方面的压迫中顽强地生存。因为他们懂得适应，肯将自己的身体暂时扭曲，从而在压迫的缝隙中向上发展。终有一天，他们会摆脱束缚和压力，成就自己的人生。

同样是没有改变自己人生的意志和追求，懂得适应的人却更能生存于社会。

如果将“先适应、后改变”的“曲线生存”法则运用在更具体的现实生活中，那就是许多失业者或者初次求职者，应持有“先就业、后择业”的就业观念。虽然此种做法的利弊还处于争论之中，但起码它是一种积极面对现实的态度。目前的“现实”就是面临全球经济危机所引发的经济寒流和越来越严峻的就业形势，面对这个现实，“先就业”就是一种适应现实的做法：先解决生存问题及工作经验的问题，然后“再择业”，以图发展，求得人生的改变。看来，南怀瑾先生的智慧，对今人的确有很大的现实启迪意义。

3. “变通者，趣时者也”

【南怀瑾语录】

“刚柔者，立本者也；变通者，趣时者也。”这两句话，包括了一切人生的大道理、政治的大道理，做人做事的精义都在这里边。刚柔相济，恩威并用，才是立本者也。变通是把握时代的，趣时也是把握时代，所以变通者，趣时者也。

第一等人是自己制造机会，领导着变；第二等人机会来的时候，把握了机会，知道如何去应变；第三等人失去了机会，被动受变，随物化去了。

“穷则变，变则通，通则久。”变通是一种人生境界。变通是对周围环境的一种适应，是一种直面人生的勇气，是一种处世态度，是一种生存机会。正如怒放的向日葵，阳光洒向哪里，它就朝向哪里。

在十九世纪中叶，美国加利福尼亚洲涌来了大量的淘金者，淘金的人越来越多，金子就越来越难淘。当地的气候十分炎热干燥，水源极缺，不少人因为缺水而被渴死。一位十七岁的男孩亚默尔灵机一动，断然放弃淘金的念头，改为卖水。他的这一行动引起了不少人的不解与讪笑。然而，当许多的淘金者空手而归时，亚默尔已成为一个小富翁了。

亚默尔正是学会了变通，不执着于很多人已尝试过的失败事物上，而是在同一种情况下转换思维寻求商机。他以改变自己为途径通向成功，这一点往往是会被许多人忽视的。所以，学会变通，会使我们走向成功。

在充满不定性的环境中，有时我们需要的不是朝着既定的方向执着努力，而是在随机应变中学求生的出路；不是对规则的遵循，而是对规则的突破。我们应该看到，在一个经常变化的世界里，灵活机动的行动比有序的衰亡要好得多。不知道变通的淘金者走向失败，而知道变通的亚默尔却成了富翁。

在残酷的市场竞争中，企业经营者难免受到各种因素的制约，那些胸怀大略的企业经营者，为了实现某个目的，达到某种目标，他们不但懂得变通，而且更善于变通。先予后取，就是他们在竞争过程中所表现出来的变通策略，以小鱼钓大鱼，最后他们总能夺回主动权，占据竞争中的制高点。

20世纪80年代初，当各国汽车厂商大举进攻美国市场时，都面临过来自美国本土汽车界同行的打压，可谓是步履维艰。实力最为雄厚的日本“丰田”汽车公司却没有像各国汽车厂商那样长驱直入，而是采取了先与美国合资再独资办厂的迂回战术，获得了美国人的信赖。之后，“丰田”公司独资建立了汽车制造厂，并以此为大本营，步步拓展在美国的势力，打开了美国的大门。“丰田”公司采用这种绕道而行的变通方式，麻痹了美国人，淡化了竞争气氛，缓解了美国汽车同行奋力抵制的灾难性影响，从而为自己顺利走进美国汽车市场打下了良好的基础，实现占有美国汽车市场份额的目标。

现在社会发展变化太快，唯有应变才能得以生存。“变者生存”比原来的“适者生存”更提升了一个境界。在这种情况下，紧急应变能力更显得重要而难得。

（1）学习一些日常生活的应急办法

人生在世，总会在生活中遇到各种天灾人祸及紧急事件，这就需在平时适当学习一些相应的应急办法。比如人遇到急病，要知道赶快送医急诊，或做各种急救措施；家中失火了、遭窃了，或有地震等灾情发生，既要有紧急应变的措施，也要有相当的应变能力，才能化解灾难。

（2）锻炼临场调度能力

有军事学家说：打胜仗不容易；但打败仗时，临时调度更是一种大本领。也许你不是军事家，但是生活中也会面临大大小小的“战场”——临时变动情况。这时你需要像将军一样具有临场调度能力。比如：有时一个活动开始了，邀请的主宾不到、参加的人数不够；上课了，忽然发现没有带课本……种种意外的发生，都要做临场的调度。

（3）学会从困境中突围

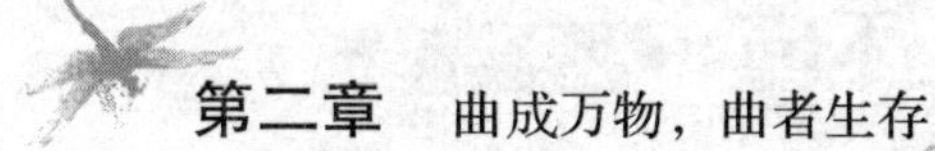

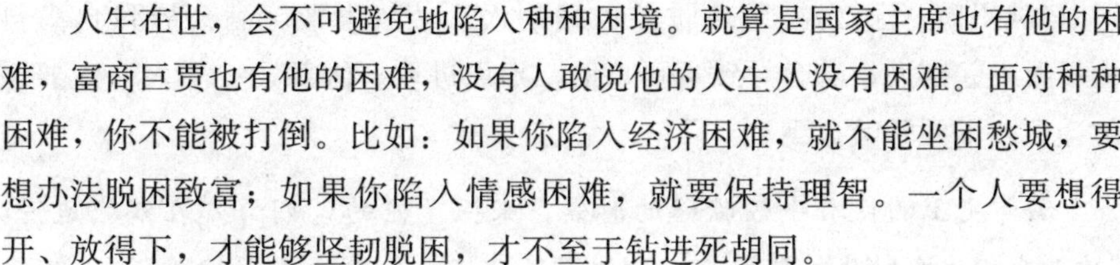

人生在世，会不可避免地陷入种种困境。就算是国家主席也有他的困难，富商巨贾也有他的困难，没有人敢说他的人生从没有困难。面对种种困难，你不能被打倒。比如：如果你陷入经济困难，就不能坐困愁城，要想办法脱困致富；如果你陷入情感困难，就要保持理智。一个人要想得开、放得下，才能够坚韧脱困，才不至于钻进死胡同。

（4）要防患于未然

“人无远虑，必有近忧”。晴天不忘带雨伞；身处白日，也要知道黑暗将至。人要有处理忧患的能力，这是生存的需要，如平时的防火、战时的防空以及出外旅行时用品的准备等。人如果有忧患意识，也有预防、处理的能力，就会无所畏惧了。

“优胜劣汰，变者生存”。懂得应变，才能更好地处世；善于应变，才会成为时代的弄潮儿。随机应变、灵活变通是一种智慧，这种智慧让人受益。任何事情都能用积极的心态，多换几个角度去思考问题，肯定都会有通融的办法的。学会多角度灵活看待、处理问题，生活会因此而更加美好！

一个人需要变通来获得成功，一个企业需要变通来获得效益，一个民族需要变通来获得发展。变通就在你不经意的一瞬间，会让你看到柳暗花明！

4.“满招损，谦受益”

【南怀瑾语录】

凡有才具的人，多半锋芒凌厉，到不得势的时候，一定受不了，满腹牢骚，好像当今天下，舍我其谁？如果我出来，起码可比诸葛亮。有才具的人，往往会有这个毛病，非常严重！

我们看到许多朋友，个性非常倔强，人格又很清高，但是这样的性格往往锋芒太露，不但伤害了别人，同时也伤害了自己。

"满招损，谦受益。"凡骄傲自满的人，必然失败。满会导致自高自大，看不起别人；满会导致盲目自信，不思进取。因此，一个人一定要谦虚谨慎，不要骄傲自满。

科学史上的巨人牛顿临终的时候，来探望他的亲朋好友在病榻边说："你是我们这个时代的伟人……"他听了"伟人"二字便摇摇头说："不要那么说，我不知道世人是怎样看我，我自己只觉得好像是一个在海滨玩耍的孩子，偶尔拾到了几只光亮的贝壳。但真理的汪洋大海在我眼前还未被认识，被发现哩。"停顿片刻，他又说："如果说我比笛卡儿看得远些，那是因为我站在巨人们的肩膀上的缘故。"

清末纵横官场如鱼得水的曾国藩在谈到为人处世时说，他也曾时刻提醒自己"天道忌盈，业不求满，水满则溢，月盈则亏"，要"事事留个有余不尽的意思，便造物不能忌我，鬼神不能损我。若业必求满，功必求盈者，不生内变，必招外忧"。

为了将这些道理落实在行动上，曾国藩总结出一句切实可行的话来，就是"有势不可用尽，有福不可享尽。"他认为一个人真的很富有了，也不应该奢华无度，既要注意节约，又要去帮助那些贫困的人；如果一个人非常有权势了，就要收敛自己，力求谦卑、低调。

有一些人取得一点成绩，就开始"烧包"，四处炫耀，恐怕别人不知道自己的功劳。这样做是非常危险的。取得了成绩，一定不要自吹自擂，要尽量多夸上级领导有方，下级齐心协力，一起共事的人鼎力相助。这样，并不会因为你没有提到自己，你的功劳就会埋没。相反，人们会更加看重你的功劳。如果你把功劳都揽在你的身上，认为别人都没有起到作用，那么再大的功劳，别人都不会服气的。这就是"满招损，谦受益"的道理，任何时候都不要有满的思想，假使比尔·盖茨在他的财富位列第一的那一天就放弃奋斗的话，如今他即使不会穷困，至少也会淡出人们的视线。所谓"后生可畏"，就是说：即使你是第一名，后面的人以你为榜样，便会不断进取，只要你有一点自满、松懈的情绪，不久就会被人超越，为人取代。

南怀瑾一生自律，刻意低调，从不主动去宣传自己。不仅如此，他还适时地隐藏自己的锋芒，尽量少出风头。

20世纪七十年代，南怀瑾曾受聘于台湾辅仁大学，开设《易经》课程。他讲课时，教室里坐满了人，窗子外面还挤着不少人，很受学生欢迎。与之相比，其他教授讲的课就显得很受冷落了。令人意想不到的是，一年之后，他竟然主动把课程停下来了。有人问他何故，他的解释是：正因为课程太受学生欢迎，所以不能讲了。他说："为了避免造成别人的不愉快和难过，自己应该急流勇退，以免他日遭忌，反而不妥。"

事实证明，他的担忧是不无道理的，并非杞人忧天。

南怀瑾有位学生在台湾一所师范大学任教，常与本校同仁论及南怀瑾的学识，并向一位文史哲方面的教授提议，何不聘请南先生来师范大学讲课？当时，这位教授回答说："如果请南先生来教孔孟学说，当然是一流的教授；如果讲道家的学术，南先生也很精通；如果是讲禅宗，那更是他的老本行；所以说，请了他来，我们这些老师恐怕就失业了，到时到哪里讨饭吃呀？"

这也许只是教授说的玩笑话，但也点出了其中的利害关系。这一点，恐怕南怀瑾早已心知肚明，因此才辞去辅仁大学教课职务。以后，再有大学邀请，他也只接受研究所的约聘，指导几个博士生。博士生人数少，一般不会出现这类问题。更何况，博士生可以前往他的住所就教，就更为简单了。

南怀瑾先生处世低调，总说他这一生"一无是处，一无所长"，实际上他已经享尽人间的荣光。不过，也正是这种低调，让他免去不少麻烦。身负盛名的他尚且如此，对于我们这些凡夫俗子来说，更应低调处世了。

俗话说："出头的椽子先烂。"过于暴露自己的才能和智慧，过分地招摇，对自己极为不利，容易受到有妒忌之心的小人攻击。因此，适当隐藏自己的锋芒、低调处世，一方面可以使自己谦虚向学，另一方面可以保护自身不受损害，有利于自己聪明才智的发挥。

俗话说："山外有山，天外有天，人外有人"。大凡历史上的名人能人、英雄豪杰，虽然身怀绝技，但是也都明白这个道理。他们为了赢得胜利，常常后发制人、深藏不露、大智若愚、大巧若拙，不轻易地暴露和表现自己的才能。

大家都熟悉关于季羡林先生的一段佳话：

有一年北大开学的时候，一个外地新生拎着大包小包来校报到，看到一位老人走来，就让老人替他看一下包，老人欣然应允。一个多小时过去了，新生办完手续回来，谢过老人，愉快告别。几天后，北大举行开学典礼，这个年轻的学子惊讶地发现，主席台上就座的北大副校长季羡林，正是那位替他看行李的老人！

一位名扬中外的学术大师，为一个素不相识的学子看包，从“欣然应允”到“愉快告别”这一过程中，我们不难看出，老人是多么的谦逊啊！

谦虚好学不仅使自己保持低调，而且让自己获益良多。真正聪明的人，应当常为自己的无知或不如人而惭愧，并多向别人请教。这样，才能够得到更多的学习机会，丰富和完善自我。即使自己确有才智，也不要四处去出风头，不去刻意地炫耀或展示自己，而是努力克制和忍耐住自己争强好胜的心理。

隐藏锋芒、低调处世是一种巧妙的“曲线处世”哲学。这种哲学的核心是“不必第一，巧当第二”，尤其适用于组织中的二把手或副职，可以戏称为“老二哲学”或“绿叶哲学”。具体细节如下：

(1) 帮助下属立功

每个作为下属的普通员工，都希望被提携或是有磨炼表现的机会。身为二把手，与下属更亲近，自然更了解如何激励手下，使他们更愿意投入工作，获得成就。培才爱人，是二把手爱护提拔属下、凝聚团体力量的基本胸襟。团体有了成长力，必定处处朝气蓬勃。

(2) 个人功劳要与团队分享

有了功劳是好事，但要能与众人分享，因为有大众才有个人。有好处不要争利，有利益不要独占，不论多少功劳，一定要有这个观念：这个功劳是大家的，应该分享给大家，将光荣归于大众。一个公司、一个团体，会因有一位好的二把手而利益倍增。

（3）要辅助一把手搞管理

如果一把手在领导上有不圆满或欠缺之处，做二把手的人就要辅助他，上下协调，让团体平安。好比诸葛亮忠诚辅佐刘氏父子，鞠躬尽瘁，留下千古美谈。也许，在外人看来，这样的工作吃力又不讨好，只有苦劳没有功劳。不过，一位深谙“老二哲学”的二把手，会明白成功不必在我，自然心甘情愿付出一切。

（4）替别人承担过失

无论从事哪种行业，难免有功有过。做人要能功成不居、过失不诿。一个团体中如果人人争功诿过，就不会和谐，也无法发展。因此，当下属有了过失，做人处事不圆满时，二把手要替他多承担一点；有时为了大局发展与未来，二把手也要懂得为一把手多担当一些，表示自己有力量承担。

满而招损，谦而受益。我们应当以前人为镜，谦而不骄，慎而不傲．这应当成为我们一生的信条。总而言之：隐藏锋芒，才能够更好地做人；低调行事，才能够更好地处世。

5. 有所为，有所不为

【南怀瑾语录】

一个人对自己所做的事情，一定要有所选择。人胜不了天，只能应天；人不能拒天，只能顺天。我不懂政治，但从圣人的教诲中知悉，一个伟大的政治家只能因势利导、随缘而化，万不可去死守过时的章法。大禹治水，不是去堵塞，而是疏通。一座水库，必须要有溢洪道，才能保持大坝长治久安。

为什么南怀瑾要这么说呢？因为它是遵循孟子的“人有不为也，而后可以有为”。一个人要先懂得什么不能做，然后才能知道应该做什么，而之前的“不为”就是为了以后的“有为”。一个人有所不为，才能有所为。能成大事者，贵在对目标和行为的选择。如果事无巨细，不加选择，必然会陷入忙忙碌碌之中，成为碌碌无为之人。

“有所为，有所不为”，最难的不是“有所为”而是有“所不为”。“有所不为”其实就意味着放弃，而放弃往往是一件非常痛苦的事情。因为放弃意味着失去某些既得利益，如地位、名誉、福利、家庭等等。而这些在某些人眼里往往是趋之若鹜的东西，怎能够弃之不要呢？因此，“有所为，有所不为”要求我们权衡轻重、利害、得失，作出正确选择。“将军赶路，不追小兔。”将军奔赴战场，是为了参加一场重要战争，路上为了得到一只小兔，结果丢掉一场战争，你说值不值？

“有所为，有所不为”是一种能力，更是一种境界、一种智慧。与“舍得”有异曲同工之妙。“舍得，舍得”，有舍有得，不舍不得；小舍小得，大舍大得。

每个人一生都会遇到很多诱惑、很多机会。只有那些敢于拒绝诱惑、善于放弃某些机会的人，最终才会成功。

“人有不为也，而后可以有为。”——人要有所不为，然后才能有所为。其实这里的“不为”，孟子是指先冷静思考，选择自己的目标，然后才能展翅高飞。但如果你没有经过不为，也就很难说知道为什么；有所不为，才知道应该为什么和怎么为。

“君子深造之以道，欲其自得之也。”——君子加深造诣，以一定的方法，是希望自己有所得。正如大学教人以道，而并不在于以知。所以经过考大学和读大学的磨炼，贵在学习和磨炼了学习的方法，也就是道，并不在于学了什么知识或是专业。这样你才有了受用一生的方法，然后可以一生受用这种方法学来的知识，以至受用一生。

子曰：“君子有所为，有所不为。”孟子曰：“人有不为也，而后可以有为。”表面上看，两个人说得差不多，只是表达方式有异。细细追究，大不相同。“有所为，有所不为。”天下万事万物都必须有节制，地球也只能乖乖地在引力范围内运行，一旦超脱了运行轨迹，自身就无法再继续生存，不论是虎豹豺狼，还是羚羊大象，不论是老鼠蟑螂，还是麻雀昆虫，只能在一定的范围内活动，超越了活动的范围，必然要引来灭顶之灾。

人们总说："大丈夫，有所为，有所不为。"而孟子提出的大丈夫便是指能够实行"仁政"和"王道"的人，是能够"居仁由义"的人，并能做到"富贵不能淫，贫贱不能移，威武不能屈"的人。

孟子为什么要说这样的"狠话"呢？只因为当时的"文化人"太糟糕了！糟糕到什么程度呢？糟糕到以"妾妇之道"为"大丈夫之道"。

孟子说："这怎能算是大丈夫呢？你没有学礼吗？男子行冠礼时，父亲训导他；女子出嫁时，母亲训导她，亲自送到门口，告以顺从是为人之妻的道理。居住在天下最广大的居所里，站立在天下最正大的位置上，行走在天下最广阔的大道上，能实现志向就与民众一起去实现，不能实现志向就独自固守自己的原则，不受富贵诱惑，不为贫贱动摇，不为武力屈服，这才叫大丈夫。"

孟子这段话的意思是：一个人应该居住在"仁"这所最广大的住宅里，站立在"礼"这一最正确的位置上，行走在"义"这条最广阔的大路上。得志时，和民众共同前进；不得志，独自走所选择的正路。富贵不能扰乱他的心意，贫贱不能改变他的志向，威武不能屈服他的节操，这就叫大丈夫。所谓的大丈夫，也就是知道什么事该做，什么事不该做。

每一个人，都应当有所为、有所不为。袁世凯为所欲为，结果遗臭万年。华盛顿有所不为，结果流芳百世。

好事不能一个人独享，权位不能一个人独占，利益不能一个人独吞，天下不能一个人霸占。秦始皇统一有功，但不知有所不为，焚书坑儒，结果遭到了知识分子的千载唾骂。

上天有一杆称，人无论多么愚昧无知，但内心也有一杆称。人也许能得意于一时，但无法得意于万世，我们或许能骗人于一事，但无法骗人于万事。不论是总统，还是一个牧羊人，一定要有所为，有所不为。

6. 进退有度，走好下坡路

【南怀瑾语录】 

人在台上与台下之间，尽管修养很好，而真正能做到淡泊的并不多。一旦发现了好的位置，看看那个神气，马上不同了。当然，“人逢喜事精神爽”，这也是人之常情，在所难免。

…………

时代不需要你的时候，你能不怨天、不尤人，默默无闻地活下去。

南怀瑾常说：功成则身退。他这一生，每次均在仕途最高峰时选择了退隐。

二十岁的时候，他在川、滇边境任大、小凉山垦殖公司经理，并组织自卫团，担任总指挥。他一个人独自去说服当地拥有三千多人的土匪，收编为他的地方团队，使队伍人数达三万多人。在完成自卫队的建立后，他认为自己可以功成身退了，于是就一个人带着两个卫士离开了总指挥的位子，去成都中央军校担任教职。

他在成都中央军官学校担任政治指导员，同时教授政治学，并在中央军校政治研究班第十期毕业。在中央军校任教期间，他发现自己实际上是在破坏教育，而不是在建设教育，而且人人都想做领袖。所以，他在中央军校任教两年后就辞去教职，随袁焕仙先生在成都成立维摩精舍，并成为其开山首座弟子。

南怀瑾先生一生中的这两次退隐，如果换成普通人，恐怕很难做到。他们会这样想：我风华正茂，底下又有那么多的人手，权力也有那么大，我当然不能隐退了。再说了，土匪队伍是我收编的，我不去做司令，谁有资格去做呢？另外，如果我想走，想退隐，旁边的人一定说他们还需要我的领导。他们这么说也对，这里少了我怎么能行？——这是多少人退不了、也隐不成的原因。

南怀瑾先生的高明之处就在于说退就退、说隐就隐，不留恋功名与官位。提到进退，好像大都针对有官位与地位的人。其实，普通人也会涉及类似的命题。比如说：退休、降职、让贤等等。对曾经攀上事业高峰的人而言，恐怕再也没有什么比从绚烂中迅速隐没更让人难以忍受了，这时尤其需要深谙进退之道。

有很多成功人士不贪恋高官厚禄、不图名利、不计得失，受到人们的敬仰。如甘居下级之下的罗荣桓：

1934年9月，罗荣桓调任新成立的红八军团政治部主任。曾经是他部下的一个连长任军团长，过去他领导过的一个团政委任军团政委。命令下达后，他毫不计较，坚决服从组织决定，愉快地走上了工作岗位，在军团长、军团政委的直接领导下，兢兢业业地为党工作。当时，不少同志认为罗荣桓资格老，德才兼备，作战指挥能力和政治工作能力都很强，组织上这样安排不公平。罗荣桓知道后对他们说："参加革命，为的是打倒反动派，建立新中国；为的是实现共产主义的理想，不是为了当官。今天我领导你，明天你也可能成为我的领导。不要论资排辈，要服从组织的决定。不应该计较地位高低，更不要随便散布不满情绪，以免影响团结。"

新中国成立后，罗荣桓感到责任重大，更加努力地工作。但他患有心脏病和高血压，还曾患过肾癌，1946年做了肾脏切除手术。为此，毛泽东曾批示：你宜少开会甚至不开会，只和若干干部谈话及批阅文件，对你身体好些，否则难以持久，请考虑。1956年9月2日，罗荣桓感到身体实难支持，便写了一封亲笔信通过彭德怀转中央军委并报毛泽东。信中说：我长期身体不好，不能工作，而又挂名很多，精神上极感不安，请求解除我总政治部主任及总干部部部长等职，以免妨碍工作。信中还建议由谭政任总政治部主任，李志民任总干部部部长。

上书辞职的徐特立：

1956年，徐特立年近八十。他感到自己记忆力衰退，身体不支，便向中央打报告，要求辞去中宣部副部长的职务，让年轻的同志上来工作。他在报告中强调说，若不这样，我是很不安的。此后，徐特立就不参加中宣部的领导工作了。

其实，早在中央苏区时，徐特立就曾让贤过，那时他是教育部长。瞿秋白从上海来到瑞金后，徐特立首先提出：秋白年轻有为，应该让秋白任部长，自己任副部长。中央同意了他的意见。他俩互相尊重，互相支持，配合得很好。徐特立是著名的“延安五老”之一，新中国成立前后，曾任中宣部副部长等职，是中共第七、八届中央委员。1968年11月28日，91岁的徐特立因病去世。

从他们的处世之道我们可以认识到：

（1）隐退不是失败

很多人把“隐退”当成“失败”。隐退其实是有好处的。唯有离开自己当主角的舞台，才能防止自我膨胀。虽然，失去掌声令人惋惜，但往好的一面看，隐退就是在进行深层学习，一方面挖掘自己的潜能，另一方面重新上发条，平衡日后的生活。当你志得意满的时候，很难想象没有掌声的日子。但如果你要一辈子获得持久的掌声，就要懂得享受“隐退”。

（2）隐退不是放弃

它很可能只是转移阵地，或者是为了下一场战役储备新的能量。但是，很多人认不清这点，反而一直缅怀着过去的光荣，始终难以忘情“我曾经如何、如何”，不甘于从此做个默默无闻的无名小卒。

（3）正确认识自己

要学会认识自己，千万不要把自己看得太重，也不要轻视自己。这个世界上，每个人都很重要，但是离了谁地球都照样会转。所以，一个人可以自信，但不要自大；可以狂放，但决不能狂妄。那么，不论是“无可奈何花落去”，还是“似曾相识燕归来”；不论是游子回归，还是飞鸟离巢，你都可以做到，来就大大方方地来，不妨踌躇满志，喝令三山五岳开道；走就痛痛快快地走，尽可能洒脱自如，挥一挥衣袖，不带走一片云彩。

人生就像爬山一样，要么往上走，要么往下走。我们不能希望总是走上坡路，有时候走下坡路也是每个人必然的经历——爬到了山顶上，只有下坡路可走。怎么办呢？不妨坦然地走下来，再去爬另一座山峰，这才是积极的人生态度。能上能下，无论在官场、商场还是政治军事斗争中都是一种进可攻、退可守、看似平淡、实则高深的处世谋略。

7. 顺其自然，享受生命

【南怀瑾语录】

科学文明越发达，一般人的心理疾病就越严重。庄子的“无怛化”这三个字就有助于治疗心理疾病。“怛”就是忧虑的意思。把生命看的空一点，不需要那么害怕自己的生死。

“菩提本自性，起心即是妄；净心在妄中，正无三障。世人若修道，一切尽不妨。”一语道破“顺其自然享受生命”的精妙释义。

古时候，有位长者十分富有，而且心地纯善，他拥有非常庞大的财产，认为自己应该帮助众人，让众人都衣食无忧幸福快乐。于是每逢遇到苦难和贫穷的人，他都会施舍救济。

时间一长，长者的名声已经传遍四方，他所在国家的人们都十分敬爱他，就连邻国的人也对他赞叹不已。人间这些赞叹传到天庭，一位神仙知道后，心想：“我现在之所以成为神仙，就是因为生前乐善好施，现在这位长者做的好事比我曾做过的好事多得多，这么一来他不就超过我了吗?”

于是神仙幻化成一个普通人，来到长者面前说：“你把自己的财宝布施出去，难道不心疼吗？你辛辛苦苦赚的钱理应留给子孙，但如果你再这样下去，早晚会把财产花光的。”

长者听后笑着回答说：“天地万物滋养众生，我的财产如果只留给自己享用，那就太可惜了，不如拿来让天下人享用。”

神仙听后故意说：“可我听说布施的人死后会进入地狱。”

长者听后十分奇怪地问：“不是为恶人才会有地狱的苦报吗？一个善人怎么会堕入地狱呢?”

神仙听后，马上幻化出地狱的景象，并告诉他说：“你看这些受苦的人，都是生前布施的人，不信你可以去问问他们。”

于是长者走到一个人面前问道："你为什么会堕入地狱？"那人回答说："如他所言，我在世常常布施财物帮助他人，所以死后堕入地狱。"

长者接着问："那被你帮过的那些人呢？"

那人回答："他们都进入天堂了。"

长者听后高兴地说："让每个人都幸福是我的心愿，有那么多受过我帮助的人都升往天堂，只有我一个堕入地狱，真是太好了，这不算什么。"

神仙被长者的诚挚感动，化去地狱之象。恢复神仙的相貌对长者说："我之前跟你说的一切都是因我一时嫉妒，要动摇你的信念，颠倒因果的谎言。其实行善定能得到天福，而你这种'愿众生离苦，不求己安'的佛性，已经胜过天福，正得真正清净光明的无我境界。"

"自悟花情种，菩提果自成"，其实只要我们简单一点、真切一点，那么种种烦恼和忧虑将会烟消云散。

盛夏的天空，朗月当空，繁星似锦。如此良辰美景，一位诗人不禁诗兴大发。几首诗吟诵下来，他还是感觉意犹未尽。于是诗人痴痴地凝视着窗前一盆水中的月亮。

这时诗人的儿子走过来，非常不解地问："爸爸你在干什么？"

诗人回答："我在看月亮！"

儿子听后大吃一惊："爸爸，你扭伤脖子了吗？天上的月亮不是更大、更圆、更亮、更美吗？"

故事讲到这时，也许你在心里暗暗地笑话那位诗人。但你仔细想想，我们不是也常常做类似的傻事吗？明明眼前就有你想要的东西，而你却非要绕个大弯子，或者对于真切的现实生活你视而不见，却一心去追寻各种生活中的幻影，并因此而伤神、烦恼。

照自己的方式做一些自己喜欢的事，不在乎别人的批评意见，不在乎别人的诋毁流言，只在乎那一份随心所欲的舒坦自然。偶尔，也能够纵容自己放浪一下，并且有种恶作剧的窃喜。

就让生命顺其自然，水到渠成吧，犹如窗前的乌桕，自生自落之间，自有一分圆融丰满的喜悦。没有诗，没有雨，有的只是一份相知相属的自在自得。

已经过了大悲大喜的岁月，已经过了伤感流泪的年华，知道了聚散原来是这样的自然和顺理成章，懂得这点，懂得珍惜每一次相聚的温馨，离别便也欢喜。

不是说什么都不管不顾。那是自私。只是生活由自己来主张，知道自己想要什么，并为此努力，然后得到。不为其他。

人人都在追求着完美。但什么是完美？南怀瑾认为，似乎谁也没有精确的定义。有些人认为成功是完美，有些人认为有钱是完美，有些人认为美满的家庭是完美！完美就像海市蜃楼一样，永远在你不远的前方，让你看得见摸不着，而它却带给你无数的烦恼。

人生本来就是个跌宕起伏的过程，我们无法强求。唯一能做的就是顺其自然——在生命的波峰享受它，在生命的波谷忍受它。享受生命能感受自己的幸运，忍受生命能了解自己的韧度。

生命是个自然而然的过程，不必想方设法去把它镌刻成幻想中理想的样子，豁达的人不纠缠过去，明智的人不拘泥现在，成熟的人不担心未来，存在即是合理，一切自然展开就好。庄方认为应顺着自然的路径走而不知道它的所以然，才是真正的简单快乐。

人人都想快乐生活，但快乐却不愿追随每一个人，只有真正懂得生活的人才知晓快乐的真谛——即简单。

你如何为简单下定义？或许它意味着有更多时间做你想做的事，而非把所有的事都塞在你每一分每一秒做。或许它意味着减少烦扰、工作、房子、船、别墅，以及堆在衣橱或贮藏室、地下室、车库内的财物。或许简朴和你所有的无关，而是左右你该如何生活的原则——维持你应尽的义务，拥有你应有的财物，同时也奉行一套生活哲学，让你在地球上的时光更有意义、更有价值。

诗人爱默生说过："没有一件事比伟大更为简单；事实上，简单就是快乐。"

一个人未曾遭到日常琐事和焦虑的干扰，而简单地生活，这就是快乐。

简单自然应该是每一个人的目标，生活在简单自然中的人，就能够朝目标迈进，不至于误入歧途，而使我们丧失自我的伟大一面。

顺其自然，是生态的原始规律，是一种和谐的美丽，是经历了万千风雨之后的大彻大悟，是领略了人生的峰回路转之后的身心空灵，也是一种幽幽暗暗、反反复复追问之后的无奈。许多人探究过烦恼的来源，从某个角度看，来源其实差不多：不愿顺其自然，不愿接受冥冥之中的安排。但这都是有代价的，只是当事人不知而已。上帝很公平，赋予的同时总伴随着索取，因此才有“命里有时，终须有；命里无时，莫强求。”的说法。如果人生在世处处不得意，那么就要用顺其自然来告诫自己，保持一种平静的心态，凡事不能蛮干，否则物极必反。很多事如果顺其自然，你会发现你的内心会渐渐清朗，思想也会减轻许多负担。但人无完人，要真正做到这点却很难。

当然，顺其自然并非是不追求、消极的等待、听从命运的摆布、放过机遇，更不是屈服与低头。更准确地说，顺其自然是不强迫、不逼迫、不压迫，是一份乐观、一份自信、一份超然，是获得轻松、通向快乐、取得成功的捷径。顺其自然是寻求生命的平衡，谁能达到这种境界，谁的生活就是美好的，谁的生命就有质量。

无论是事业、亲情、友情还是爱情，事事都该在顺其自然中努力获取，在努力中顺其自然发展。这样做，既不违心，更不违天意。

一切顺其自然，用阳光般的眼神去对待生活，心中就会充满阳光！

8. “难得糊涂”乃是人生佳境

【南怀瑾语录】

清朝名士郑板桥，说过几句很了不起的话：“聪明难，糊涂亦难，由聪明而转入糊涂更难。放一着，退一步，当下心安，非图后来福报也。”

绝顶聪明的人，不是故意装糊涂，而是把自己聪明的锋芒收敛起来，转进糊涂，这就更难了。

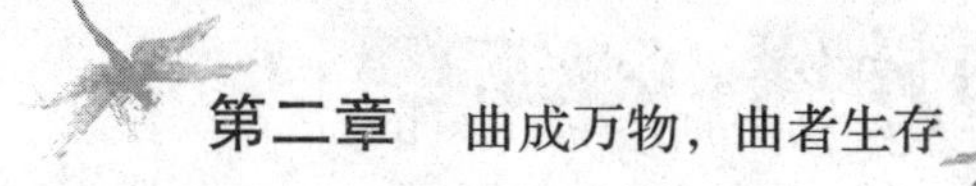

“难得糊涂”历来被推崇为高明的处世之道。人生在世，总有许多不如意和坎坷。如何面对生活中的不如意呢？对人、对已都要放宽去想，大事不糊涂，小事不计较，遇到问题心中几分清醒，言行少许糊涂，进退自如、伸屈悠然，也许就能左右逢源、游刃有余了。俗语总结得好：“人情留一线，以后好相见”。

“糊涂”不是犯傻，不是愚昧；而是一种气度，一种修养，一种智慧。生活中有些事情不必过分认真、过分计较，还是需要点糊涂的态度好。

南怀瑾在说到“难得糊涂”时，讲了一个故事来说明。这个故事的大意如下：

宁武子是春秋时期卫国一位很有名的大夫，历经卫文公到卫成公两朝。

卫文公时，国家政治清明、社会安定。这时，宁武子表现出了超人的智慧与能力，几乎成了卫国的“第一聪明人”；到卫成公的时候，政治、社会，一切都非常混乱，情况险恶，宁武子依然在朝，也参与了朝政。只是，这时的他表现得愚蠢鲁钝，好像什么都很无知，看上去纯粹就是一个糟老头。不过，就是这个前面聪明后面糊涂的人，安然度过了两个局面完全不同的朝政。可见，他后面的糊涂完全是装出来的，不是真糊涂。

南怀瑾很推崇宁武子这种“难得糊涂”的处世哲学。他认为，宁武子前期所表现出来的那种聪明才智，还是有人做得到的，但处于乱世中的那种愚笨的表演，就很难学了。当初他的才能表现得那么高，应该遭人家妒忌；但是到了变乱的时候，他表现得碌碌无能，没人打击他，也没有人仇恨他。他的这一点修养与性格是别人做不到的。

韩熙载字叔言，潍州北海（今山东潍坊）人。出身豪族，诗文书画、音乐无不通晓，后唐末年同光年间登进士第，后逃往南方避乱，曾任中书侍郎、光政殿学士承旨等官。他博学多才，写得一手好文章。

早在李煜的父亲在位时，韩熙载就因为其出色的才能受到了重用，面对北方的战乱，他力劝李煜的父亲励精图治，出兵中原，统一天下。然而生性懦弱的李煜父亲除了和冯廷巳等人在君臣之间你夸奖我“小楼吹彻玉笙寒”意境优美，我夸奖你“吹皱一池春水”构思奇巧之外，毫无雄心壮志来完成统一天下的历史使命，韩熙载陷入了壮志未酬的困境中。不久李煜的父亲就死去，后主李煜继位。这曾经给早已意灰心冷的韩熙载点燃过理想的希望之火，但是很快就诗词歌舞代替了刀剑斧戟，舞榭歌台代替了雄兵百万。君王与美人调情的谈笑风生刺破了韩熙载最后一点政治希望。

韩熙载已经看到了南唐国势日衰的历史必然，面对这样的残局，纵使是孔明在世，也无力挽回，但是他毕竟没有孔明的执著，再加上朝中那些小人的排挤，于是他辞去了宰相的职位。然而事情并没有这么简单，韩熙载敏锐地感觉到李后主已经悄悄地把猜疑的利剑架在了他的脖子上。

为了迷惑李后主以保全自己，他一反正直敢谏的常态，假装沉湎于酒色歌舞之中，是一个与南唐其他大臣同流合污的庸碌之辈。他请了长假，在戚家山“养疴”，成天与四十多个姬妾谈笑取乐。他领到俸禄后，尽数散发给这些妻妾，然后再穿着破衣衫，挎着破篮子，到各姬妾的院子中去乞讨，以博一笑。由于他对姬妾不加管束，由其来去，弄得满城人都以为他是个胸无大志、不问国事、成天围着女人转的昏官。朝中大臣也以此为话题取笑他。

李后主虽有所耳闻，还是不很放心，便派著名画家顾闳中到韩府探察。顾闳中到韩家，看到他正拥着妻妾歌女宴饮取乐。回家后，便画了一幅画，用五个场面勾画出韩熙载当晚的活动情况，这便是著名的《韩熙载夜宴图》。可是李后主看了这幅画后，发现他的眉宇之间充满着隐忧与沉思，是在用宴会、歌舞掩盖其政治抱负，于是决定将韩熙载逐出京城。这时，韩熙载上表请罪，苦苦哀求从轻发落，留在金陵养老。李后主见他语言悲切，也看到他确实老了，掀不起什么大风大浪，就取消了将他发配南方的命令。最后，韩熙载因病而死。

李后主听到韩熙载的死讯后，心中非常高兴，却假惺惺地哭着说：“可惜啊，韩熙载死了，我再也不可能提拔他当宰相了。”还装模作样地追封他为“右仆射同平章事”，谥号“文靖”。韩熙载的糊涂使他逃离了横死的结局。

一个人走过了人生的几多风雨，不愿也不想再去计较人世间的恩恩怨怨、是是非非。在非原则问题上不作计较，在某些原则问题上也是大事化小、小事化了。在细小问题上，更不去做无休止的纠缠。理智处事，学会适应各种环境，应付逆境。以理智的“糊涂”化险为夷，以聪明的“糊涂”平息可能发生的种种矛盾。

对别人“糊涂“一点，这样别人才会放心与你交往；

对朋友“糊涂”一点，谁付出的多一些少一些都好，只要大家开心就好；

对爱人“糊涂”一点，给对方自由也是给自己空间；

对事情“糊涂”一点，路不走到最后一步谁也不知道结果，不必自封死路；

对生活“糊涂”一点，过一天算一天虽然不明智，但也未尝不会快乐；

对未来“糊涂”一点，人生才会有更多惊喜 。

“难得糊涂”是一种难得的品德，是一种大丈夫的气度，是一种放眼未来的襟怀，是一种超越俗世的大智大勇。正是“难得糊涂”的警醒，才能使人们在当今纷争的世界里，闲看庭前花飞落，漫随天外云卷舒；才能宠辱不惊，去留无意，于利不趋，于色不近，于失不馁，于得不骄，以豁达之情笑看风云变幻、潮起潮落。

9. 做人做事要方圆有度

【南怀瑾语录】

他把自己以为是道德的东西，固执地抓得很牢；他自己以为道德，其实是错误的。这叫邪见，也叫戒禁取见，“未达人气”。许多人都道德修养很好。所谓方刚的人，很方正，很刚强，觉得道德是不能碰的。方者就是方者，圆者就是圆者。道理讲得非常对，可是他实在是“未达人气”，对人生的气味，对生命的气息都不懂。他自己虽然也是个人，但不通人情，不懂得做人的道理。

什么是方？什么是圆？动是方，静是圆。刚是方，柔是圆。原则是方，机变是圆。方是以不变应万变，圆是以万变应不变。方是做人的脊梁，圆是做事的锦囊。方是平天下的思想气度，圆是适应社会的行为准则。

做人如何方，如何圆？做事如何方，如何圆？做人要圆内容方，不忘大原则。做事要方内容圆，不钻牛角尖。做人心量要圆，做事性格要方。律己要方，待人要圆。识人要方，用人要圆。做人做事方圆有度，该方则方，该圆则圆，千变万化，才可圆润通达。如果拘泥规矩，必将作茧自缚。上焉者取方，方正之气，气贯于胸。下焉者取圆，圆滑处世，无刚不立。智慧者方圆并取，方为智，圆为融。取方者永远像箭杆一样笔直，是正直的人；取圆者永远像水一样无定形，是聪明的人；方圆并取者，有也不多无也不少，是智慧的人。

南怀瑾经常说，过去的读书人是“学成文武艺，货于帝王家”；在现代商业社会，读书人则是“学会数理化，卖给资本家”。但南怀瑾自己，既没有把自己“货于帝王家”，也没有把自己“卖给资本家”。

早年，人家拉他进入官场，他没有干。后来，在台湾蒋家父子当权的时候，他有机会踏进仕途，也没有动过心。另一方面，他并不拒绝与台湾当局的一些高层人士有来往。一天，南怀瑾在给他所创办的协会中的一个“特别班”上课，看到底下坐的全是少将中将，一数他们军衔上的星星，一共有二十八颗。这些人都是“党国重臣”，握有实权的大人物，是一些台湾政坛的重量级人物。

远离政治是南怀瑾先生的一贯标准，也就是他所坚持的“方”。因此他一生不愿为官，不愿与蒋氏父子过于亲近。另一方面，他并不反对与政要人士来往，只要是专程来听课的，他都来者不拒，并不有意回避。这又体现了他处世的“圆”，或者他所说的“达人气”，也就是有人情味。所以，他不从政，却不反对与政要人士来往。这就是“方圆有度”处世的大智慧。

其实，南怀瑾先生所指的“圆”、“达人气”，实际上是说要通晓人情世故。他对“人情世故”四个字还曾作出了一种另类的解读。他指出：其实，不管是为政或做事，懂得“人情世故”，方能自在做人。“人情”是指

人与人之间融洽相处的感情，“世故”就是透彻了解事物，懂得过去、现在、未来，懂得人，懂得事。

孔子有一句话为中国人所熟知，他说：“吾十有五而志于学，三十而立，四十而不惑，五十而知天命，六十而耳顺，七十而从心所欲，不逾矩。”

对这句话，南怀瑾先生从“人情世故”的角度作了全新的解读。他说：孔子十五岁的时候，立志做学问；到了三十岁，经过十五年的人生磨炼，做人做事、处世的道理就“立”住了。然而，这时候心理还不稳定。到了四十岁，才真正没有任何疑惑。再加十年，到了五十岁，才“知天命”。到了六十岁，好话坏话尽管人家去说，耳中经过心中自定，毁誉不摇，明确是非善恶，对好的人觉得可爱，对坏的人更觉得要帮助他，使其成为好人。然后再加十年，到了七十岁，才“从心所欲”，而又不超过人与人之间的范围。此时的孔子，已经完全通晓人世间的人情世故了。

人生在世，就要通晓人情世故，要懂得方与圆的道理，然后还要灵活运用，才能做到方圆有度。

（1）要做到“行方”

所谓“行方”，是指做人要有棱角，要遵循规矩，要坚持做人的原则，要有人的骨气和品格，要表里如一。

比如：经商要奉行的金科玉律是一个“诚”字。真正的大商人必是以诚行天下，以诚求发展，绝不会行狡诈、欺骗之伎俩，为一些蝇头小利或眼前得失而失信于天下。

做学问信奉的是一个“实”字。一步一个脚印，一天一点长进，方能积少成多，积薄成厚。那些沽名钓誉之徒终将会成为人们的笑柄。

（2）要做到“智圆”

所谓“智圆”，就是说为人处世要周到细致、审慎干练，要把事情办得圆满。处世要圆。圆的压力最小，圆的张力最大，圆的可塑性最强。

这里所谓的“圆”，绝不是圆滑世故，更不是平庸无能，而是一种圆通、一种宽厚、大智若愚、与人为善，是在居高临下、明察秋毫之后，心智的高度健全和成熟。智圆者，不因洞察别人的弱点而咄咄逼人，不因自己比别人高明而盛气凌人，不因坚持己见而感到压迫和惧怕，不因附和别人而随波逐流。这需要很高的素质和技巧，需要极强的悟性，是做人的至高境界。黄炎培曾给儿子写过四句话："和若春风，肃若秋霜；取象于钱，外圆内方。"就是希望儿子像古铜钱那样外圆内方，对人要宽容和善，像春风一样；对自己要严格要求，像秋霜一样。这与南怀瑾先生所推崇并遵循的"外圆内方"的做人准则不谋而合，可谓英雄所见略同。

千载文化积淀中最能代表"方圆"哲学的莫过于古代铜钱。铸造外圆内方的前辈早已悟出"方圆"哲学中的大理与禅机。外圆可减少阻力，便于流通提携；内方可一线贯通，秩序井然。"取象于钱，外圆内方"，做人做事的道理尽在其中。做人有方的，准则在手，就会方寸不乱，千变万化不离其宗；做事有圆的，技巧在胸，就会浑圆玲珑，时事人情一通百通。外圆内方，可谓人生的最高境界。做人要方，就能堂堂正正；做事有圆，就能得心应手。有圆无方则不立，有方无圆则滞泥，可方可圆则无往不利。

第三章

交朋友之道，最重要的是久而敬之

——南怀瑾交友智慧

南怀瑾先生认为，交朋友要把握好分寸，既不能太疏远，也不能太密切。他说："交朋友之道，最重要的就是这四个字——久而敬之。我们看到许多朋友之间搞不好，都是因为久而不敬的关系；初交很客气，三杯酒下肚，什么都来了，最后成为冤家。…… 这个'敬'的作用是什么？好像公共汽车后面八个字的安全标记：'保持距离，以策安全。'少碰为妙。"

1. 选择朋友有分寸

【南怀瑾语录】

朋友是什么？有急难相助才是朋友之道。他既然是我的朋友，那么现在遭难，我当然要帮助他。至于人品如何，是另一回事；犯了什么法，自有法律制裁！我对朋友自有分寸。

交朋友是为了有能分享快乐、分担痛苦的人，如果没有朋友，自己一个人一定会觉得寂寞、孤单。怎样选择朋友，是我们所面临的问题。看南怀瑾如何交朋友的：

南怀瑾有位朋友叫覃勤，爱留长胡子，所以外号“覃胡子”，在当时很有一点名气。他创办了台中中医学院，但口碑并不太好。

一次，覃胡子不知犯了什么法，已被判决确定要坐牢。入狱之前他来见南怀瑾，希望先生能找法院的人说说情，坐牢时不要剃去他的漂亮胡子。

这个要求无疑是在胡闹，也是很难办到的事。因为监狱法令规定，每个犯人入狱时必须剃净须发，哪有在牢里还留胡子之理呢？然而，经不住他一再恳求，南怀瑾只好亲自出马，去找台北法院的院长。到了那里，包括最高检察长、一班大小法官主管统统在那里。他们见南怀瑾来了，都很客气，欢迎之至。等他说明来意，法院院长就表示为难，话语中多有责怪他多管闲事之意，因为覃某为人不佳。

南怀瑾一听此话，勃然变色，把眼睛一瞪，对那班法院大员说：“朋友是什么？有急难相助才是朋友之道。他既是我的朋友，现在遭难，我当然要帮助他。至于人品如何，是另一回事；犯了什么法，自有法律制裁！对朋友，我自有分寸。”大家听得目瞪口呆。

南怀瑾一吼，也有些影响力，覃胡子坐牢期间，不但可保留胡子，也没剃光头，并住单人房，还有其他优待。

南怀瑾先生善于交友，也能把握交朋友与帮朋友的分寸，不过其分寸不易为人所理解罢了。比如帮覃胡子讲情这件事，在常人看来确实是有点不可思议，甚至有失分寸。其实，这恰恰正是他交友的分寸所在。南怀瑾先生何尝不知覃胡子的为人，只是他认为覃胡子能创办一所中医学院，还是为数不多几个把中医科学化的人，很不简单。在当时的台湾，能以私人之力，办成学院（大学）的只有三个人，覃胡子便是其中之一。南怀瑾先生正是看重他这一大贡献，所以才不惜亲自出马去帮他忙。这就是他交友所把持的分寸。

在日常生活中，许多人都有过这样的经历和感受：与某个人或某几个人很是投缘，很谈得来，只要在一起便觉得心里热乎乎，总有说不完的话。最后竟变得舍不得分开，只希望形影不离。然而，这种过于亲密的交往，往往导致分手的结局，严重者甚至造成难以愈合的创伤。而且，这种伤口一旦产生，无论愈合得怎样好，也难免会留下疤痕。这就好比瓷器上的一道裂纹，无论怎样细微，总是抹不去、擦不掉。这都是过于亲近，失了分寸的结果。我们交友也要把握好自己的分寸。

俗话说："见面只说三分话，未可全抛一片心"。这句话的意思是与人交往要慎重。其实交友也一样需要慎重。好朋友之间，亲密要有度，切不可自恃关系密切而无所顾忌。高明人的原则就是：真诚但不和盘托出，亲近但不过度亲密。如果太亲密了，就可能发生质变。过度的关系一旦破裂，好友势必变成冤家对头。这与"站得越高、跌得越重"是一样的道理。

交友要有分寸，起码要让彼此保留个人的秘密。每个人都有秘密，给朋友一点私密的空间，实际上也是给自己更大的空间。有时，朋友对你保守秘密并不是对你的不信任，而是对自己负责。因此，在朋友觉得难为情或不愿公开某些私人秘密时，你也不应强行追问，更不能私自打听，因为保守秘密是他的权力。一般情况下，凡属朋友的一些较为敏感的事情，其公开权利应留给朋友。擅自偷听或公开朋友的秘密，是交友之大忌。另一方面，你也可以对朋友保守自己的秘密。这些并不意味着你和好友之间的疏远，反而使你的友谊更加可靠。

选择朋友时标准是很严格的，放在第一位的不是他对自己是否有好处，而是看这个人的人品，以及他以后的发展方向。

清末朝廷重臣肃顺曾经多次拉拢曾国藩，为曾国藩的升职出了不少力，可是曾国藩知道他骄横跋扈、独断专行，将来定不会有什么好下场，所以并没有将他引为挚友，跟他并没有片纸的书信往来。果然，肃顺垮台之后，平日里与他关系密切的挚友都受到了牵累，曾国藩却因为没有与肃顺往来的证据，被朝廷更加器重。

曾国藩在结交朋友时把人品放在第一位，人品不好的即使有权有势主动来结交他，他也不会视之为挚友。相反，若是人品好，即使没权没势的，他也主动去结交。在曾国藩的朋友之中，有一个叫江中源的，如果左宗棠以诸葛亮再世来形容的话，那么这个江忠源就是当之无愧的关公再世了，他是非常仗义的一个人。有一部《落叶归根》的电影，是根据一个真实的故事改编的，讲的是两位农民一起外出打工，其中一个出意外死亡，另一个遵循叶落归根的古训，决心要把死去的工友背回家乡去。他历尽千辛万苦，费尽周折，最后被人发现，才不得不停止了背尸回乡的行动。这个新闻一出，感动了很多人，人们赞其为“义薄云天”。这样的事，江忠源也做过，而且不止一次。在京城参加会试时，他曾两次护送友人灵柩回原籍，不畏千里长途、雨露风霜，善始善终。

曾国藩听说了江忠源的事情后，非常欣赏他这种人品，便托人介绍认识，与之结为好友。曾国藩在咸丰帝登位时，向朝廷推荐六个人才，江忠源便是其中之一。曾国藩因为欣赏江忠源的人品而结交他，确实没有看错，人品好的人懂得知恩图报。江忠源因为曾国藩推荐了他，为了报答曾国藩的知遇之恩，在历次给朝廷的奏折中，他都会陈述曾国藩办团练的业绩，还会设法为曾国藩扩军取得合法地位，这在无意中帮了曾国藩的大忙。

曾国藩在结交朋友时，除了看人品之外，还会看这个人是否有志向。一个人的志向，决定了他的发展前途。胸无大志，整天混日子的人，会对自己产生一些不良影响。

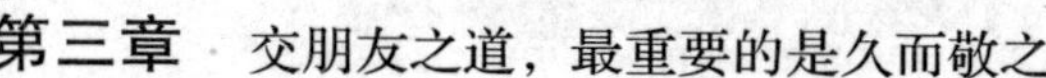

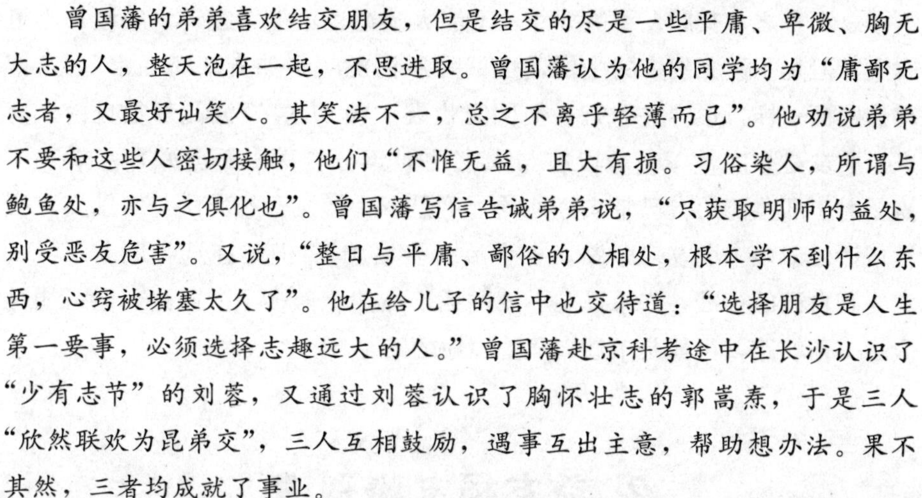

曾国藩的弟弟喜欢结交朋友，但是结交的尽是一些平庸、卑微、胸无大志的人，整天泡在一起，不思进取。曾国藩认为他的同学均为“庸鄙无志者，又最好讪笑人。其笑法不一，总之不离乎轻薄而已”。他劝说弟弟不要和这些人密切接触，他们“不惟无益，且大有损。习俗染人，所谓与鲍鱼处，亦与之俱化也”。曾国藩写信告诫弟弟说，“只获取明师的益处，别受恶友危害”。又说，“整日与平庸、鄙俗的人相处，根本学不到什么东西，心窍被堵塞太久了”。他在给儿子的信中也交待道：“选择朋友是人生第一要事，必须选择志趣远大的人。”曾国藩赴京科考途中在长沙认识了“少有志节”的刘蓉，又通过刘蓉认识了胸怀壮志的郭嵩焘，于是三人“欣然联欢为昆弟交”，三人互相鼓励，遇事互出主意，帮助想办法。果不其然，三者均成就了事业。

曾国藩还愿意结交学问高深的人。因为结交这样的人，能从他们身上学到知识，从中获得利益。

曾国藩的好友刘传莹就是一个学富五车之人，他专攻古文经学，精通考据。曾国藩在与其交往中，学习了很多古文字，大大弥补了自己在这方面的不足。曾国藩还有一个好朋友叫何绍基，这个人精通书法，擅长吟咏。曾国藩通过与其交往，在书法和吟咏上得到了提高。罗泽南是一个对自己要求非常高的人，“忧所学不能拔俗而入圣，忧无术以济天下”，曾国藩十分敬重他，常在信中表示敬慕之意。曾国藩还结交了很多这样的朋友，通过与这些朋友的交往获益匪浅。而且，这些有名望的朋友，也使得他在京城的名气大增，树立了声望，扩大了视野。

曾国藩在结交朋友上把关很严，如果不符合自己标准，坚决不交往。

曾国藩有一个朋友叫周寿昌，是长沙人，道光二十四年中顺天乡试南元，二十五年中进士入翰林院。周寿昌结交甚广，官位虽不过一翰林院侍讲学士，然交游遍及王公大臣，是湖南京官中的百事通。但周寿昌又是个不拘小节的人，有次在妓院，与妓女饮酒赋诗弹唱，差点被人告发，曾国藩以前辈身份声色俱厉地将他大骂一通。周寿昌不服气，嫌曾国藩太拘谨，曾国藩怕以后受周寿昌的牵累，就与他断交，将其拉入了“黑名单”。

总而言之，交朋友要讲分寸，不能太疏远也不能太密切，应该是心里有友，但是不侵犯别人的生活，也就是所谓的“亲如蜜却淡如水”。亲密得像蜜糖一样，形容关系好，但同时也要“淡如水”，彼此都很自由。有人以朋友是多多益善，所以在与人交往时不分良莠、不分好坏、来着不拒。对于那些能给自己带来好处的，更是奉为益友，想办法与之结交。虽然俗话说“多个朋友多条路，多个敌人多堵墙”。但是在选择朋友时，一定要有自己的标准，如果择友不慎的话，虽然看似多了一条路，但可能是多了一条歧路，可能是条通向危险境地的路。

2. 益友损友辨别清

【南怀瑾语录】 

“孔子曰：益者三友，损者三友。友直、友谅、友多闻，益矣；友便辟、友善柔、友便佞，损矣。”

这是我们中国人所熟悉的话，友直、友谅、友多闻，是有助益的朋友。第一种“友直”，是讲直话的朋友；第二种“友谅”，是比较能原谅人、个性宽厚的朋友；第三种“友多闻”，是知识渊博的朋友。孔子将这三种人列为对个人有助益的朋友。

另外在朋友中，对自己有害处的三种：第一“友便辟”，就是有怪癖脾气的人，有特别的嗜好，或者也可以说软硬都不吃，使人对他觉得有动辄得咎之难的朋友。第二“友善柔”，就是个性非常软弱，依赖性太重，甚至一味依循迎合与你。你要打牌，他也好；你下棋，也不错；你要犯法，他虽然感觉不对，也不反对，跟着照做不误。用现代语来说，等于娇妻型的朋友，可以说是成事不足、败事也不足。第三“友便佞”，这种人更坏，可以说是专门逢迎凑合的马屁能手，绝对是成事不足、败事有余的家伙，特别要当心。

说到择友之道，南怀瑾提到了电视剧《铁齿铜牙纪晓岚》里面清朝乾隆皇帝和纪晓岚、和坤三者之间的故事。前者与后两者之间既是君臣关系，又是朋友关系。

纪晓岚是乾隆时代的名臣，与乾隆关系甚厚。大家都知道关于二者之间的“老头子”的故事：一次，纪晓岚背地里称乾隆为‘老头子’。不料，这事被乾隆知道了，故意严肃地责问他：“纪晓岚，你居然敢在背地里骂我是‘老头子’!”纪晓岚解释说：“万岁！万岁！万万岁！皇上乃国之大‘老’，国家元首为‘头’，‘子’是天子，全国百姓都称陛下为‘老头子’，这是尊称。”乾隆听罢此言，无可奈何地笑了。

南怀瑾认为，一个皇帝能够选择一个博学正直又谈得来的大臣当做朋友，而且还能与之友好相处，是十分难能可贵的。

和坤非常贪婪，他对乾隆皇帝百般逢迎，琴颜谄媚，几乎无所不用其极。这就是一个典型的“便辟”之人。却深得乾隆宠幸，以致后来包揽大权。对此，乾隆心知肚明。那他为什么还要把他当做朋友那样对待和喜爱呢？乾隆的解释是：“我知道和坤坏，但是你们总得留一个人跟我玩呀!”对此，南怀瑾比较理解，认为做皇帝的地位到了最高处，连一个可以说笑话，可以玩玩的人都没有，实在太苦了。不过，就择友方面来说，南怀瑾对和坤却是持否定态度的。

南怀瑾先生用通俗的话语将孔子所说的“益者三友”与“损者三友”作了生动详尽的解释。并提醒人们交友时要当心，要选像纪晓岚那样的益友，远离和坤那样的损友。因为人是群居的动物，互相习染可以变化性情。并且这种变化是渐渐的，有些变化过程，甚至无法察觉，但时间一久，却变得天壤之别了。

对一个人影响最大的，莫过于他身边的人，尤其是朋友。所以，交友需要慎重，需要有选择。对此，孔子曾经作过一个比喻，和好人同住，如同进入放有芝草、兰花的房间，时间一长就闻不出香气，这就是与香气融为一体了。和不好的人同居，如同进入卖咸鱼的市场，时间一长就闻不到臭味了，也是和臭气化为一体了。朱砂深藏的是红色，墨漆深藏的是黑色，因此君子一定要慎重选择与自己相处的人。“与好人相交，如同兰蕙的香气，一家种花，两家都香。与恶人相交，如同抱着孩子上墙，一人失足，两人遭殃。”与好人交朋友，就像进到花房里，久而不闻其香，因为你全身都充满了花香气；与坏人交朋友，就像进到咸鱼铺子，久而不闻其臭，因为你自己满身都是臭鱼味了。

南怀瑾先生引用孔子的“益友”与“损友”的标准，是针对孔子所处的时代而言的，并不完全适用于当今社会。如果稍作变通，则当代的“益友”与“损友”的标准如下：

交友，要选择“益者三友”：

与讲信义的人交朋友有益。讲信义的人，不会当面一套而背后另搞一套，不会说一套做一套，不会面上笑嘻嘻、心里恶狠狠。交这样的朋友，不会上当，不会学着搞阴谋、盘算人。与正直的人交朋友有益。正直的人，不取巧，做事应当怎样就怎样；不说假话，该批评就批评。

与知识广博的人交朋友有益。一个人，学问见识总有所限，交知识广博的朋友，可以扩大眼界，提高自己，补充亲身闻见之不足。

相反，交友要远离“损者三友”：

不能与虚伪的人交朋友。有一些虚伪之人，貌似正直，实则狡猾，这样的人往往是口是心非。他们所说的话，常常会妨害你获得正确的认识，造成错误的判断。

不能与谄媚的人交朋友。谄媚之人，对你好，也只是在应付你、奉承你，是想博你欢心，其实心里在打自己的算盘，想达到某种目的。因为要讨你欢心，所以就投其所好，灌迷魂药，引你离开正道，满足他的愿望。

不能与夸夸其谈的人交朋友。这样的人看上去什么都懂，实际上却一无所知。在他滔滔不绝的话语里，除了口水，没有一点精华。

以上只是择友的标准，更重要的是要学会选择朋友的方法：

(1) 根据一个人所追求的目标来选择

人生在世，人与人之间所追求的目标是不一样的。有的人追求为天下人造福，有的人追求出人头地，有的人追求成名成家，有的人追求把小日子过得安逸。目标不同，境界有别。但不是说一定要跟境界高的人交朋友，关键要看你是否认同他的目标。如果你想为天下人造福，就去同那些志向相同的人交朋友。如果你只想把小日子过好，却去跟志向远大的人交朋友，迟早会成为他的累赘，朋友就交不成了，当个崇拜者还差不多。反

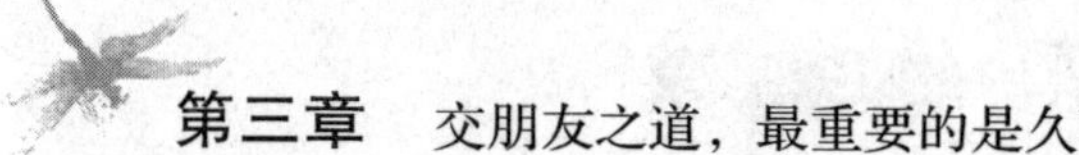

过来，如果你志向远大，却去跟一群只想过安稳日子的人交朋友，必然被他们那些无足轻重的小事所干扰，也不适合。

（2）根据一个人实现目标的手段来选择

一般来说，用正当手段实现目标的人才值得交往。比方说：一个人想赚钱，这并没有错，不过要是他靠偷盗抢劫、坑蒙拐骗赚钱，手段不正当，迟早必遭报应，如果跟他交朋友，是要受拖累的。

（3）根据一个人的兴趣爱好来选择

爱好不同，显示了每个人的不同品位和素养。有的人爱读书，有的人爱网聊，有的人爱玩游戏，有的人爱打牌赌博，有的人爱书法，有的人爱运动……最好跟品位高的人交朋友。如果天天跟人去玩游戏，没准就患上了“网络综合征”；如果天天跟人去打牌，没准就成了赌徒。在此值得一提的是，看人的爱好，不能只看表面。比如同样是看书，有的人爱看专业书籍、学术著作，有的人爱好通俗小说、武打小说，两者的趣味是完全不一样的，一定要搞清他的真实爱好才行。

如果你能够灵活运用孔子的“视其所以，观其所由，察其所安”的方法看人，不管对方是披着羊皮的狼，还是披着狼皮的羊，都将现出原形，你就可以据此择定自己的“益友”了。

交友并非小事，朋友有良莠之分，交往有损益之别。交对一个朋友，也许就是取得进步的阶梯；交错一个朋友，可能就会掉进一口可怕的陷阱。这就是“选择益友，远离损友”的道理所在。

朋友是我们人生道上不可缺少的一环人际关系，而且许多事情是靠朋友知交才能处理的。朋友相交，贵在知心。真正的好朋友应该是患难与共，也就是当你需要的时候，他随时都会伸出友谊的手。

选择朋友是一定要擦亮眼睛，认清益友损友，以德交友，多多益善。选择一个什么样的朋友，就是选择了一种什么样的生活方式。要与志向远大的人交友，与兴趣相投的人交友，与见识广博的人交友，与正直的人交友，与诚信的人交友。近朱者赤，近墨者黑，交上益友，一生幸福；交上损友，一生祸害。

3. 规过劝善要适度

【南怀瑾语录】

我们知道，有时候交朋友也是一件很难的事。对朋友如果过分地要求或劝告，次数多了，交情就疏远了。交朋友之道，在“忠告而善道之”。尽我们的忠心，劝勉他，好好诱导他，实在没有办法的时候，“不可则止”，就不再勉强。假如过分了，那就不行；“毋自辱焉”，朋友的交情就没有了，变成了冤家了。

从表面上看来，南怀瑾教学生的交朋友之道，好像有点耍滑头的样子，适可而止，不要过分。实际上，加上我们自己的经验，就知道南先生的话并不滑头。中国文化中友道的精神在于“规过劝善”，这是朋友的真正价值所在，有错误互相纠正，彼此向相好的方向勉励，这就是真朋友，但规过劝善也有一定的限度。尤其是共事的朋友，更要注意。

俗话说：“忠言逆耳利于行”。这话的确不假。不过这世间的人，包括朋友，有几个人爱吃“苦药”呢？小孩常把苦药当做虐待，大人常把逆耳忠言视为人身攻击。所以，对朋友直言相劝的结果，也常会“好心没好报”。朋友非但不感激，反而心生怨意，严重者甚至与你绝交，把你当做冤家。南怀瑾先生正是深谙人性的这一弱点，才认为对朋友规劝适度是交友之道，并不是耍滑头。

对朋友的规劝要适度，还因为“意有所至而爱有所亡”。这是南怀瑾先生讲解《庄子》时强调的一句话。他说这句话其实是在讲交友做人的道理。任何一个人，都有自己的意志，他爱好就是那一点，专注在那一点的时候，什么也无法改变。一个人入迷的时候，你要劝他“回头是岸”，难上加难。所以，明知道你为了他，有时候他出于自己的利益需要，就忘记你是为他着

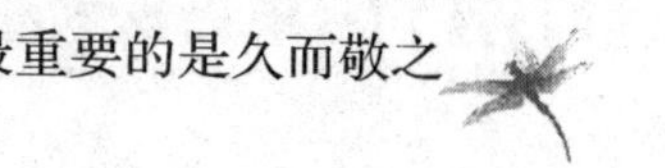

想了。

南怀瑾在香港的一位朋友，事业上很有成就，但在用人上不太注意，过于轻信身边的人。南怀瑾曾提醒他说："反对你的和造反的人，一定是你身边的人。因为他学会了，一定'起而代之'。"这样的话他对这位朋友说过几次，但后者并没有采纳他的意见。大多数人，由于缺乏远见，在事情未发生前，无法预见事情的结果，对于他人好心的规劝自然听不进去，而且还提出一大堆理由来反驳。南怀瑾见他如此，也就不好再说什么了。后来，果然就发生了上述的情形，这位朋友被身边的人"起而代之"。这一事件成为当年香港很大的新闻。

南怀瑾说，人只有在吃过亏、上过当以后才会想起事情发生前别人对他的好言相劝。

相信南怀瑾先生的这位朋友，一定也后悔当初没有听进他的劝告吧。在劝告朋友这件事上，南怀瑾先生并没有进行到底，在朋友屡劝不听的情况下，放弃了对他的忠告。这一点，显示出了他高超的交友艺术。

对朋友的规劝要适可而止，并不是耍滑头，也不是放弃方正之道，而是在深刻了解人性前提下的明智选择。因为当你在苦口婆心规劝朋友之时，即使他明明知道你是在为他好，也有可能在一时的冲动下伤害你。这种教训在历史上并非没有。

唐太宗李世民与魏征的关系介于君臣与朋友之间。魏征一心直言进谏、忠心社稷，被后世称为一代良臣名相，也被李世民引为"得失铜镜"。不过，最终他还是难逃晚年唐太宗的积恨爆发，墓碑被砸。虽然唐太宗之后又悔恨不已，但一段君臣与朋友的佳话也以此为终。这就是过度"规过劝善"者所付出的巨大代价。

"规过劝善"虽然出于好意，但由于最终是要说服朋友听从自己的意见，因此多多少少带有些将自己意志强加于朋友的成分。朋友关系的存续是以相互尊重为前提的，容不得半点强求、干涉和控制。彼此之间，情趣相投、脾气对味则合、则交；反之，则离、则绝。如果"规过劝善"过度，则双方的默契和平衡将被打破，友好关系将不复存在。这就是过度"规过劝善"者所付出的巨大代价。

假如对方是对我们非常重要的人，必须让他接受正确意见，又该怎么办呢？对此，我们首先要把握三个原则：

第一个原则是：多说顺耳忠言，不要贬低对方。我们要对人说忠言时，在未说之前，先以甘言冲淡其刺激性，肯定对方的优点，再说规劝的话，人家也就容易接受了。

《菜根谭》说："攻人之恶毋太严，要思其堪受；教人之善毋过高当，使其可从。"在任何时候，我们都要顾及对方的自尊心，不能因为自己的意见是对的，就理直气壮地坦率陈言。比如父母对孩子说："你看隔壁的小明，又勤快、成绩又好，你咋不学学人家呢？"又比如妻子对丈夫说："你瞧人家大刘，房子有了，车子有了，票子也有了，你有什么呢？"像这样的所谓忠言，不论是大人还是小孩，都是听不进去的，说了不如不说。

第二个原则是：让对方明白你的好意。你说忠言，到底是为了贬低他抬高自己，还是为他好，他也许并不明白，所以你要设法让他感到你的好意。在此之前，忠言不必出口。此外，讲话时态度定要谦和诚恳，用语不能激烈，否则对方就会以为你在教训他；也不必过于委婉，否则他会认为你惺惺作态。

第三个原则是：选择适当的场合。原则上讲，最好避开第三者，以一对一方式进行，以免让对方产生当众出丑的感觉。把握了以上三个原则之后，还要讲究劝说的技巧。

南怀瑾大师还说："对上位者如有不对的地方，做干部的，为了尽忠心，有劝告的责任。但劝告多次以后，他都不听，再勉强去说，自己就招来侮辱了。对朋友也是这样，过分的要求或劝告，次数多了，交情就疏远了。

把握分寸，营造和谐。"天街小雨润如酥，草色遥看近却无。"不即不离之间，我们便达到了美的至境。

4. 知己难得需珍惜

【南怀瑾语录】

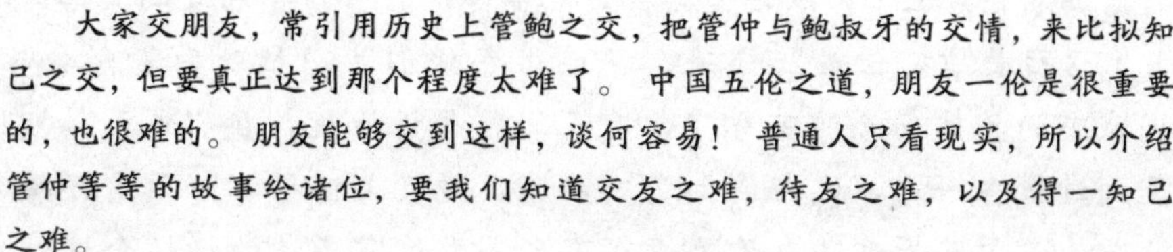

大家交朋友，常引用历史上管鲍之交，把管仲与鲍叔牙的交情，来比拟知己之交，但要真正达到那个程度太难了。中国五伦之道，朋友一伦是很重要的，也很难的。朋友能够交到这样，谈何容易！普通人只看现实，所以介绍管仲等等的故事给诸位，要我们知道交友之难，待友之难，以及得一知己之难。

子曰："有朋自远方来，不亦乐乎？"他这个"远"字是形容知己之难得。我们有句老话："人生得一知己，死而无憾。"任何一个人做了一辈子人，包括你的太太、儿女、父母在内，可不一定是你的知己，所以人能得一知己，可以死而无憾。一个人哪怕轰轰烈烈做一辈子，不见得能得一知己，完全了解你。

在人生的旅途中当中，每个人都会遇到不同的困境，在这个时候如果您交到好的朋友，会给你带来很大帮助。有时朋友的一句话，或一个建议可以让你胜读十年书和少走很多弯路。人生如同风云，变幻莫测，难以预料，都有旦夕祸福的时候。在这个时候，如果有朋友给你指点或支援，就会让你化祸为福。如果你有烦恼和忧愁找一个朋友诉说，就会减轻这些苦恼。有句话叫做，患难见真情，在这个时候就能体现一个朋友的真伪。那些所谓的朋友就会露出原来丑恶自私的本性离你而去，而真正的朋友就会竭力帮助你。

抗战时期，南怀瑾随难民潮辗转西南大后方。来到成都后，他落脚于贵州会馆。这时他的生活相当窘迫。幸运的是，他认识了钱吉母子。他们向他伸出援手，使他摆脱困境。南怀瑾与钱吉趣味相投，两人遂结成莫逆之交。有一段时间，钱吉追随南怀瑾，帮助照顾他，直到后来南怀瑾闭关学佛，钱吉才改行做小生意去了。当时，钱吉写了一首诗赠与南怀瑾：

侠骨柔情天付予，
临风玉树立中衢。
知君两件关心事，
世上苍生架上书。

“知君两件关心事，世上苍生架上书。”南怀瑾当时才二十出头，难得钱吉的两句诗，准确地概括了他一生的命运，确实是高山流水遇知音。

时间过去了差不多50年，到了1986年，在美国，南怀瑾与一位成都的老朋友联系上了。以此为契机，他不停地打听当年朋友的下落，其中就有这位钱吉，但最终未果。就连当年他们共同栖身的贵州会馆，也因城市的扩建而无迹可寻了。有人写信告诉他说，在“文革”期间曾见到过钱吉一次，他在街上卖旧衣服，境况大概很不好。南怀瑾闻听此言，心中甚为难过，于是便写下了一首很富感情的诗怀念这位曾经的知己：

蜀道初登一饭难，
唯君母子护安康。
肯知苏季非张俭，
不信曾参是项梁。
徒使王陵有贤母，
奈何维诘学空皇。
千金投水淮阴恨，
今古酬恩枉断肠。

在这首诗中，南怀瑾表达了对钱吉这位老朋友兼曾经的知己的感恩，以及寻人不见的遗憾。他现在所能做的，也只能是感叹“今古酬恩枉断肠”了。

鲁迅所录清人的名句说：“人生得一知己足矣，斯世当以同怀视之”，可见知己难求，古今同慨。

看到南怀瑾先生的这段经历，我们除了感叹“人生难得一知己”外，还被他珍惜知己情谊的行为所感动。的确，在这世上，每个人都需要朋友。交友的益处多多：一是让生活充实、丰富，能在工作之余有人一起娱乐、一起聊天；二是有利于工作，希望在工作上能得到朋友的帮助。但

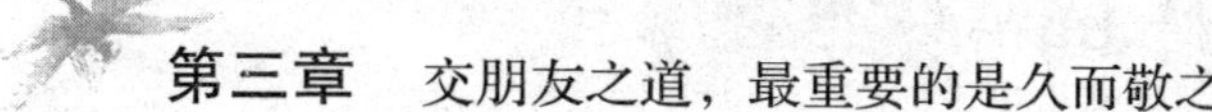

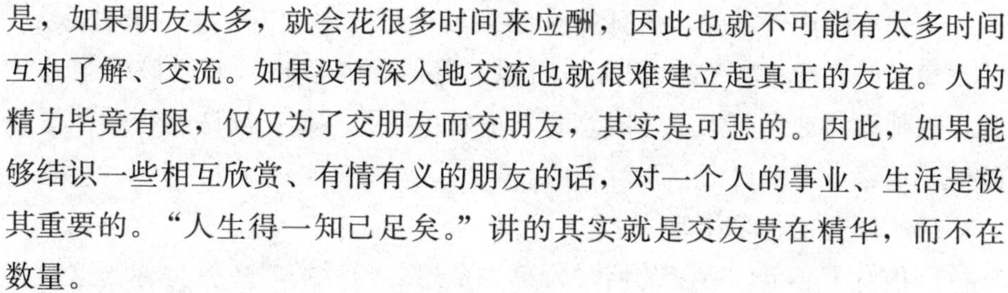

是，如果朋友太多，就会花很多时间来应酬，因此也就不可能有太多时间互相了解、交流。如果没有深入地交流也就很难建立起真正的友谊。人的精力毕竟有限，仅仅为了交朋友而交朋友，其实是可悲的。因此，如果能够结识一些相互欣赏、有情有义的朋友的话，对一个人的事业、生活是极其重要的。“人生得一知己足矣。”讲的其实就是交友贵在精华，而不在数量。

因此，当你遇到一个知己时，一定要懂得珍惜。如何对待自己的朋友呢？

（1）鼓励他、支持他

他需要有人不断激励，让他看到自己的优点。这时，你应经常在事业、家庭、人际交往等各方面给他提供许多建议。在一个人的成长过程中，来自知己的支持与鼓励是最珍贵的。你应给他打气，帮助他成长。当他遇到挫折时，你要帮他分担一部分的心理压力，你的信任也恰恰是他的“强心剂”。

（2）分享他的兴趣

你要与他在一起畅谈人生、理想等。与你在一起，会让他有心灵感应，俗称“默契”。他会因为想的事、说的话都与你相近，经常有被触摸心灵的感觉。和你交往会帮助他不断地进行自我认同，你的兴趣、人生目标或是喜好都可以与他分享。这种稳固的感受“共享”会让他获得心理上的安全感，因为有你，他更容易实现理想，并可以快乐地成长。

（3）帮他脱离困境

在他失意的时候，你要及时地出现在他面前，把他介绍给志同道合者认识，并始终给予他最现实的支持，让他看到希望和机会，帮助他不断地得到积极的心理暗示，从而帮他脱离困境。

（4）帮他开阔眼界

这时你应发挥你知识广、视野宽、人际脉络多的优势，提供给他接触新观点的机会，帮助他获得不同的心理感受，使他成为站得高、看得远的人。

（5）给他引路

当他有困难和需要，一旦靠自己力量难以化解，需要指导和建议时，你要最及时、最认真地考虑他的问题，帮他理清思路，给他最适当的建议。在他面对选择而焦虑、困惑时，不妨找他聊一聊，或许能帮助他更好地理顺情绪，了解自己，明确方向。

（6）倾听他、陪伴他。

当他有了心事，有了苦恼时，第一个想要倾诉的对象就是你。这时你要做个很好的倾听者，让他放松。在你面前，他没有任何心理压力，总能让他发泄出自己的“郁闷”，让他重获平衡的心态。有时甚至并不需要你太多的语言，只是默默地陪着他，就能抚平他的心绪。

知己之间要互相帮助，而不是挖空心思从对方那里获得好处；知己不需要太多，几个就够了；知己也许不在你身边，但常常想着你；知己总是替你考虑，而不是要你伺候。相识之人遍布天下，知心者能有几个呢？是的，人生难得一知己，如果你有幸得到了，请一定要好好珍惜。

5. 久而敬之全友情

【南怀瑾语录】

交朋友之道，最重要的就是这四个字——久而敬之。我们看到许多朋友之间搞不好，都是因为久而不敬的关系；初交很客气，三杯酒下肚，什么都来了，最后成为冤家。

……

这个“敬”的作用是什么？好像公共汽车后面八个字的安全标记：“保持距离，以策安全。”少碰为妙。

南怀瑾先生指出维系长久友情的秘诀：久而敬之。换句话说就是对朋友要尊敬。人与人之间，大多数都是刚开始时关系还很好，交往的时间久了，渐渐地有了各种各样的矛盾。甚至还有更为严重者，变成了冤家或者是仇人，造成这种局面的原因都是久而不敬。

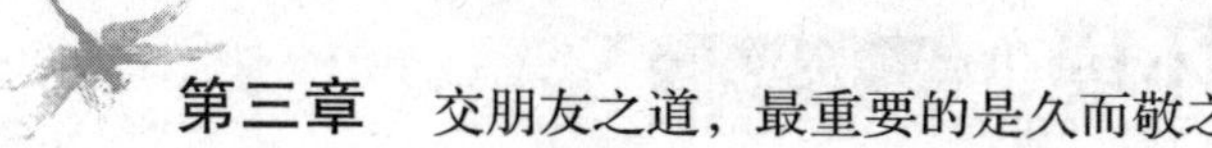

因为初次交往时，彼此还是很客气的，说话也含蓄，语言中也没有表露刻薄与挖苦。时间久了，彼此也不在意说话的内容和形式，尤其是在酒桌上的言行更为突出，几杯酒下肚，说话也没有把门的了，想说什么就说什么，天南地北的一顿神侃，有的也说，没有的也说，在朋友面前失去了尊严，失去了美好形象。对生活中的种种不满的情绪，唠叨个没完没了，不管你愿意不愿意听，就像山洪暴发任意向你袭来。如果有这样的朋友，你不讨厌吗？能不回避吗？

台湾教育部部长张其昀，在台湾颇有影响力。他卸任后，创办“中国文化学院”，想请一些知名人士担任教授。张其昀跟南怀瑾先生早就认识，对他的才情、人品都很了解，所以想请他出任礼学院院长。对此，南怀瑾先生婉言拒绝了。

不过，张其昀并不罢休，天天到他的住所来拜访，非让他接受不可。南怀瑾推不掉，便退而求其次，不当院长，同意担任教授，条件是自己不到学校上课，由研究生到他蓬莱新村的寓所受教。张其昀也只好让步，同意了他的要求。

后来，有人问南怀瑾为什么不愿当院长，他说：“我和张其昀都是爱管闲事的人，将来免不了有意见不协调之处，为维护友情，最好不要共事。”

南怀瑾用这样的智慧之言告诫人们，交朋友要把握好分寸。这种分寸包括：交友要有原则、有选择、有舍弃、有距离、有敬意。

待友不敬，有时或许只是一件小事，却可能已埋下了破坏性的种子。维持朋友亲密关系的最好办法是往来有节、互不干涉，久而敬之才能天长地久。然而，久而敬之，光久不敬，也是枉然。很多时候，“敬”的原则也不好把握，但也还是有法可循的。

（1）尊重朋友的意愿

当朋友想独处的时候，就不要强求他去做他所不愿意做的事情。从一定意义上说，对一个人的尊重，也包括在一定程度上迁就对方，按照对方的标准来做。对待朋友也一样，应当在不违反原则的条件下适当迁就他。当你的观点与朋友产生分歧的时候，应该试着去理解他，或者保持沉默，而不是一味坚持己见，一意推销自己的那套东西。法国思想家伏尔泰说的那句话，可作为我们这方面的指引。他说："我不同意你说的话，但我誓死捍卫你说话的权利"。这就是尊重。

（2）尊重朋友的隐私

通常情况下，不去打听朋友的隐私，是对朋友的尊重。保护朋友隐私，不只是对自己负责，也是对朋友负责。因为暴露朋友的秘密，只能使朋友尴尬、不快，饱尝痛苦和羞恨。有时还会给搬弄是非的小人提供中伤、打击、散布流言蜚语的材料。如果你知道朋友的隐私，最好把它从记忆中抹掉，至少也要守口如瓶，不要让其泄露出来。一般来说，侵入朋友隐私世界的结果，只会给自己和他人带来不利。因此要尊重朋友的隐私，做到不打听、不传播、懂保护。你对朋友多一份尊重，实际上就是多一份友谊。

（3）不可恶语中伤朋友

恶语可以伤人，而且很多时候，语言的伤害会在朋友心里留下永远无法弥补的伤痕。所谓"良言一句三冬暖，恶语伤人六月寒"，说的就是这个道理。因此，对待朋友，无论关系如何，都不可恶语中伤。应当将自己放在与朋友相等的地位，设身处地替他着想。只有彼此相敬如宾，才能让友情常青。

（4）重视朋友之间的礼仪

许多人常有一个错误的想法：挚友之间无须讲究礼仪。因为好朋友之间已相当熟悉，亲密信赖如亲兄弟，财物不分，有福共享，若是讲究礼仪，不但显得拘束，还显得十分见外。其实，这是一种认识上的误区。人与人之间和谐深沉的交往，需要充沛的感情为纽带。这种感情不是矫揉造作的，而是真诚的自然流露。

中国素称礼仪之邦，用礼仪来维护和表达感情是人之常情。待挚友仍须敬，并不是说在一切情况下都要僵守不必要的烦琐的客套和热情，而是强调好友之间相互尊重、不能在礼仪上跨越对方的禁区。

（5）与朋友保持距离

明智之人在与朋友交往之中，懂得保持距离。距离对情感而言不是空间上的远近，而是交往的层次和质量。所以说，真正的情谊是心灵的默契和情感上的升华，聪明的人会把情感放在和理性等距离的位置上，在交往中和朋友保持合适的距离。

很多人常常有一个错误的思想：挚友之间无须讲究礼仪，因为好朋友亲密信赖如亲兄弟，讲究礼仪便显得亲疏不分、十分见外。

其实，朋友关系的存续是以相互为尊重为前提的，容不得半点强求、干涉和控制，彼此之间情趣相投，脾气相对，则和，则交；反之，则离，则绝。朋友之间再熟悉在亲密，也不能随便过头、不恭不敬。否则，默契和平衡将被打破，友好关系不复存在。维持朋友亲密关系的最好方法就是往来有节，互不干涉，“久而敬之”友谊才能天长地久！

6. 道不同不相为谋

【南怀瑾语录】

曾子曰：“君子以文会友，以友辅仁。”这一篇以曾子的话来作结论，也是讲朋友之道，朋友的积极意义在什么地方。“君子以文会友”，这个“文”包括了文化思想。结交志同道合的朋友，目的在哪里？在于彼此相助，达到行仁的境界。……思想目的不同，没有办法共同相谋，但并没有说一定要排斥。没有办法互相讨论计划一件事，只好各走各的路。

子曰：“道不同，不相为谋。”意思是志向不同，不在一起谋划共事。

东汉时，管宁与华歆二人为同窗好友。有一天，二人同在园中锄草，发现地里有块金子，管宁对金子视如瓦片，挥锄不止，而华歆则拾起金子放在一旁。又一次，两人同席读书，有达官显贵乘车路过，管宁不受干扰，读书如故。而华歆却出门观看，羡慕不已 。管宁见华歆与自己并非真正志同道合的朋友。便割席分坐。自此以后，再也不以华歆为友 。

“割席绝交”的故事也就是说交友要交志同道合的朋友，志趣不同，难成朋友。

南怀瑾初到台湾时，全靠“煮字疗饥”，一直没有正式工作，过了十余年贫寒生活。1963年，台湾“中国文化大学”聘请南怀瑾担任教授，从此他的生活才相对比较安定。他接到聘书时，非常感慨地写了一首诗：“门外忽传走转车，聘书递送却愁余。自从长揖山林后，又向人间填表书。”由此可见，他是十分珍视这个工作机会的。

但是，他却拒绝了一个极好的工作机会。1966年，他应蒋介石、蒋经国父子的邀请，到台湾三军各驻地巡回演讲。有一次，他在高雄冈山空军基地演讲时，蒋介石也在现场，受到他演讲中某些观点的触动，回台北后，即下令成立“复兴中华文化委员会”，蒋介石亲任会长，邀请南怀瑾主持实际工作。这是一个多好的工作机会啊！名利权势的收获，远远胜过一纸私立大学的聘书。但南怀瑾非但没有欣喜拜受，反而婉言拒绝了。因为这不合乎他的处世原则，他有意要跟政治势力保持一定距离。后来，他同别人谈起这件事时说，他是“以保持超然身份之故，婉辞美意”。

还有一次是在1976年，台湾“中国广播公司”邀请他给员工讲授《易经》课程，每周一次。他讲了十几堂课，反响很好，他的自我感觉也很好。那天，他正讲得兴致勃勃，忽然听到广播发布的消息：蒋经国的长子蒋孝武接任“中国广播公司”的董事长。演讲结束时，他立即对听众说：因有事要出门，暂时请假，待回来后继续讲课。就这样，他果断地中止了在“中广”公司的《易经》课程。有人问他为什么，他说：“从此变成御用文人，学术自由没有了，还不如躲着他们比较好。”

蒋氏父子走的是政治道路，南怀瑾先生走的是学术道路，因为“道不同，不相为谋”，于是拒绝了他们的美意。如此一来，工作自然是没有了，更不可能成为朋友了。

所谓“人各有志，不能强勉”，又所谓“燕雀安知鸿鹄之志”，其实都是“道不同，不相为谋”的意思。从“道”的本义即“道路”来说，“道不同”，即意味着人与人之间所取的“方向”或“目的”不同，以及达到“目的”的方式与方法不同。所以，“道”不同者，是不可能在一起共事相谋的。换言之，朋友就是“志同道合”的代名词。当然，“道”在这里的外延较广，既指人生志向，也指思想观念、学术主张、人生原则等。

“道不同，不相为谋”这句话说出了交友的原则，即志同道合。那么如何才能结交志同道合的朋友呢？可以参考下面几点：

（1）以敬交友

两个或多个有着独立思想、独立人格、个性迥异的人，只有在相互理解、相互欣赏、相互谦让的基础上才能融洽相处。如果你看不惯我，我看不惯你；你瞧不起我，我瞧不起你；为了某种需要不得不走到一起，就变成小人之交了。

（2）以诚交友

与朋友结交，要真诚相待。但是，也不能强求对方的真诚，如果你重视对方，首先要向对方表达诚意。

（3）以信交友

朋友信服你，才愿意跟你保持友谊。这就要求你对朋友守信用。在生活中，有些人不知道“信”之重要，经常用虚言假意敷衍别人，久而久之，必然失去别人的信任，更不可能交到真心朋友。

（4）以礼交友

对任何人都要保持尊重，注意礼仪。如果对人轻率不恭，别人根本不愿走近，更谈不上成为真心朋友。所以，要有这样的理念：每一个人都有可尊敬之处。不了解一个人而轻视他，是狂妄自负；了解一个人而轻视他，是缺乏修养。

（5）以义交友

做人要讲义气，“有福同享，有难同当”才是真朋友。交朋友时，如果见别人发达了就去趋奉，失意了就弃而远之，不过是小人之交，是很难交到真正朋友的。

“道不同，不相为谋”是交友的原则。它可以帮助你更好地把握交友的分寸。有了这样的大原则，你就解决了为什么交友、与谁交友、如何交友的种种细节问题。这时，你交友时就不再盲目了。

7. 君子之交淡如水

【南怀瑾语录】

> 交朋友之道，最重要的就是这四个字——久而敬之。要把握好分寸。这种分寸包括：交友要有原则、有选择、有舍弃、有距离、有敬意。总而言之，交朋友不能太疏远也不能太密切，应该是心里有友，但是不侵犯别人的生活，也就是所谓的“亲如蜜却淡如水”。亲密得像蜜糖一样，形容关系好，但同时也要“淡如水”，彼此都很自由。

“君子之交淡如水”是庄子说的。《庄子·山水》：“君子之交淡如水，小人之交甘如醴”。也就是说君子之交是平淡的，小人之交却如同酒一样浓的。君子之间的友谊平淡情纯，但真实、亲密而能长久。小人的友谊浓烈、甜蜜，但虚假多变，经不起时间的考验。

交友也有君子之交和小人之交。君子之交以互相抵而道义、切磋学问、规劝过失为目的，友谊是建立在互相理解、思想一致的基础之上的，故虽平淡如水，但能风雨同舟、生死不渝。小人之交是建立在私利的基础上的，平时甜言蜜语、信誓旦旦，一旦面临利害冲突，就会交疏情绝、反目成仇。

唐贞观年间，薛仁贵尚未得志之前，与妻子住在一个破窑洞中，衣食无着落，全靠王茂生夫妇经常接济。后来，薛仁贵参军，在跟随唐太宗李世民御驾东征时，因薛仁贵平辽功劳特别大，被封为“平辽王”。一登龙门，身价百倍，前来王府送礼祝贺的文武大臣络绎不绝，可都被薛仁贵婉言谢绝了。他惟一收下的是普通老百姓王茂生送来的“美酒两坛”。一打开酒坛，负责启封的执事官吓得面如土色，因为坛中装的不是美酒而是清水！“启禀王爷，此人如此大胆戏弄王爷，请王爷重重地惩罚他！”岂料薛仁贵听了，不但没有生气，而且命令执事官取来大碗，当众饮下三大碗王茂生送来的清水。在场的文武百官不解其意，薛仁贵喝完三大碗清水之后说："我过去落难时，全靠王兄弟夫妇经常资助，没有他们就没有我今天的荣华富贵。如今我美酒不沾，厚礼不收，却偏偏要收下王兄弟送来的清水，因为我知道王兄弟贫寒，送清水也是王兄的一番美意，这就叫君子之交淡如水。"此后，薛仁贵与王茂生一家关系甚密，薛仁贵"君子之交淡如水"的佳话也就流传了下来。

何为君子？子曰："不知命无以为君子"。这个"命"就是生命本体，就是"道"，也是所谓"天命"。用马克思的话说，就是人的本质力量。知"天命"之人，明"道"之人就是"君子"。就自强不息与天同健。也就是《阴符经》所说："观天之道，执天之行，尽矣"。

"君子谋道不谋食，君子忧道不忧贫"。所谋何事？所忧何为？君子"修己以敬"，"修己以安人"，"修己以安百姓"。

何为水？

液态，无色、无味。水在零度可以结成冰，冰在零度可以化成水。

君子之交淡如水：冥冥之中一份惊喜，人性且厚道。

欧阳修有著名的《朋党论》，文中说的"朋党"虽属政治集团和政治派别，但文章的论点也是对君子之交和小人之交的精辟分析。试摘引如下：

"大凡君子与君予以同道为朋，小人与小人以同利为朋，此自先之理也。然臣谓小人无朋，惟君子则有之。其故何哉？小人所好者，利禄也；所贪者，财货也。当其同利之时，暂相朋引以为朋者，伪也；及其见利而争先，或利尽而交疏，则反目贼害，虽其兄弟亲戚不能相保。故臣谓小人无朋，其暂为朋者，伪也。君子则不然，所守者道义，所行者忠信，所惜者名节。以之修身，则同道而相益，以之事国，则同心而共济，始终如一，此君子之朋也。"

君子之交和小人之交的区别在于"同道"还是"同利"。小人之交因为是为了私利而互相勾结，所以见利就争先，利尽就交疏。这样的朋友是假朋友，或者是暂时的朋友。君子之交是坚持道义的原则和社会的使命，所以能够相益共济，始终如一。这样的朋友才是可靠的真朋友。我们要交志同道合的真朋友，不要交追逐私利的假朋友。在交友方式上也要宁取平淡而持久，勿取甜蜜而多变。孔子提出“以文会友，以友辅仁。”（《论语·颜渊》）通过文字结交朋友，是知识分子交友的常用方式，通过交流作品互相切磋学问、研究问题来增进友谊和感情。”

古人说：“情相亲者礼必寡”（林逋《省心录》），“礼貌过盛者，情必疏”（申居勋《西岩赘语》）。巴尔扎克也有类似的话：“亲爱的朋友，切忌轻信，切忌平庸，切忌殷勤，这是三大暗礁！”（《幽谷百合》）巴尔扎克说的“切忌殷勤”，颇合乎“君子之交淡如水”的中国古训。友谊的基础是理解和感情，不能用权力和金钱去换取。“以势交者，势倾则绝；以利交者，利寡则散。”（《文中子·礼乐篇》）克雷洛夫也有同样的见解：“在你有权力有名望的时候，卑鄙的人是不敢抬起嫉妒的眼睛看你一眼的。然而，到了你一落千丈的时候，显示最毒辣的是他们。”（《克雷洛夫寓言》）我们怎么能把这种势利眼当朋友呢！财富的作用也是这样，靠金钱、酒肉引不来真诚可靠的朋友。李白《赠友人》诗云：“人生贵相知，何用金与钱。”李白以亲身的经验道出了人生的真理。因此，古人注意从贫困患难中识别人。当你倒霉时愿意和你交往的人是真朋友，在你飞黄腾达时才和你拉关系的人多半靠不住。

宋纁所辑《古今药石·自警篇》中有一则故事：司马光推荐刘元城到集贤院供职。有一天，司马光向刘元城说：“你知道我为什么推荐你吗？”刘元城说：“是因为我和先生往来已久罢！”（刘元城中进士后，不就选，而从学于司马光，所以他这样回答。）司马光说：“不是这样。是因为我不任职闲居的时候，每到时令节日，你问候不断。我当宰相以后，唯独你没有书信问候我，这才是我推荐你的缘故。”刘元城的人品值得称赞，司马光也善于识人择交；刘后来当了谏议大夫，处事刚正不阿，为士人所敬重。

钱钟书说：“在我一知半解的几国语言里，没有比中国古语的‘素交’更能表出友谊的骨髓。一个‘素’字把纯洁真朴的交情本体形容尽致。“素”是一切颜色的基础，同时也是一切颜色的调和，象白昼包含着七色。真正的交情，看来象素淡，自有超越死生的厚谊。”

钱钟书强调的这种“素交”，就是君子之交淡如水。钱钟书的交友之

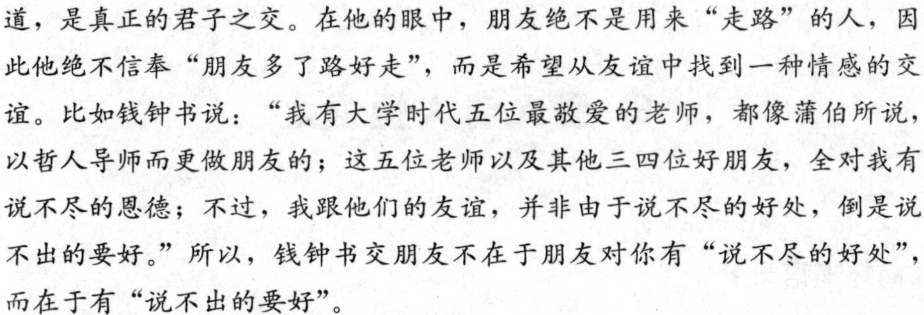

道，是真正的君子之交。在他的眼中，朋友绝不是用来“走路”的人，因此他绝不信奉“朋友多了路好走”，而是希望从友谊中找到一种情感的交谊。比如钱钟书说：“我有大学时代五位最敬爱的老师，都像蒲伯所说，以哲人导师而更做朋友的；这五位老师以及其他三四位好朋友，全对我有说不尽的恩德；不过，我跟他们的友谊，并非由于说不尽的好处，倒是说不出的要好。”所以，钱钟书交朋友不在于朋友对你有“说不尽的好处”，而在于有“说不出的要好”。

友谊不是患难时候的慷慨相助，而是平时感情积累。南怀瑾说“朋友的慷慨或吝啬，肯否排难济困，这是一回事；我们牢不可破的成见，以为我和某人既有朋友之分，我有困难，某人理当扶助，那是另一回事。”因此，那种认为朋友就该在自己困难时为自己排忧解难的观点都是不对之见。

君子之交淡如水，即是朋友，又何必在乎朋友困难时是否出手相助。马克思曾经在恩格斯死去自己爱人的时候请求他帮忙寄钱，解决自己生活困难，对恩格斯失去妻子的痛苦却不闻不问，恩格斯当时很生气，但是他没有在乎马克思这种无情，依然给马克思寄去了钱。马克思知道此事后深表歉意，但恩格斯毫不在乎。就是这样一种无私朋友奉献的精神，维持了马克思与恩格斯的伟大友谊。

真正的友谊在于赤诚相投，而不在于甜言蜜语或重金送礼。至于物质上的交换、肉麻的吹捧、互相利用，甚至尔虞我诈的小人之交，我们应把它扔到垃圾堆里去。“君子之交”应经得起时间的考验，经得起外界环境的考验。

朋友之间最看重的不是荣华宝贵，不是才学品貌，而是心灵深处的那份相融和认同。

“君子之交淡如水”，说的就是朋友的最高境界就像淡淡清水、潺潺溪流，没有负担，没有索取，没有拖累，没有是非，没有利害。相聚只因同道。同道为朋，就应担当朋友之间的道义：忠实对方，相互守信，彼此尊重，珍惜气节……

8. 爱人者人恒爱之

【南怀瑾语录】

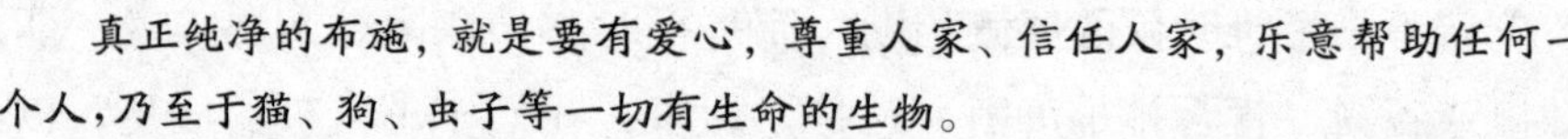

如果人们都能做到视人如己、爱人如己，帮助有困难的人，对苦难者伸出援手，那么我们同样会换来别人的友爱和帮助。但我们不提倡出于功利目的的“爱人”、“利人”，不能只看重付出之后是否能得到同等的回报，而是应该无私一些，出于赤诚地善待他人。人人若都能付出一份爱，那么我们所生活的这个世界就会变得更加美好。在如今功利色彩极具严重的社会，我们更需要这种精神。兼爱不仅是个人的生活艺术，更反映的是一个社会整体形态。

其实，你若帮助别人，在无形中你也是帮助了自己。请看下面的故事：

在一场激烈的战斗中，上尉忽然发现一架敌机向阵地俯冲下来。照常理，发现敌机俯冲时要毫不犹豫地卧倒。可上尉并没有立刻卧倒，因为他发现离他四五米远处，有一个小战士还站在那儿。

上尉顾不上多想，一个鱼跃飞身将小战士紧紧地压在了身下。此时一声巨响，飞溅起来的泥土纷纷落在他们的身上。等周围平静下来后，上尉拍拍身上的尘土站起身来，又把惊魂未定的小战士拉起来。

看到小战士平安无恙，上尉松了一口气，他回头看了看，顿时惊呆了：刚才自己所处的那个位置，被炸成了一个大坑。如果自己不是为了救小战士而飞身跃过来，恐怕此时早已变成炮灰了。

小战士是幸运的，身边有一位可以给他无私帮助的人，但更加幸运的是上尉，因为他在帮助别人的同时也帮助了自己，躲开了本应降临到自己身上的厄运。在前进的道路上，搬开别人脚下的绊脚石，有时恰恰是为自己铺路。

一位穷苦的学生为了凑足学费，到外地挨家挨户地推销商品。由于他一心一意想凑足学费而不想多花钱，于是他决定硬着头皮向人讨些食物。

他敲了一户人家的门，开门的是一个小女孩，他一看便失去了勇气，心想，天下哪有大男生跟小女孩讨东西吃的？于是他只要了一杯开水解渴。

小女孩看得出他非常饥饿，于是拿了一杯开水与几块面包给他。他很快把食物接过来，狼吞虎咽地吃着，一旁的她看到他这种吃法，不禁偷偷地笑着。

吃完后，他很感激地说："谢谢你，我应该给你多少钱？"

她傻傻地笑着说："不必啦，这些食物我们家很多。"

他觉得自己很幸运，在陌生的地方还能受到他人如此温馨的照料。

多年以后，小女孩感染了罕见的疾病，许多医生都束手无策。女孩的家人听说有一个医生的医术高明，找他看看或许有治愈的机会，便赶紧带她去接受治疗。在医生的全力医治和长期的护理下，小女孩终于恢复了往日的健康。

出院那天，护士给她医疗费用账单，她几乎没有勇气打开来看，心中知道可能要一辈子辛苦工作才能还得起这笔医疗费。最后她还是打开了，看到签名栏写了以下这段话：

"一杯开水与几块面包，足够偿还所有的医疗费。"

她眼里含着泪水，终于明白，原来主治医生就是当年那个穷学生。

山不转水转，水不转路转，有时一个举手之劳的帮助可使一个人渡过难关，也往往因为这样，在你渡过难关的时候，也会收获意外的帮助。

在我们的生活中，我们会经常遇到一些需要我们付出爱心的事，比如……

在遥远的波斯尼亚，费希玛和两个儿子生活在一个小村庄里，丈夫却远在异乡工作。有一年波斯尼亚战争爆发，战争不但让费希玛失去了丈夫，也失去了家园，她不得不带着孩子走上逃难之路。

在弃家而逃之际，费希玛没有忘记一只鱼缸和两条金鱼，那是丈夫从外地回来送给儿子的礼物。现在，它们不仅是已逝丈夫对孩子的爱，更是两条活生生的生命啊。于是，她捧起金鱼缸从容地走向湖边，将它们轻轻放进蓝蓝的湖水。

几年后，战火平息，费希玛和孩子们结束逃难返回家乡。家乡处处都是废墟，一切都从头做起，但他们在当年放生金鱼的湖边却看到湖面泛起片片金光，仔细一看，是一群活泼美丽的金鱼，跟他们当初放生的两条长得一模一样。原来是那两条金鱼繁殖的下一代。最值得庆幸的是，她的两个儿子还从当时放生金鱼的那片湖水中摸回了那个圆圆的金鱼缸。一切都仿佛与自己的亲人在乱世后重逢一样，他们是多么的高兴啊！

渐渐地，费希玛和她的金鱼故事流传开来，人们纷纷前来观看，并顺便买两条回家送人。于是出售金鱼成为费希玛一家的致富之路，费希玛和她的孩子们终于摆脱了战乱和贫穷，过上了安宁殷实的生活。

当年，当费希玛捧着一缸金鱼走向湖边时，她未必知道自己播下的是生命的种子. 然而，今天这满湖的金光粼粼中每一片都是一枚美丽的果实。这就是善念的回报。

两条小小的金鱼，居然能够改变一个家庭的命运，真是不可思议！其实，真正改变了费希玛一家命运的应该是她当初的爱心才对。

在我们的生活中，我们会经常遇到一些需要我们付出爱心的事，比如扶老人过马路，给手上的小动物治疗，向需要帮助的人伸出援助之手等等。只要我们坚持不断地播撒爱心，我们也会像费希玛一家人那样收获很多美好的东西的。

有些人总是更多地想到别人是否对自己好，是否尊敬自己，而很少去想自己是否对别人好，是否尊敬别人。其实事情是相互的，你怎样对待别人，别人也往往会用同样的态度对待你。懂得关怀获得朋友。尽量去帮助别人吧，只要人人都献出一点爱，世界将变成美好的人间。

第四章

随时随地的生活都是我们的书本

——南怀瑾学习智慧

南怀瑾先生认为，“修行是从各方面着手的，无一处不是修行处”。学习也是如此，“处处留心皆学问”。他说：“学问从哪里来呢？学问不是文字，也不是知识，学问是从人生经验上来，做人做事上去体会的。这个修养不只是在书本上念，随时随地的生活都是我们的书本，都是我们的教育。”

1. 处处留心皆学问

【南怀瑾语录】

> 修行是从各方面着手的，无一处不是修行处；并不是打坐或拜佛才是修行，吃饭、穿衣，乃至一举一动都是修行。要在日常生活里来锤炼，才是修行；行住坐卧，无时无刻不在修行。……金刚经是从吃饭开始的，吃饭可不是一件容易的事，在北平白云观有副名对，从明朝开始的一副对子：“世间莫若修行好，天下无如吃饭难”。
>
> …… ……
>
> 学问从哪里来呢？学问不是文字，也不是知识，学问是从人生经验上来，做人做事上去体会的。这个修养不只是在书本上念，随时随地的生活都是我们的书本，都是我们的教育。

南怀瑾先生所说的“吃饭穿衣是修行”虽是佛教用语，但如果用在日常的学习问题上也一样合适。这与他的另一句话：“随时随地要学习”实质上是一脉相承的，都是强调一种“学习即生活，生活即学习”的求学理念。了解了这一点，那么对于他一再要求学生必须学会洒扫洗杯等小事的做法也就不难理解了。

南怀瑾给他的学生们立了一个规矩：凡是到他那里听课的，都要给大家洗茶杯、扫地。不管学生是什么教授、博士，都要做这件“功课”。如果学生不会洗，不会扫，南怀瑾就会示范给他看，比如洗茶杯时，要认真擦洗，不是冲一下就算。尤其是杯子内侧最上面的一圈，是嘴巴要接触的地方，很容易因细菌传染疾病，要特别仔细地刷洗。他认为学习要从小事做起，如果连最简单的洒扫应对都做不好，就不要谈做什么大学问了。

南怀瑾先生所推崇的学习或学问，绝不是现在那些道貌岸然、自以为真理在握的所谓“知识精英”心目中的学问。它是真正扎根于生活、得之于体悟，又可以付诸于行动的东西。

这种学问从哪里来？不一定在书上。处处留心皆学问。孔子说：三人行，必有我师焉。“观过而知仁”。看别人，提醒自己不要犯同样的错误，这就是学问。也就是说，随时随地有思想、要见习、体验、反省，这就是学习。通过这种学习所得的就是学问。

南怀瑾先生所倡导的这种深植于生活的学习，是一种综合的能力，是人生修养的一种境界，是淡泊名利，是人情练达；是一种体验，是理解后的体验，实践后的体验，体验后的提高。是一诺千金的诚实守信，是具体问题具体分析的随机应变；是碰到挫折时的百折不挠，是正面攻不上时善于迂回包抄的机智；是能够在复杂的情况下，一下子就抓住问题的关键，找到事物内在联系的眼光。

创造来源于生活，灵感来源于生活，知识也来源于生活。“处处留心皆学问”，怎样在生活中增长自己的学问：

（1）从生活中学习

生活中有许多值得我们学习的事情。比如，你可以从别人成功的故事中学到一些好方法，或者从自己所做的错事中获得经验教训。人类科学史上许多重大发明都开始于生活小事之中。

伟大的科学家瓦特，小时候看见炉上壶里的水开了，壶盖在蒸汽的作用下，不停地运动并发出声响，所以他后来发明了蒸汽机。莱特兄弟童年的时候玩飞行陀螺，就产生了飞行幻想，并留心观察风筝和鸟类的飞行，滑翔和升降起落，后来他们发明了飞机。

这样的故事还有很多。这些伟大的科学家们，由于善于观察周围的事，善于从生活的小事中学习，从而产生了伟大的发明、创造。

著名的科学家牛顿，之所以能发现地球引力，正是因为他对生活处处留心，观察仔细。众所周知，牛顿发现地球引力，是由于一个落下的苹果。可是，一年年从树上落下的苹果无从计数，为什么只有牛顿能注意到它并且发现地球引力呢？这是因为他善于观察，勤于思考。

所以，我们要以他们为榜样，多留心身边的事物，多观察，要从生活中的小事中学习，学习一些小知识，或者学大道理，从中理解并悟出道理来。

（2）将知识灵活运用于实践

学习时，读书是最简单的事，通变化最难。只有能够将所学知识灵活运用于实践，才是真学问。儒家所讲的“学”，从来不是死读书，它是一项学习、思考、求真、实践的系统工作，也就是所谓的“博学之，审问之，明辨之，慎思之，笃行之”。这个“笃行之”，就是勤于实践，学以致用。如果只是学习的话，差得还太远。读书不是为了死背书上的知识，而是要将知识转化为自己的思想，要学会灵活运用知识。

学问不只在岗位，也不只在书本。只要留心，生活中处处都是学问。毛泽东同志曾经说过：“感觉到的东西不能立刻理解它，只有理解了的东西才能更深刻地感觉它。”陈云同志也说过：“不唯上，不唯书，只唯实，交换、比较、反复。”

学习时，不仅要读有字书，还要读无字书。大自然就是一本无字书。投身到大自然中，不仅可以陶冶性灵，还可以助长学识。许多名人都是读万卷书，行万里路，而后获得杰出成就的。

司马迁写出伟大的历史著作《史记》，不仅是因为他掌握了丰富的遗文古书、诸子杂记等历史档案资料；还由于他二十岁时就走出家门，游历南北名山大川，考察历史遗迹，掌握了许多书本上没有的历史资料。徐霞客能成为伟大的地学家，其得益于山川景物之助就更加直接和明显了。他从22岁开始，直到去世为止的30年中，足迹遍于华东、华北、中南和西南，深入到道路险阻、人迹罕至的地方搜奇访胜，获得大量新的资料和结论，纠正了过去旧的成说，写出了《徐霞客游记》。

只要我们处处多留心、事事多上心、时时多用心，就总能在生活的海洋里撷取朵朵浪花，甚至在生活的夹缝里觅到春光、找到闪光点，总能在理论和实践的结合点上获得真知。这就要求我们不读死书，读活书，注重在“无字句处”做文章，善于在“诗外”下苦功夫，不拘泥于就事论事，而是到广阔的天地里去探寻。每一名有志于获取知识、提高素质、增长才干的人，如果你能够抱持一种“学习即生活，生活即学习”的理念，那么你不必费尽心力考入大学深造，也不必夜夜在灯下皓首穷经，也能够在诸

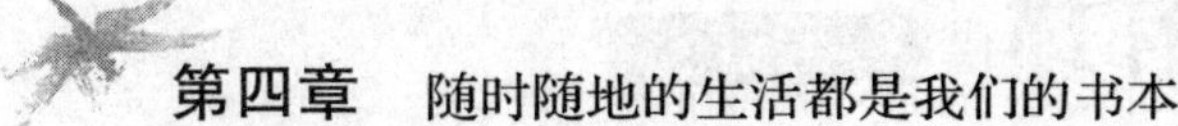

如吃饭穿衣这样的小事中学到一定的知识和道理，在事业上大显身手、大有作为。不管是现实中，还是书的世界里，能够被我们发觉的知识到处都是，只要我们认真仔细地去寻找，我们就会明白处处留心皆学问。

2. 学思结合无罔殆

【南怀瑾语录】

> 你们光晓得敲个木鱼，不去参究，那有什么用？念经要一边念，一边参究才是功德无量，否则你念经与念石头没有两样。

南怀瑾大师认为：人的一生，是不断学习的一生，在学习的过程中，不要只注重学习的形式和文字的表述，形式和文字只不过是一种工具而已，重要的是靠心去理解，学思结合。只有这样，我们才能学有所成——掌握所学知识的实质。这也就是孔子所说的“学而不思则罔，思而不学则殆”。

南怀瑾在成都时，与宿儒梁子彦结为忘年交，经常在一起探讨学问。

有一次，他们谈到有关《大学》的话题。《大学》历来被称为“大人之学”，是教人学做“大人”的。南怀瑾发表见解说：“《大学》是从《乾卦·文言》引申而来的发挥；《中庸》是从《乾卦·文言》引申而来的阐扬。《乾卦·文言》说：‘君子黄中通理，正位居体，美在其中，而畅于四肢，发于事业，美之至也。’”

梁先生说：“你这一说法，真有发前人所未说的见地。只是这样一来，这个‘大人’就很难有了。”

南怀瑾说：“不然！宋儒们不是主张人人可做尧舜吗？那么，人人也即是‘大人’啊！”

梁先生颇不以为然，又无词辩驳，便说：“你达到了‘大人’的学养吗？”

南怀瑾说：“岂止我而已，你梁先生也是如此。”

梁先生莫名其妙，便请他解释清楚。

南怀瑾于是说：“‘夫大人者，与天地合其德’，我从来没有把天当做地，也没有把地当成天。上面是天，足踏是地，谁说不合其德呢！‘与日月合其明’，我从来没有昼夜颠倒，把夜里当白天啊！‘与四时合其序’，我不会夏天穿皮袍，冬天穿单丝的衣服。春暖夏热，秋凉冬寒，我清楚得很，谁又不合其时序！‘与鬼神合其吉凶’，谁也相信鬼神的渺茫难知，当然避之大吉，就如孔子也说‘敬鬼神而远之’。趋吉避凶，即使是小孩子，也都自然知道。假使有个东西，生在天地之先，但即有了天地，它也不可以超过天地运行变化的规律，除非它另有一个天地。所以说：‘先天而天弗违，后天而奉天时。’就是有鬼神，鬼神也跳不出天地自然的规律，所以说：‘而况于人乎！况于鬼神乎！’”

听了这番高论，梁先生便离开座位，抓住南怀瑾的肩膀说：“我已年过六十，平生第一次听到你这样明白的人伦之道的高论，照你所说，正好说明圣人本来就是一个常人。我太高兴了，要向你顶礼。”

后来，梁先生逢人就夸南怀瑾善于学习、见识高明。

上文故事中提到的关于“大人”的言论是《周易》里的话，原文是：“夫大人者，与天地合其德，与日月合其明，与四时合其序，与鬼神合其吉凶，敬鬼神而远之。”这句话通常的解释是：大凡杰出的人，品德跟天地之道相合，智慧跟日月之明相合，行为跟四季变化相合，成败与鬼神喜恶相合。总之是说人的意志不能与客观规律相违背。故事中，南怀瑾先生对于这句话的解释并不一定正确，但是他能够从一个全新的角度来诠释，并能自圆其说，可见在学习的过程中，他确实是经过了一番独立的思考的。他被人尊称为“当代儒学大师”而不只是一个“寻章摘句”的老学究，是与他这种“既学又思”的学习态度或者说学习方法分不开的。

世上有两种糊涂虫，一种学而不思，一种思而不学。南怀瑾大师认为“学而不思”的人可以做学者、教书，这还是抬举了他们。真正能把书教好就不简单，就不算“罔”了，哪里还称得上是“人类灵魂的工程师”。实际上，“学而不思”的人，是什么事都做不好的。他们只知道做什么，却不知道为什么要去做，因此一旦环境发生变化，他不会举一反三，原有

的知识就派不上用场了。“思而不学”的人危害更大，因为他们常常自以为是，满脑子偏见，每天觉得这件事不公平，那件事不公平，每天看不惯这个人，看不惯那个人。带着这种观念，肯定会说很多错话，做很多错事，其结果是害人害己。

为什么要学、思结合？有两方面的原因：

一是只有经过思考，才能消化掌握学习的知识，使书上讲的变成自己的东西。朱熹讲读书要“心到”，使其意若出于吾之口，就是说明这个道理。学习任何一门知识，都要学习与思考相结合、掌握它的主旨要领，领悟它的精神实质；只有掌握精神实质以后，才能受到启发，引发出自己的思想见解。这就是举一反三，就是自悟。学习中的自悟是很重要的。“事理因人言而悟者，有悟还有迷，总不如自悟之了了。”（洪应明《菜根谭》）科学文化领域的新发现、新创造，都是从自悟中得来的。

二是只有经过思考，才能发现书中缺点和错误，不做书本的奴隶。孟子说：“尽信书，则不如无书。”（《孟子·尽心下》）他对《尚书》中《武成》篇说的“血流漂杵”提出疑问。武王伐纣，是以仁义之师征伐不仁德的人，受到天下人的拥护，怎么会血流成河，能够把棒槌都漂起来呢？《尚书》虽然列为六经，孟子对它并不迷信，而是采用分析的态度，认为《武成》篇不可全信，取其二三片竹简就可以了。

我们读书也应该采取这种态度。人类的认识是不断发展的。书上说的，或者本来就有错误，或者本来正确，因为情况变化现在不适用了。这样，就需要用新的结论去代替它们。如果迷信书本，句句照办，字字照办，在实践中就要碰钉子。因此，读书贵疑，有疑才会引起思考，有疑学习才能深入。即使是学习正确的理论和知识，也要开动脑筋，提出问题，认真思考，这样才能加深理解。当然，也不能对书上讲的都怀疑。当疑则疑，当信则信，这才是科学的态度。

学习与思考应当是共生的，不能割裂。只有这样，才会不罔不殆，才能获得真知。至于如何“既学又思”，不妨借鉴古人的方法，比如著名的“博学之，审问之，慎思之，明辨之，笃行之。”

（1）博学之

多看一些书，不管是文科的、理科的都看一些。把各种知识都装一些在大脑里，在生活中遇到问题时，就不至于全然迷惑。这既有利于拓展思维，亦有利于激发灵感。有些人看书，光看文艺作品，光看武打小说，或者光看专业书籍。并不是这些书不好，关键是偏于一端，眼界、思路会受到局限，不利于拓展思维。这就像吃饭偏食一样，难免营养不良。因此，学习过程中，书籍的选择不要太过拘于一端，在本专业之外，还是要尽量广泛阅览才好。

（2）审问之

多问几个“为什么”，然后去寻找答案，既能激发学习兴趣，也能增进智能。比如对一件事或一个问题，不但要搞清楚“是什么”，还要搞清楚“为什么”、“谁”、“哪里”、“何时”、“怎么做”等等。有了问题，就有了学习和研究的方向。

（3）明辨之

同一件事，由于每个人观察的角度不同，得到的结论可能也不同。面对众多观点，就需要仔细分辨究竟哪个观点更正确，或者更适合自己所需。比如：有营养学家说，喝牛奶可以补钙，因为牛奶中钙的含量丰富；也有的专家说，喝牛奶不但不能补钙，反而会使人体中的钙流失，因为牛奶中的蛋白质含量较高，会让体质偏酸，而促进钙的流失。这时候，就需要分辨一下，不能盲目相信某个专家的意见。

（4）慎思之

学习过程中，不能只是被动地接受别人的观点，还要深入思考。万事要想一想其中的原因，出现这种情况的背景，解决的办法等等。事情总会有起因，但起因很可能隐藏在事物的背后，如果只凭感觉臆测就草率地行事，肯定会出差错，令人后悔不迭。

（5）笃行之

当想到某个好的观点，或者某个好的办法时，自己肯定越想越觉得对。但它到底对不对？最好拿到实践中检验一下。当然，所谓实践，不等于什么事都要去做一下。有时条件不允许，有时不宜去做。比如：人所共知，毒品容易让人上瘾并严重危害人的身心健康。这时，千万不可以为了实践它的毒性而去以身试毒，但可以通过到戒毒所去采访，或请教有关专家来获得答案。这也是实践，是“笃行之”。

其实，学习与思考是相伴相生的，学习需要思考，思考促进学习。两者的关系就好比鸡生蛋、蛋生鸡一样，不可割裂。没有思考的学习，只能算是背诵，不是真正的学习；没有学习的思考，容易形成偏见。因此，求学之道，既要学习又要思考，才能够获得真知。

要想获得真智慧，最好的办法是既学又思。学习是迅速扩大知识的捷径，不注重学习的人不可能很好地发展自己；思考意味着对学习的知识加以认真审视、整理甚至提升，意味着创造。会学习再加上能思考，则是如虎添翼。

3. 学无常师广求教

【南怀瑾语录】

至于孔夫子，不管对于哪一样中国文化的精神，样样他都有。如果问他的老师是哪一位，那是没有的。谁有长处，他就跟谁学，所以无常师。哪一门有所长，他就学哪一门。这就是为什么他能讲出“三人行，必有我师”的话。

中国人有一个观念误区，好像学问都在那些名家大师手里，都在那些学者老师手里，农夫农妇、贩夫走卒之类没读过书的人都是没学问的。这种观念真是大错特错。

打个比方，大学教师中懂孔子《礼记》的人不多了，可是古代的礼仪，乡下的老农民大都懂一点，并且还在生活中运用。人家虽然不知道《礼记》里的句子，但他会运用，就不能说他不懂“礼”。到底是擅长搏击的人武功高呢，还是把刀谱、剑谱背得滚瓜烂熟的人武功高呢？我认为还是擅长搏击的人武功高，光背武功秘笈有什么用？

在生活中，还有一些人，虽然身处低位，无权无钱无名，却具有智慧，并且善于总结经验。也就是说，具有将金矿提炼成金块、打造成金器的能力。只不过没有人发现他们的才能，所以一直默默无闻。向这样的人请教，也许比在大学里读几年书还要有价值。

南怀瑾一生从师无数，袁焕仙、李宗吾等都传授过他学问。据说有一次，南怀瑾路过嘉定（乐山）乌尤寺，结识了著名居士马一浮先生。当时马先生正在寺中亦复性书院。马先生是浙江名宿，“新儒学”的典型代表，他融西方文化、佛学以及道家思想于儒学之中，成为“新儒学”的一代大师。据说，李叔同学佛，正是响应了马一浮的倡议。马一浮仅仅比李叔同大 3 岁，李叔同却把他视为导师，并认为他是“生而知之”的高人。

南怀瑾久闻马一浮之名，自然要去拜访。当他投上名帖后，让他万万没有想到的是，马先生居然命人打开复性书院的大门，恭请他相见。南怀瑾以为这是禅宗的机锋，自己却不识，难免有些惭愧。两人叙了一番乡情后，南怀瑾颇想考证一下马先生的学问，就问：“听说马先生在著作中说，灵光独耀、迥脱根尘是果位上事，有吗?”

马先生淡淡地说：“那是当年的著作，现在看来统统是葛言藤语，老朽很想把从前的著作都烧了。”

南怀瑾一听，立即起坐顶礼说：“先生言重了，是我多嘴胡闹。”于是就告辞。马先生亲自送他出大门，相互作礼而别。

除了上述几位早年遇到过的老师外，晚年的南怀瑾还请教过一位“一句师”。

1992 年，金温铁道公司成立的时候，他写了一个贺电，并把草稿传真给国内一家出版社的编辑练性乾看。练性乾比他小二十多岁，因为和他同乡，同时由于工作上的原因，与他开始了交往。由于练性乾比较了解国内的情况，南怀瑾就在发贺电前请他先看一看，提出修改意见。

练性乾认为自己还没有修改南怀瑾文章的资格，但他记起大学里一位老师的话：“任何人的文章都是可以修改的。”于是他就鼓起勇气，在那份传真里鸡蛋挑骨头，对两三个地方作了点小小的改动。比如：他把原电文中一句“富有更容易使人堕落造孽”改为“富有如失去理想，更容易使人堕落造孽”，因为他认为原文的语气说得重了一点，不大能令人信服。从整个社会的发展趋势来看，是要走向富有的，这也是大家辛苦追求的；而且，南怀瑾身边的许多学生也都是富有之人，百万富翁、千万富翁、亿万

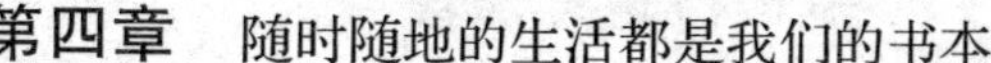
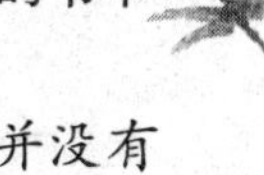

富翁皆有之，这些人跟他学神学佛，虽然没有成仙成佛，但他们也并没有因为富有而造成精神上的堕落，故而改之。传真发回去后，南怀瑾连声说“改得好”。

那时，练性乾同南怀瑾还没有见过面，便认为这句话是南怀瑾的客气之语，是对他的鼓励。其实不然，南怀瑾确实是虚心向他求教的。

中国古代有“一字师”，南怀瑾先生也为自己找了个“一句师”，而且这位老师还是比他年轻、比他资历浅、学问不及他的人。作为一位著作等身、名满天下的大师级人物，却能够真心诚意地为一篇电文向不如他的人请教，并且最终接纳了对方的一句话改动，是很不容易的。这正是他用行动，为自己所说的“学无常师”作出的最佳诠释。

学无常师，多方求教，方能成大事。

比如伊尹未发迹前，不过是有莘国君的奴隶，地位十分低贱，谁都不会认为他有学问。但他确实很有学问。可惜有莘国君不识其才，看他烧得一手好饭菜，便让他当了厨师。伊尹十分注意学习，常借迎来送往、招待宾客之机，从宾客们口中了解天下大事。

有一次，商汤王的左相仲虺因公事从有莘国过境，逗留数日。伊尹便借招待他的机会，多次与他接触。交谈中，仲虺发现伊尹是个难得的人才，回国后便将伊尹的详情禀告了商汤，并借商与有莘国结亲之机，要求让伊尹作为陪嫁奴隶。这样，伊尹就来到商汤家中。但商汤认为一个奴隶不可能有多大本领，仍让他去当厨师。伊尹常乘机接近商汤，利用烹调作比喻向商汤陈说政治见解，先后达七十次，商汤均不为所动。

一天，伊尹故意将几样菜蔬或做得淡而无味，或做得咸不入口，一同献给商汤。商汤大为不满，立刻召伊尹前来问话。伊尹对商汤说：“大王，烧菜既不能过咸，也不能太淡。过咸则难于下咽，过淡则无滋味。治理国家也是同样的道理啊！既不能操之过急，急则生乱；又不能松弛懈怠，懈怠必然国事荒疏。”

伊尹停顿了一下，见商汤听得聚精会神，便继续说：“如今，夏王桀荒淫无度，昏庸暴虐，民心尽失，天下纷乱，黎民百姓饱受其苦，恨之入骨。而大王您以仁德治国，伸张正义，取信于民，已是众望所归，为当今天下唯一贤明的君主。您何不适时起兵，伐夏救国，拯救万民于水火之中，成就惊天动地的伟业呢？”随后，伊尹详尽分析了天下大势，论述了消灭夏朝的具体步骤和策略。

商汤这才发现伊尹是个杰出人才，当即宣布解除他的奴隶身份，并任命他为右相，与仲虺一同辅佐朝政，共同筹划灭夏大计，终于大功告成。

伊尹的事例说明，一个人有没有学问，不能看他的身份，不能看他的财势，不能看他的学历。有的人瞧不起地位低的人，认为向地位低的人请教有失身份。其实，在生活中，像伊尹这样的人很多，其中多数人未能立业扬名，但不等于他们的学问没有价值。我们看见的某个厨师，说不定他是一个尚未发迹的伊尹呢！我们看见的某个老钓翁，说不定他是一个尚未发迹的姜子牙呢！我们看见的某个小商人，说不定他是一个尚未发迹的宁戚（齐桓公的大臣）呢！向伊尹、姜子牙、宁戚们求教，怎么会有失身份呢？

即使对方不是伊尹、姜子牙或宁戚，不过是一个很普通的人，但只要他有一技之长，也值得我们请教。如此积少成多，必成十分学问。

任何学问的源头都在生活中。农夫农妇、贩夫走卒都是生活中人，他们的头脑中装满了从生活中得来的好经验，学者们就是将他们的经验加以提炼，才形成了好的理论。生活中有些人虽然没有提炼经验的能力，但并不等于说他们脑袋里的东西没有价值。好比金矿石，提炼后价值更高，但在提炼之前，其价值仍在，值得我们去提炼。孔子所说的“三人行，必有我师”，并不是故作谦虚，而是认识到了从别人的头脑中找金矿的价值。

孔子说：“三人行，必有我师。”南怀瑾先生用行动丰富了这句话的意思，即每个人都可以是自己的老师，在某一个或几个方面必定有值得自己学习的地方。比自己强的固然是老师，不如自己的也可以成为老师，因为看到其不足之处，自己就会反省。只有学无常师，方能集众人之长。在生活中，工作中，你不妨向你身边的人学习。这些人可以是你的上司、同事、客户，也可以是你的朋友，甚至是你自己。

（1）向上司学习

把上司当做老师，向他学习，不是因为他是上司，而是因为他优秀。他之所以能够成为上司，一定有许多你不具备的特质。如果你能随时随地向他学习，那么你做事会更尽心尽力。你会像你的上司一样思考，像他一

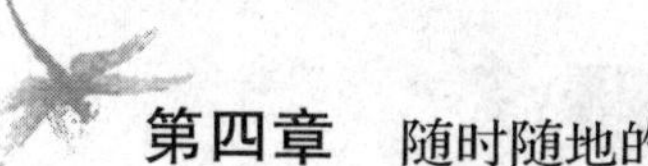

样行动。当你真心地向上司学习，你就会主动去考虑部门的成长与未来；你会感觉到公司的事情就是自己的事情。你知道什么是自己应该做的，而什么是自己不应该做的。因此，向上司学习是提高自己能力最快和最主要的方式。

（2）向同事学习

向同事学习是进步最快、最省钱的方式，因为你可以在工作的同时，现学现用而又不必交学费。你可以向他学一门职业技能，所谓“艺多不压身”，职场上的学习首先还是技能学习。你也可以向他学一种工作风格，比如办事高效、有条理、细心、果断等等。你还可以向他学习某种爱好，不但能给枯燥的工作增加一些乐趣，还能加深双方的关系。

（3）向朋友学习

据说，美国的思想家、文学家爱默生跟朋友见面，总是问这么一个问题：“自从我们上次见面，你又搞清楚了什么？”别小看这句简单的问话，其实包含了许多学习的大道理。向朋友学习，无疑是一件轻松愉快的事。每个朋友身上总有你所不具备的长处，那么你不妨将你们之间每一次的聊天、每一次的见面、每一次的娱乐都当做学习的好机会。另外，从性格趣味相近的朋友身上，你多多少少会看到自己的一些影子。不妨以朋友为镜，发现并发挥自己的优点，发现并改正自己的缺点。从现在起，每次与朋友见面或打电话时，不妨模仿爱默生，问他一句：“最近，你又学到了什么？”

（4）向低位者学习

在生活中，还有一些人，虽然身处低位，无位无钱无名，却具有智慧，并且善于总结经验。也就是说，他们具有将金矿提炼成金块、打造成金器的能力，只不过没有人发现他们的才能，所以一直默默无闻。向这样的人请教，也许比在大学里读几年书还要有价值。因为任何学问，都不是平白无故地长在学者脑袋里的，它必有源头。它的源头在哪里？在生活中。农夫农妇、贩夫走卒的头脑中装满了从生活中得来的好经验，学者们就是根据他们的经验加以提炼，才形成了好的理论。他们虽然没有提炼能力，但并不等于他们脑袋里的东西没有价值。好比金矿石，提炼后价值更高，没有提炼之前，其价值仍在。

（5）向自己学习

向自己学习不是自尊自大，而是向自己过去的经历学习。世上所有的经验，都是由“事情”积累而来的。在你的成长过程中，每经历一件事情，都是给你提供了一次极好的直接学习的机会。如果能够充分利用这些机会，那么你的知识和技能必然会不断地增加。事事皆有学问，而万物皆可学习。只要你明白了这一点，就会在面对事情的时候，有意识地从这些事中学习知识与技能，从而增长你的经验和智慧。对自己经历的事情，多做总结和思考，你会发现经历也是很好的老师。

生活中，你身边的每一个人都可以成为你的老师。这样，不管你走到哪里，随处都可以成为你的课堂。在这个“课堂”里，你随时都扮演着学生的角色。到那时，你自然就会抛开“我很忙，没时间学习”的借口，因为你无时无刻都处在学习之中。

南怀瑾先生为什么能成为一代国学大师？这与他学无常师多方求教不无关系。年轻时，为求得真知，不知遍访了多少高僧，吃了多少苦，再加上他天资聪慧、勤思考，才有了今天这样令人瞩目的成就。如若不然，哪还有那么多文章面世。所以说圣人无常师，要想学到真正的知识必须多方求教，博采众长。对任何一个期待事业有成的人来说，仅凭从某个名师那里学到的一点有限知识是远远不够的，多方求教，方能“集众美于一炉”，练成一鸣惊人的绝艺。

4. 入乎其内出乎其外

【南怀瑾语录】 

讲到人生修养，一个大丈夫，不管哪门学问，都要能入乎其内、出乎其外，不要被他困住了。因此，反过来讲，对于下棋、打牌等等，能入乎其内，出乎其外，不被它困住的，不能不算是学问。如困住了的话，就变成了“致远恐泥”（在小路上如果走得太远恐怕就会有泥泞）。

南怀瑾号称“经纶三大教”，并非虚言。他确实对儒、释、道三门学

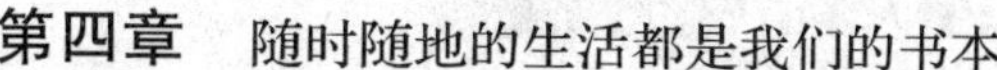

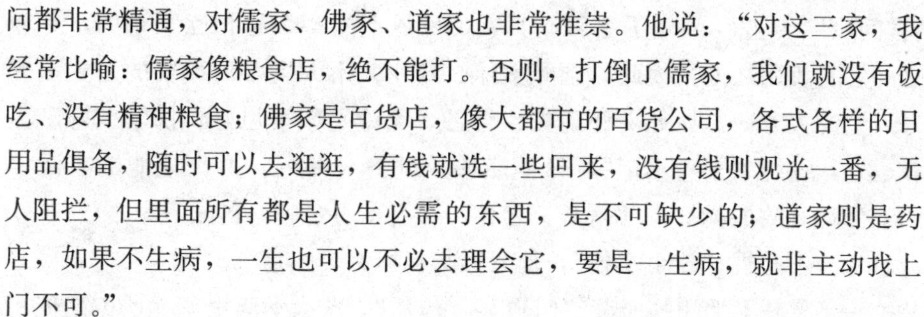

问都非常精通，对儒家、佛家、道家也非常推崇。他说：“对这三家，我经常比喻：儒家像粮食店，绝不能打。否则，打倒了儒家，我们就没有饭吃、没有精神粮食；佛家是百货店，像大都市的百货公司，各式各样的日用品俱备，随时可以去逛逛，有钱就选一些回来，没有钱则观光一番，无人阻拦，但里面所有都是人生必需的东西，是不可缺少的；道家则是药店，如果不生病，一生也可以不必去理会它，要是一生病，就非主动找上门不可。”

这种对儒、释、道三大学派深刻、新颖、独到的领悟和见解，如果不是深入研究过的人是说不出来的。这就是所谓“入乎其内”。

为此，有人当面把南怀瑾称作“儒、释、道大师”，他自己并不认同。他笑笑说：“什么儒、释、道？都是乱讲的。”接着，他又讲了一段对儒、释、道颇为尖锐又有点刻薄的评价。他说：“儒家吗，人品好，胆子小；道家吗，人品好，敢捣乱；至于佛家吗，则是人品好，什么都不干。”南怀瑾对于儒、释、道三大学派缺点的批判同样深刻而独特。这又是他所说的“出乎其外”了。因此有人说他“亦儒、亦释、亦道”，又是“非儒、非释、非道”。

南怀瑾号称“经纶三大教”，却不承认属于某一门派；精通并推崇儒、释、道，却对其缺陷了然于心，并不以为然。南怀瑾先生这种“亦儒、亦释、亦道”而又“非儒、非释、非道”的奇特学者身份，正是他不被所谓学问、流派束缚的表现。他在一生的求学经历中，并不拘泥于哪一家，而是把这三家学问的精华消化了，吸收了，然后运用自如。

其实，无论是所谓“别被学问困住手脚”也好，做学问要“入乎其内、出乎其外”也好，都是说学习要灵活、要融通、要开放思维，而不必拘于一家之见或某个流派，换言之就是“学习无界限”。如果将这一理念运用到我们日常生活中，你将会发现一个广阔的学习天地。

（1）不要受专业限制

在很多人的头脑中，“专业对口”的观念根深蒂固，好像学什么就只能干什么。比如：有些人在学校学的什么专业、在社会上学的什么技艺，他在确定自己的事业方向时，就将视点全放在相关的行当上。实际上，这项专业未必是他最擅长的，这个行当也未必是他感兴趣的。这就是被所谓

“学问”、“专业”困住了手脚。其实，世界上的事都是相互联系的，专业之间总有相通之处。因此，选择学什么专业并不太重要，重要的是要把握好人生的大方向。比如南怀瑾先生自己，无论是儒学也好、佛学也好、道教也好，统统“来者不拒”，只要能够救世济人即可，因此他能够在做学问上保持开放的胸怀，博采众家之长，融会贯通之后，自成一家之言。

(2) 不轻视“雕虫小技”，但只做与目标有关的事

一旦打破了学问的所谓“门户”、“流派”，那么学问也就无所谓高低贵贱，无所谓“大道”、“小道”了。只要能够为自己的人生目标服务，大可取而用之。南怀瑾先生对此有他的看法。他认为：人生天地间的学问，分门别类，不止一种。虽然有很多所谓的“小道”，如下棋、写字、作诗、刻图章，甚至于打牌，这些都不是什么大学问，只是“小道”，古人所谓雕虫小技。但也是学问，并不简单，都很难。如果深入去研究，都会有所成就。

因此，为了达到目标，我们一定不要轻视任何专业技术，也不要迷恋任何专业技术。这就是所谓的“入乎其内，出乎其外”。用什么技术或不用什么技术都不要紧，只要对目标有利就行。心中执着于目标，就不会偏离方向。南怀瑾先生告诫求学者，别被学问困住手脚，才能在求学之路上发现更广阔的天地。如果能达到这样的境界，则天下的学问都可成为学习的对象，学习也变得无所不在。

5. 沉潜之后方扶摇

【南怀瑾语录】

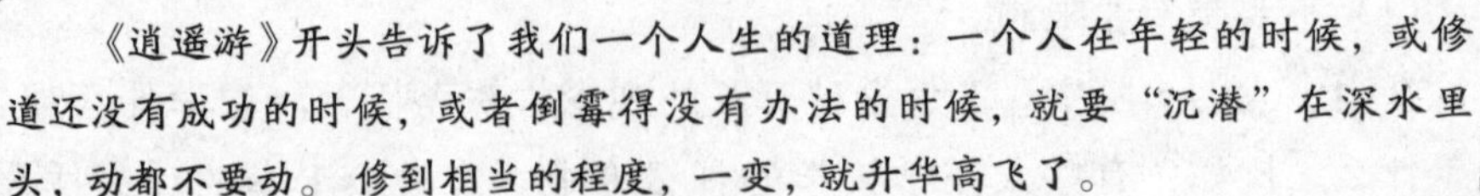
《逍遥游》开头告诉了我们一个人生的道理：一个人在年轻的时候，或修道还没有成功的时候，或者倒霉得没有办法的时候，就要“沉潜”在深水里头，动都不要动。修到相当的程度，一变，就升华高飞了。

君不见，现在南怀瑾讲学，引经据典，随手掂来。南怀瑾读过的书有

多少？恐怕他自己也说不出来。在他三十岁之前，他把中国传统文化中的重要著作都读完了。三十岁之前，就是他去台湾之前，是比较集中又大量读书的时间。有这么几个阶段：

第一个阶段是在青少年时代，从启蒙到十六七岁的时候，在私塾先生的指导下，广泛地阅读和背诵儒家的经典著作和古代的诗词歌赋；在这段时间里，他自己还读了“正书”之外的许多杂书，如《三国演义》、《水浒传》、《红楼梦》这些古典小说。

第二次比较集中读书是在杭州浙江国术馆学习的时候，在两年的时间里，除了学校里教的书之外，他利用课余时间，在图书馆，在“闲地庵”，借阅了大量的书，阅读面也更宽了，除了古书外，也读现代知识的书。

第三次是在峨眉山闭关的时候，在三年的时间里，南怀瑾遍读了几千卷的《大藏经》，南怀瑾的佛、道两门学问就是在这个时候打下的基础；也是在这个时候，南怀瑾曾在朋友张怀恕家里住过一段时间，张怀恕家里有一个很大的书房，藏有《永乐大典》、《四部备要》等古代典籍，南怀瑾整天把自己埋在书堆里，把他们家的书全读了个遍。他一辈子都在读书，他总是手不离书，而且什么书都看。

南怀瑾读了那么多书，而且是过目不忘，这从他后来的教学中可以看到。没有听过他讲课的读者，从他的著作中也可以看到。南怀瑾对传统文化里的重要经典是那么熟悉，好像没有什么书南怀瑾没有读过。在平时的聊天谈话中也是一样，古代诗词、典故，南怀瑾都是脱口而出。从一张小学文凭没有，到国学大师的名满四海，这期间南怀瑾经过了多年的沉潜才得以扶摇直上。

庄子《逍遥游》中所讲的鲲化为鹏的寓言，确实发掘了人生发展之道，其中的关键是一个“化”字。鲲不是一天就化成鹏的，它住在北海，到底沉潜了多久呢？不知道。反正要沉潜到化为鹏之时，方能一飞冲天。

鲲化为鹏，并非易事，需要长期的准备才行。在这方面，东西方的成功之道是完全一致的。

我们先看一个东方的例子：春秋贤士宁越原先是中牟地方的一个农民，他觉得耕田种地太辛苦了，就向朋友请教说：“怎样做才能摆脱这种苦差使呢?”

朋友说:“最好的办法是读书。读二十年书就可以达到目的了。”

宁越说:“我想用十五年实现这个目标。别人休息，我不休息;别人睡觉，我不睡觉。”

苦读十五年后，宁越因学识渊博，被周威公聘为老师。

宁越的起点并不高，但能够持之以恒地学习，最后成为天子的老师，这就应了一句西方名言:机会属于有准备的人。

我们再来看一个西方的例子。美国企业家保罗·道密尔曾自豪地说:“我没有做过一次赔钱的交易，也没有一次失败的经营。”他为什么有此功力呢?靠的还是耐心的“沉潜”。1945年，当21岁的保罗·道密尔从匈牙利流亡到美国时，身上只剩下5美分，而且没有一技之长。他所拥有的，只是一个发财的梦想。他决心尽快学会成为一个大老板所需要的各种技能。

刚到美国的18个月中，道密尔换了15份工作。每次从事的工作性质都不同。对任何一项工作，无论是做机修工还是搬运工，他都认真对待，决不马虎。不过，一旦他对这项工作的技能完全掌握，马上就跳槽。因为他不愿在自己熟悉的事情上浪费时间。

两年后，一位老板看中了他的才干和敬业精神，决定把整个工厂交给他管理。道密尔做了经理后，将老板的工厂管理得很好，他自己的收入也非常可观。可是半年后，他突然向老板提出辞呈，跳槽到一家日用杂品厂当了推销员。他认为，要成为一流商人，只有企业管理经验是不够的，还必须熟悉市场，了解顾客的需求。推销无疑是一份最接近顾客的工作。

经过几年的“修炼”，道密尔对自己的才能充满了自信。他买下一家濒临倒闭的工艺品厂，经过一番整顿，很快使它起死回生，成为一家赢利状况极佳的企业。其后，他再接再厉，买下一家又一家破产企业，并像个包治百病的神医似的，使它们重焕生机。他的财富也像雨季的河流一样，迅速飞涨。后来，有人向功成名就的道密尔探询成功之道，他说:“别人经营失败的生意，接过来后容易找出失败的原因。因为缺陷比较明显，只要把那些缺点改正过来，自然就赚钱了。”

但是，别人之所以失败，就是因为看不出失败的原因。即使缺陷再

明显，他们也以为这是自己的强项，直到倒闭了还以为是运气不好。道密尔能看出要点所在，说明他的眼力非凡。而他的眼力却是长期修炼出来的。

所以说，大鹏“怒而飞，其翼若垂天之云”的豪情固然令人羡慕，但当条件不成熟时，还需要有像鲲在北海沉潜那样的耐心。

你想腾飞，必须沉潜，在默默的努力中积聚能量。但我们有一个常识，鱼是不能化成鸟的，鱼越大越不可能化成鸟。从科学上来说，如果鱼需要化成鸟，或者鸟需要化成鱼，通过长期进化是可能的，但却不是此生能完成的事。那么庄子的比喻是否合乎逻辑？实际上，庄子笔下的鲲，不是一条鱼，而是一颗博大的心，或者说一个远大的志向。当你心中有鲲，你的生命就极可能发生鹏的蜕变，而一飞冲天，扶摇直上九万里。

6. 淡然无极众美从

【南怀瑾语录】

一个有天才、有思想的人，首先要注意多读书、多求学。自己以为自己是天才，聪明了不起，如果多读书以后，自己就会变得非常谦虚了。我们常常自以为有一个大发现，多读了书以后，才知道古人早就讲过了、知道了，原来我们并没有超越古人，而且古人比我们知道的还更多。

南怀瑾大师说，学问到了最高的境界，就是以最平凡、最肤浅的人做自己的老师，做自己的榜样。如果你认为老子天下第一，你注定失败。没有天下第一！只有小心加小心，谨慎更谨慎。用文学上的话来描写，一个人的一生呀，由最绚烂而归于平淡，由极高明而归于平凡，这才是真正的成就主。绚烂之极归于平淡，是一种境界，是一种修炼，是一种认识。庄子以清静空明的胸怀观照万物、体现万物，创造出符合老庄道家思想最高艺术理想的“自然平淡”的境界，是“淡然无极而众美从之”。

有一个关于禅宗的故事，说的是一个老和尚参悟的体会：他一开始“看山是山看水是水”，这是一点儿也体会不到山水中的哲学意味；后来就变得“看山不是山看水不是水”了，满脑子都是象征；又过了十年，又变得“看山是山看水是水”了。

老和尚参悟的体会经历了三重境界，人之一生也是如此，匆匆的人生旅途中，我们同样要经历三重境界。

第一重境界：看山是山，看水是水。

刚一走入社会，怀着对这个世界的好奇与新鲜感，对一切事物都用一种童真的眼光来看待，万事万物在我们的眼里都还原成本原，山就是山，水就是水。对许多事情懵懵懂懂，却固执地相信所见到的就是最真实的，相信世界是按设定的规则不断运转，并对这些规则有种信徒般的崇拜，结果在现实里处处碰壁，从而对现实与世界产生了怀疑。

第二重境界：看山不是山，看水不是是水。

红尘之中有太多的诱惑，在虚伪的面具后隐藏着太多的潜规则，看到的并不一定是真实的。一切如雾里看花，似真似幻，似真还假，山不是山，水不是水，使人很容易在现实里迷失方向，随之而来的是迷惑、彷徨、痛苦与挣扎。有的人就此沉沦、迷失了，有的人开始用心地去体会这个世界，对一切都多了一份理性与现实的思考。山不再是单纯意义上的山，水也不再是单纯意义的水了。

第三重境界：看山是山，看水是水。

这是一种洞察世事后的反璞归真，但不是每个人都能达到这一境界。人生的经历积累到一定程度，不断地反省，对世事、对自己的追求有了一个清晰的认识，认识到“世事一场大梦，人生几度秋凉”，知道自己追求的是什么，要放弃的是什么。这时，看山还是山，看水还是水，只是这山这水，看在眼里已有另一种内涵了。

这三重境界是人走向思想成熟的一个必然过程。在生活中，它是一个善于总结经验的人常常经历的回归本质状态的过程。对这个过程，20世纪中国最受人爱戴的美学家宗白华曾经有一个最精炼的概括，叫做“绚烂之极归于平淡”。所以，当你绚烂之后，又能安然地回到平淡的状态，这实在是一种高境界。

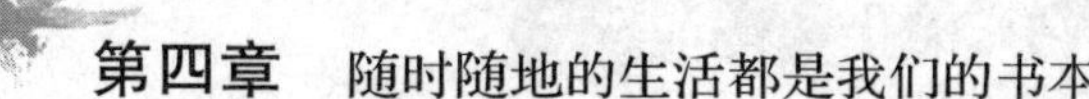

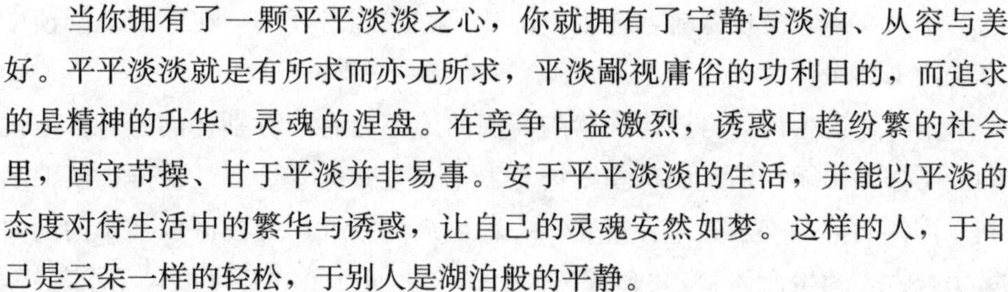

当你拥有了一颗平平淡淡之心，你就拥有了宁静与淡泊、从容与美好。平平淡淡就是有所求而亦无所求，平淡鄙视庸俗的功利目的，而追求的是精神的升华、灵魂的涅盘。在竞争日益激烈，诱惑日趋纷繁的社会里，固守节操、甘于平淡并非易事。安于平平淡淡的生活，并能以平淡的态度对待生活中的繁华与诱惑，让自己的灵魂安然如梦。这样的人，于自己是云朵一样的轻松，于别人是湖泊般的平静。

平平淡淡是一种归宿。平平淡淡并不拒绝轰轰烈烈，可是轰轰烈烈并不能代替平平淡淡。无论如何的轰轰烈烈，无论如何的丰功伟业，最终必将归于平淡。

人生苦短，我们为生活奔波、奋斗、努力，都是为了让自己更好地生活。但生活的最终本质就是内心的宁静与平安，所以何不平淡地看待一切？

淡泊明志、宁静致远，平淡中也隐含着对人生境界无尽的美好向往和追求。每一个新的开始，都始于平淡，归于平淡。因为平平淡淡才是真——这就是我们的生活。如果说淡泊以明志、宁静以致远是古人追求的一种最高境界，那么在如今纷繁的世界里，平淡则是人生不必刻意追求就能达到的一种境界。

7. 尽情享受读书之乐

【南怀瑾语录】 

> 每个人都有被书打动的经历，那种真正的好书，即使你只浏览了一下，便放下去做别的事。一连好几天，书中的情景，书中某句特别触动你的话，也会不知觉地从心中走出来。甚至很可能几个月或者几年后，你不记得那本书的名字，那本书却又在你心烦意乱时成为解救你的良药。这些不知名的书逐渐在你头脑的书架上堆砌起来，说不定某本就成为改变你人生的经书。

尽管南怀瑾认为“做人是第一大学问”，主张从生活中学习，但是作为一个人文学者兼授课者，他主要的学习方式还是读书，在广泛地阅读中享受读书之乐。

南怀瑾先生说，自己每次读陶渊明的诗都会有一种别样的感触。他说陶渊明作为田园诗的开山鼻祖，博览群书、学富五车、心性清静、淡泊名利。陶渊明把读书当做一种享受、一种悟道的方式，是在汲取知识的同时去契合古人的生命体验，“会意”人生，于是便有了“好读书，不求甚解，每有意会，便欣然忘食”。

人们曾经大加抨击，认为“读书不求甚解”是粗枝大叶、浅尝辄止。但陶渊明认为我们没必要去花很大的精力去研究书里那些没有价值的注释，读书读原著，每个人都会对书有自己的解释。如果我们对任何书都要求“甚解”，那他一辈子能读几本书？相对于短暂的人生和学海的无边，读书只要随意漫步书山，在学海中遨游，潇潇洒洒，无拘无束，快快乐乐，轻轻松松，才是人生的“真意”，才是真正的享受！

其实陶渊明的读书观就是他的人生观，闲来无事翻开一本书，并在那里与古今中外的哲人智者进行心的交流，是何等自在？为什么读书就一定要功利地分门别类、仔细研究呢？

读孔子告诉我们做人的道理；读庄子告诉我们思想的解脱；看龚自珍告诉我们奉献为国；品越王勾践告诉我们要卧薪尝胆；读鲁迅告诉我们面对黑暗要勇于战斗，决不屈服；读李白的“安能摧眉折腰事权贵，使我不得开心颜”可以让你领略人生的狂放；苏轼的“老夫聊发少年狂”有说不尽的豪迈；柳永的“执手相看泪眼”有说不尽的柔情；李清照的“帘卷西风，人比黄花瘦”有无数的失意；范仲淹的“先天下之忧而忧，后天下之乐而乐”有着一位政治家深沉的责任感；杜甫的“安得广厦千万间，大庇天下寒士俱欢颜”里有挣脱超越自己的苦难和普度众生的情怀；陶渊明的“问君何能尔，心远地自偏”是冷静的人生选择……

这个世界上的好书太多，当你喝完功夫茶后，再喝一杯水，会感觉那水特别甜润。厌倦了案牍，以平和之心，悄然之间随意翻看一本书，你会感觉这平凡的岁月如此让人神往。

读书是一种提升自我的艺术。“玉不琢不成器，人不学不知道。”读书是一种学习的过程。一本书有一个故事，一个故事叙述一段人生，一段人生折射一个世界。“读万卷书，行万里路”说的正是这个道理。读诗使人高雅，读史使人明智。读每一本书都会有不同的收获。

“悬梁刺股”、“萤窗映雪”。自古以来，勤奋读书，提升自我是每一个人的毕生追求。读书是一种最优雅的素质，能塑造人的精神，升华人的思想。

读书是一种充实人生的艺术。没有书的人生就像空心的竹子一样，空洞无物。书本是人生最大的财富。犹太人让孩子们亲吻涂有蜂蜜的书本，是为了让他们记住：书本是甜的，要让甜蜜充满人生就要读书。读书是一本人生最难得的存折，一点一滴地积累，你会发现自己是世界上最富有的人。读书是一种感悟人生的艺术。

读杜甫的诗使人感悟人生的辛酸，读李白的诗使人领悟官场的腐败，读鲁迅的文章使人认清社会的黑暗，读巴金的文章使人感到未来的希望。每一本书都是一个朋友，教会我们如何去看待人生。读书是人生的一门最不缺少的功课，阅读书籍，感悟人生，助我们走好人生的每一步。

书是灯，读书照亮了前面的路；书是桥，读书接通了彼此的岸；书是帆，读书推动了人生的船。读书是一门人生的艺术，因为读书，人生才更精彩！

人生不过百年，其间的喜怒哀乐，生老病死，颠沛流离，孤独寂寞却不一而足。孤灯一盏、影只形单，但书海何其大？任你畅游，你可以和徐志摩一起“作别西天的云彩”；和席慕容一起去欣赏那海滩上捡贝壳姑娘的身影；和三毛一起去眺望大漠星空；和戴望舒一起去雨巷中寻找那个丁香一样结着愁怨的女孩……

远离外界的喧嚣，隔离情绪的浮躁，让自己的思绪如飞花，听它轻言细语，娓娓道来，就像一双温柔的手给你慰藉，抚平你的心身。

读书对于任何人来说都是一种享受，无论是诗歌、文学还是历史。读书的方式方法因人而异，没有统一的标准。你可以在春天的花草中一边吟诵一边欣赏风景；可以在夏天的室内跷起二郎腿，嗑着瓜子，优哉游哉地小读一会儿；在秋天拿着小凳坐在阳台上手不释卷，斜阳洒在你的身上真是好不惬意；而冬天你可以倚靠在床上在昏黄的灯光下如参禅一般，静静地读几篇散文，欣赏着文人优美的词句，品味着匠心独运的选材，在平淡中体会生活的真谛，虔诚地进入真我的境界。

当今世界已进入知识经济时代，综合国力的竞争就是国民素质的竞争，就是知识、学识和创意的竞争，就是文化与科技的竞争。国民素质的提高必须倡导阅读，科学知识的普及必须倡导阅读，文明理念的传播必须倡导阅读。唯有读书可以让我们走向更加文明的生活，从容应对一个快速变化时代的挑战，也唯有读书才可以让我们“站在巨人的肩上”，焕发创造的活力，实现人生的价值，增进人类的智慧。要用一种全心投入的态度去爱书，用一股努力拼搏的韧劲儿去读书，让书的香气弥漫心灵的深处；让书的韵味驱逐心中的浮躁之气，在读书中获得内心的宁静和满足。

8. 乐而忘忧不知老之将至

【南怀瑾语录】

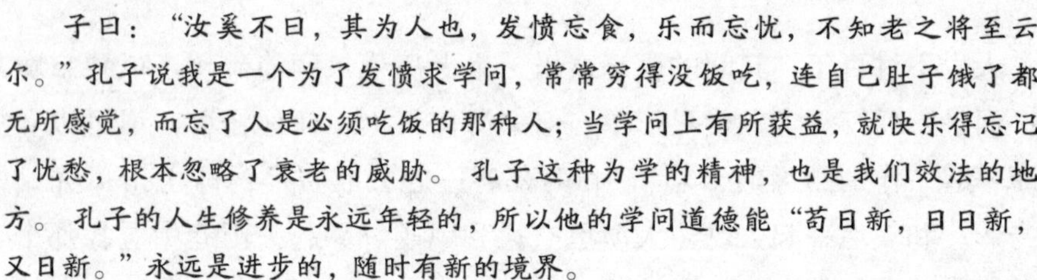

子曰：“汝奚不曰，其为人也，发愤忘食，乐而忘忧，不知老之将至云尔。”孔子说我是一个为了发愤求学问，常常穷得没饭吃，连自己肚子饿了都无所感觉，而忘了人是必须吃饭的那种人；当学问上有所获益，就快乐得忘记了忧愁，根本忽略了衰老的威胁。孔子这种为学的精神，也是我们效法的地方。孔子的人生修养是永远年轻的，所以他的学问道德能“苟日新，日日新，又日新。”永远是进步的，随时有新的境界。

知识无边，学海无涯。南怀瑾先生对学习孜孜不倦卷，从生活中学，从经典中学，在不断地学习中快乐地生活。他一生读书无数，可谓“生命不止，读书不已”，真正是将“终身学习”进行到底，乃至忘我兼忘忧，“不知老之将至”。

南怀瑾十六七岁的时候，在私塾先生的指导下，广泛阅读和背诵儒家的经典著作和古代的诗词歌赋，在这段时间里，他自己还读了“正书”之外的许多杂书，如《三国演义》、《红楼梦》等古典小说。

在杭州浙江国术馆学武的时候，他除了学习学校规定的课程外，还利用课余时间，在“闲地庵”借阅大量的书，阅读面也更宽了，除了古书外，也读有关现代知识的书。

在峨眉山闭关时期，他遍读了几千卷的《大藏经》。也是在这个时候，他曾在一个朋友家里住过一段时间。这个朋友家有一个很大的书房，藏有《永乐大典》、《四部备要》等古代典籍，南怀瑾整天把自己埋在书堆里，把朋友家的书读了个遍。

在台湾各大学讲学时期，由于工作需要，更是离不开读书。南怀瑾讲课，通常是嬉笑怒骂，海阔天空，但这绝不意味着他是毫无条理地胡侃一通。恰恰相反，他讲课很有条理，逻辑性很强。实际上，他每次上课前都要作充分的准备，阅读大量的图书及资料。由于他搬了好几次家，当时的住处是临时性的，地方又不大，很多书没有带在身边。有时候，手头没有他所需的图书，他就叫人到书店去买，或者给台北的一位学生发传真，请他查到了马上传真发过来。这样的阅读量，使他讲课时旁征博引，深受学生的欢迎。

晚年成名后，他依然读书不倦。虽然他的个人藏书多达27万册之多，却常常苦于身边没有书读，而叫学生到书店去买书，或者从报纸杂志上复印文章。他读书常常在深夜，通常一个晚上即可看完几本书。

“冰冻三尺非一日之寒”、“厚积薄发”，诸如此类的话，在南怀瑾先生身上体现得淋漓尽致。同时，也展现了他对于“终身学习”这一理念的身体力行。

所谓“终身学习”，实际上就是“活到老，学到老”。现代社会已经进入了知识经济时代，各种新学科、新知识层出不穷，在这个时代要想与时俱进，就要不断地武装自己，学习所需要的各种知识。要知道学习是一项终身任务。在学习的道路上，谁若停下脚步，就一定会落后于他人。不过，终身学习虽然强调学习的持续性，但也离不开有效的方法。

(1) 掌握各种学习的机会

只要你想学，机会无处不在。你可以争取在职进修机会，也可以利用公司的岗位培训机会学习；你可以报一个培训班，或者通过网络进行远程教育；如果你自学能力够强、自制力够高的话，你完全可以在家自学。掌握每一次学习的机会，可以使个人心灵富有，成为生命力的源头活水。

（2）熟悉多元的学习渠道

如今是一个知识膨胀的时代，出版行业只用半年的时间，就可以出版封建社会一世纪的出版物，而且品种繁多、不计其数。除了迅速出版的书刊以外，录像、播音、电视、计算机网络、光盘数据库等等都是较好的学习媒介与渠道。尤其是信息高速公路完成以后，将建成世界各地紧密连接的信息网络。这将使信息的传输、流通与交换变成唾手可得的事情。在这样的社会中，选择单一渠道学习的人，容易闭塞与孤寂；反之则易开放与快乐。

（3）养成迅速获得、汇整、批判信息的习惯

现代社会的最大特质是信息多、传输快，个人十分容易获得所需要的信息。但这也使准确地判断与筛选信息变得困难。古人说："尽信书不如无书"。与此相同，在现代社会中，"尽信信息不如没有信息"。正因为如此，汇整与批判各类信息，已成为现代人必须具备的能力。此外，在汇整与判断后，赋予信息新的意义，或用于发现、发明新事物，并形成新的智慧，才是人生最有意义的事情。因此，我们都应该掌控信息，而不应该被它所迷惑，更不应该被它所奴役。

（4）终身学习的不仅仅是知识

知识只是终身学习的主要任务，但并不是全部。简单地说，终身学习的内涵可以包罗万象，比如终身运动、终身反省等。如果将终身学习的习惯用诸终身运动，可以延年益寿；如果将终身学习的习惯用诸终身反省，可以减少个人烦恼。这就大大扩展了终身学习的外延，而深化了它的内涵。

生命不止，学习不已。在二十一世纪的今天，"活到老、学到老"的终身学习不仅是一种学习态度，更是一种生存方式。在这种生存方式下，学习始于生命之初，持续到生命之末，从摇篮到坟墓，从不间断。处于这种生存状态下的中国人，见面的问候语也将变成："今天，你学习了吗？"

当一个人以宁静、恬淡的心态投入到学习生活中去，就能远离百般烦恼。因为自己不会在乎拥有多少，不会计较多少得失，只要有自己喜爱的

事做，沉醉其中，乐而忘忧。有超然的生活态度，就能使人生境界豁然开朗，于是即便自己面临危境，也能履险如夷，镇定从容。宁静以致远，飘逸自在。烦恼是别人带来的，开心快乐是自己找的，快乐也是一天，痛苦也是一天，何不快快乐乐开开心心过完每一天。就让我们“乐而忘忧，不知老之将至。”

第五章

生命功能的源泉，都从“静”中生长

——南怀瑾养生智慧

南怀瑾先生认为，养生最重要的是坚持一个字“静”，他说：“世界上的人们拼命消耗能源和资源，拼命追求享受，等于在加快消耗生命。所以，保持健康长寿，必须要学会‘静’。”“静”既是养生之道，也是养心之道。

1. 安时处顺，顺应自然

【南怀瑾语录】

我们上古老祖宗的那个时候，人都自然，不用修道，个个有道，在道的境界。他在睡觉时“徐徐”，“徐徐”是怎么个睡法？就是睡觉很悠然，舒服得很。难道现在的人睡觉不悠然？现在的人睡觉是很不悠然，很紧张。尤其是在外国文化生活影响之下，每一分每一秒都紧张得很，所以睡觉睡得很不好，加上闹钟也闹不醒，很可怜。

南怀瑾为人处世，喜欢顺其自然，不喜刻意为之。就算有一些不甚圆满的事，他也能以自然之心对待，而不勉强为之。

例如：他人到中年时，头上渐渐添了许多白发，他却不以为意。有一次去理发店理发时，理发师建议他染发，可以显得年轻。他没有接受这个好心的建议，还写了一首《理发师劝染发戏作》的诗：

世人多畏发初白，
却喜头颅白似银。
免去风流无罪过，
何须装扮费精神。
渐除烦恼三千丈，
接近仙灵一性真。
对镜莞尔还自笑，
依然故我我非新。

这虽是游戏之作，内中却包含了他体悟人生的智慧和洞透自然的禅意。

“人生苦短”是对人生经历和内涵的概括总结。如何对待这短暂的人生呢？老子对人生的看法，不像其他宗教那样，认为全是苦的。他认为人生也有快乐的一面但是这快乐的一面，却暗藏隐忧，并不那么单纯。因此，老子提醒修道者，别于众人，应该“我独泊兮其未兆”，要如一潭清水，微波不兴，澄澈到底。

老子的道学以关注平民生活为主，他想把每一个人都变成自然人，自由自在地生活。

我们普通人修学老子的道学，把自己变成一个自然人，或者说“真人”，倒是摆脱烦恼的绝好方法。从某种意义上来说，我们都是“假人”，脑袋里装着一些虚假的观念，用虚假的面目处世为人，采用一些虚假的手段，追求一些虚假的目标，享受某些虚假的快乐。

南怀瑾认为修道的目的就是让自己摆脱虚假的世俗观念困绕，“人之所畏”，我独不畏。别人都说吃海鲜好，我要看看它对不对我的口味和肠胃；大家都说当官发财好，我要看看它对不对我的性格和脾气；大家都说清茶淡饭太寒酸，我就喜欢天天品尝；大家都争先恐后发表高见，我默默无闻独悟真如；大家都聪明伶利自逞其能，我少一点杂念，留一份闲情，看花开花落……

人，来不知从何处来，去不知向何处去。来非自愿，去更非本意，几十年光景，稍纵即逝。因而，还是卸下面具，放下包袱，像毕希纳所言：人啊，活得自然一点吧！我们应该像一朵云，具有云的飘逸，不论是否下雨总是那样飘逸。

南怀瑾有一个老朋友，年纪大了，有一次生病住进了医院。一天，这位朋友打电话给他，说自己快不行了，马上就要离开人世了，希望见他最后一面。

南怀瑾赶到医院，见到这位朋友。朋友说：“这几年受了你的影响，对生死看得淡了，不过有一件事还想让你帮忙决定一下，死后是土葬还是火葬。我还有几十万块钱可以打理。”

南怀瑾一听这话，立刻火冒三丈，不过还是硬忍下来了。他告诉朋友：“你学佛几十年，还写了许多书和文章，像是悟了道的，为什么到了这个时候还这么想不通？佛说一火能烧三世业，你死了剩几根骨头还要装个棺材运回家乡埋葬，为什么不把这钱用来做点好事？当然是火葬嘛！”

朋友勉强点了头，但是后来还是交待用土葬，把剩下来的钱全部用掉。

事后，南怀瑾大为感叹，认为这个朋友看不通生死，连最痛快的死都不愿意干。

对于生死，他的态度是“生则重生，死则安死。”就是说，活着的时候就健健康康地活着，死时就痛痛快快地死。他说：“一个人了解了许多养生必要的学识，使自己活着的时候无病无痛；万一到了死的时候，既不麻烦自己，也不拖累别人，痛痛快快地死去，这便是人生最难求得的幸福。”

人之将死，却还惦念着是土葬还是火葬，最终还是放不下一辈子积攒下来的钱财，选择土葬的方式来将钱花光。这并不是略带讽刺意味的寓言，而是发生在南怀瑾先生身边的真实故事。如此看不通生死，恐怕不止他朋友一人吧。

生死问题从来都是人类永恒的话题。生时畏惧着死，将死时惦念着生，是作为凡夫俗子的最大的心病。如果这样一块心病不去除，“生死之心”放不下，那么所谓“养心”、“养生”都会成为一句空谈。在这一点上，不妨学习南怀瑾先生。他认为：生死只在呼吸之间，看通了生死，就能了生达命。有了看透生死的勇气，才能顺应自然、重生乐生。到这时，不必刻意去养生，生命之光也会自然闪现。

生命是一个过程，功名利禄、荣华富贵，生不带来，死不带去。生与死实际上只是人生旅途中的一个大转折，生死齐一，齐一生死，如果有看透生死的勇气，就是等于把人生中的生死问题彻底解决了。在这方面，庄子可算得上看通生死的第一人：

庄子的妻子死了，他的朋友惠施去他家吊丧。一进门，他就看见庄子正叉开两条腿坐在地上，一边敲着瓦盆一边唱歌。

惠施一见，又气又不解，说：“你的妻子跟你过了一辈子，为你生儿育女，还把他们抚养成人。现在她老死了，你不哭也罢了，居然还敲着盆子唱歌。这不太过分了吗？”

不料庄子却说：“不要这样说。她刚死的时候，我怎么没有感慨呢？

但是推究起来，她原来是没有生命的，不但没有生命，就连形体也没有；不但没有形体，就连气也没有。混杂在浑浑沌沌之中，变化有了气，气变化有了形体，形体变化有了生命，现在又变化死去了。这同春夏秋冬四季变化运行一样自然。现在她舒舒服服地睡在天地的大屋子里，而我却在这里号啕大哭，自认为这太不通达天命了，所以不哭了。”

在这个故事中，庄子把人的生死还原成一种自然的过程，把生死看做自然的回归。他是立足于生来领悟死的意义，凭借死来体察生的价值。对于生死，他看得十分透彻。

虽然人是不可能超越生死的，但人的精神世界则可以超越生死。因此，对待生死的基本态度应当如南怀瑾先生一样，生则重生，死则安死。生的时候尽心尽力，穷尽为人之道，闻道且从道，修身、齐家、治国、平天下，鞠躬尽瘁，乐天知命而不虚此生。到死时，便自然安息，安然无怨地接受死亡。死亡在这里便失去了它震撼人心的恐怖色彩，失去了玄而又玄的神秘色彩，而完全是一种自然的宁静安寂。如果针对生时的辛劳奔波而言，死亡带来的甚至是人的永久安息，寂静安然，没有任何的牵挂和不安。

“一沙一世界，一叶一菩提”，生命的收与放，本质都是一样的。面对生死，悠然自得，便是真正懂得了生命。

南怀瑾平时常向学生们提倡自然之道，但真正能理解的人甚少。有一次，在举办“禅七”活动时，他的一个男学生大概用功过甚，全身紧绷，两眼发直，好像出了问题。他便走过去，左右开弓，打了他两个嘴巴，然后说：“起来活动活动！”他用的是禅宗的“棒喝法”，打是不打，并非真有打意，不过是想让学生从紧张之中惊醒，走到自然放松之道上来。

南怀瑾先生所谓的“处天地之和，不修道，不做工夫，生活于自然之间。”实际上是提倡顺其自然。这不仅是一种生活态度，更是一种养生之道。中国传统养生学说认为，人是自然中的个体，自然界有其自身的变化过程，个体若顺应自然变化过程，则千变万化皆可成为有利条件，个体可自在长存；若个体违逆自然变化过程，则变化皆成害己之物，进而损害个体生存。

那么，究竟什么才是顺其自然呢？下面这个故事中的禅师将告诉你答案。

三伏天，禅院的草地枯黄了一大片。“师父，快撒点草籽吧！好难看哪！”小和尚说。“别着急，等天凉了。”师父挥挥手，“随时！”

中秋，师父买了一包草籽，叫小和尚去播种。秋风起了，小和尚一边撒，草籽一边飘。“师父，不好了，许多草籽都被吹走了！”小和尚喊。

“没关系，吹走的多半是空的，撒下去也发不了芽。”师父说，“随性！”

草籽撒完了，引来许多小鸟啄食。“要命了，草籽都被小鸟吃光了！”小和尚急得直跳脚。

“没关系，草籽多，吃不完！”师父说，“随遇！”

半夜一阵大雨，一大早，小和尚冲进禅房。“师父，这下完了！好多草籽都被雨水冲走了！”

“冲到哪儿就在哪儿发芽！”师父说，“随缘！”

不久，许多青翠的草苗果然破土而出，原来没有撒到的一些角落里居然也长出了许多小苗。小和尚高兴地拍手：“太好了！太好了！”

师父点点头：“随喜！”

这位师父真是懂得顺其自然之道，凡事不必刻意强求，随时、随性、随遇、随缘、随喜，反倒自有一番收获。当然，顺其自然并非是消极的等待，也非听从命运的摆布，更不是随波逐流，而是面对现实的超然与平静。

人们常说“随遇而安”。这是顺其自然的一种表现。“随遇”是顺随境遇一意；“安”则可理解为内心的安宁，不为外在之境遇所扰，无论于何种处境，均能保持一种平和安然的心态，并继续坚持自己的追求；当然，这种“安”，需要一种良好的心理调控能力，甚至需要一种超脱、豁达的胸襟，不是每个人都能做到的。

在实际生活中，顺应自然要注意几点：

一是正确对待“归因于自然”。正确对待“归因于自然”，正是为了顺应自然、趋向“必然”；而顺应自然、趋向“必然”就是为了把握命运。

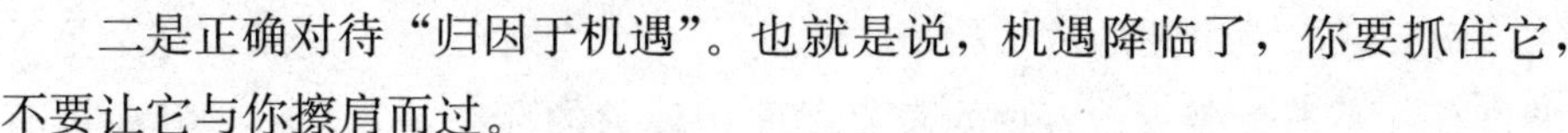

二是正确对待“归因于机遇”。也就是说，机遇降临了，你要抓住它，不要让它与你擦肩而过。

三是认真对待“归因于自己”。既要顺应客观，在不违背客观规律的前提下行动，又要发挥主观能动性，通过主观努力来改善自己的处境。

水在流淌时是不择道路的，树在摇摆时是不辨方向的。它们都懂得顺其自然的道理。你不妨学习它们，让许多事顺其自然。这样，你会发现你的内心会渐渐清朗，思想也会减轻许多负担。人生苦短，生命易逝，今天能健康、自在、安乐地活着，我们就没有理由不去珍重生命、热爱生活、好好地活着，过好生命中的每一天。

2. 心不正，心不净，人多病

【南怀瑾语录】

> 以佛法来讲，一切人生理上的病，多半是由心理而来。所谓心不正、心不净，人身就多病。什么叫净心呢？平常无妄想、无杂念，绝对清静，才是净心。有妄想，有杂念、有烦恼，是因喜怒哀乐、人我是非而来的。

南怀瑾说：心不正，心不净，人身就多病。关于这个观点，南怀瑾曾提到过一个著名的故事：

慧能大师修成正果之后，开始云游四方。他最先去了法性寺。在那里，他看到两个和尚在飘动着法幡的旗杆下面争论不休。

一个和尚说：“明明是旗子动吗！这还有什么好争论的？”

另一个和尚反驳说：“没有风，旗子怎么会动，明明是风在动嘛！”

两个人争论来争论去，谁也不服谁，引来了一大群看热闹的人。大家都议论纷纷，莫衷一是。

慧能大师见状，不禁又摇头又叹气。随后，他走上前去对人们说道：“既不是风动，也不是旗子动，而是你们大家的心在动啊！”

南怀瑾先生讲述的这个故事，说明了一个人对外界的观点，完全是返求自心，而不是滞留在事物的表象上面，现象的存在是片面的，其所以有分别，完全因为我们的起心动念。心静则万物莫不自得，心动则事象差别现前，因此要达到动静如一的境界，其关键在于去除妄想杂念，做到心静、心净、心定。

南怀瑾先生所谓的“心定”、“心净”、“心静”，其实都是一个意思，就是排除杂念，使心平静下来，或者说使心绪平静下来。只有心静，身体才有可能更健康。所以，现代养生学里才有“静心养生”之说。

身处红尘中的人们，常常心绪难平。只因想法太多、心念太多。比如时常辗转反侧地想一件事到底是好是坏？是善是恶？是福是祸？是贵是贱？其实这些看似纷繁的事情，往往只在一念之间就尘埃落定。一念之间，哭变作笑；一念之间，天堂变地狱；一念之间，立地成佛；一念之间，上穷碧落下黄泉。一念私我，画地自限；一念为众，有许多意想不到的收获。

（1）善恶之“一念”只在好心或坏心

天下没有什么绝对的善、绝对的恶。好比父母管教子女，老师教育学生，有时候给其制造一些挫折、施加一点压力，不一定就是坏事，反而能促其奋发向上。相反，如果父母一味溺爱，随他吃喝玩乐，这看似爱心的布施，反而成为造罪的根源。所以说，天下并无绝对的善恶之事，只在做事之人心怀好心或坏心。如果是好心，那么就算做出结果不好的事，也都算得上有功德；相反，如果是伪君子包藏祸心，假恶为善，也不是真正的善事。所以善恶好坏在于“一念之间”。

（2）难易之“一念”只在有心或无心

世间的事情并无绝对的困难与容易。因为即使很困难的事情，在有心人的面前都不困难；所谓“天下无难事、只怕有心人”。反之，即使很容易的事情，在无心着意之人的面前也无法成功。所以世间没有绝对的难易，有心无心只在“一念之间”。

（3）苦乐之“一念”只在烦心或平心

在烦恼人之前，快乐也是苦。对平等心的人来说，无苦亦无乐。譬如千年暗室，点燃一灯，就大放光明。所以苦与乐，只在一念心转。

禅语：“一念成佛，一念成魔。”心回念转之间，一切将变得豁然开朗，驿动的心也归于平静。心静则万事息，心动则万念兴；心静则自然凉，心远则地自偏。修身养性，“定”的功夫十分重要。俗家以“泰山崩于前而色不改”为最高定境，佛家以“对境无心”为最高定境。一旦进入这样的境界，人自然就会变得“心净”、“心正”、“心定”了。

3. 养生也需讲“中庸”

【南怀瑾语录】

对一件事，了解了它的中和之道，而去中和、调整它。但过分的调整就错了，“不以礼节之，亦不可行也”。所以礼义的基本精神，是调节一件事物，中和一件事物，但是有一定的限度，超过了这个限度，又要重新把它调整。……一切都是相对的，在这个相对的中间，有一个中和的道理。所以“中庸”便提到中和的作用，孔子是说两方面有不同的意见，如果有最高的领导德业的人，使它能够中和，各保留其对的一面，各舍弃其不对的一面，那就对了。那才是“中庸之为德也，其至矣乎”！

“中庸”是《论语》中出现频率较多的词汇。所谓“中”是指我们认识事物看待问题要不偏不倚，恰倒好处；所谓“庸”是指我们要能够包容，要能够有海涵，要能够容忍别人。所谓“中庸”就是指我们要不偏不倚不偏激，恰倒好处而不是过犹不及，全面而不是片面，公平而不是偏见，公正而不是先入为主地去对待人和事情。“中庸”是古人做人的最高行为准则，“中庸”也就是哲学上讲的那个“度”。

南怀瑾先生主张不单是做人，凡事要讲究一个度，这一点对于养生也是完全适用的。现代社会，人们身体的不适或疾病的产生有一部分缘于生活无度，以致失去平衡。如在饮食上，厌食偏食、过饥过饱、过量饮酒等；在行为举止上，静而不动或运动过量，沉迷于网络或麻将游戏等活动，过度熬夜或工作等等。人在生活中必须掌握一个“度”，善于节制自己。凡事不到位视为“缺”，超越分寸视为“过”，恰到好处才是养生之道。善于把握“度”的人才能延年益寿。这个“度”体现在日常生活的方方面面：

（1）心态要平衡

“心态平衡”在心理保健中时常提到。所谓“平衡”，就是不偏不倚。生气、郁闷损害健康，快乐、欢愉有益健康是大家都知道的。但实际上，笑也是不能过头的，因为“大喜伤心”；老百姓也常说：“笑过火，会笑傻了”。虽说很少有笑傻的，但是这话是告诫人们不要笑过了头。这也是古人养生提倡“情贵淡”的道理所在。

（2）用脑要适度

通常而言，大脑是越用越灵活的。不过，凡事都要有个度，用脑也一样，千万不能过度，因为开发大脑潜力，不能一蹴而就。如果在用脑之时，已经相当疲倦、头昏脑涨、注意力不集中，却还在那儿“头悬梁、锥刺股”地学习、考虑问题，是会伤害大脑的。这样的教训并不少。例如前几年国内有些大学破格招收一些所谓的“神童”，准备培养成拔尖人才，其中不少却未能成才。有些教育家认为这是“拔苗助长”的损毁人才之举。再比如，丹麦历史学家海内肯，4 岁就撰写了《丹麦史》，一度引起了全世界的震惊，正当人们津津乐道地谈论他的聪明才智时，突然传来由于大脑负担过重，导致 4 岁半的海内肯脑力衰竭、最终夭折的消息。可见，用脑过度确实有害无益，所以一定要适度。

（3）运动要适度

生命在于运动。如果总不参加体育锻炼或因病长期不运动，人的肢体就会出现废用性萎缩。不过，运动也要有度。适度的运动能促进身心健康，有延年益寿之效；如果急于求成，强行超负荷地运动，就会适得其反，有损身心健康。所以，在做健身运动时，运动量和运动幅度都要量力而行，循序渐进，同时还要因人而异（特别是体弱者和老人）。所以在此提倡有度有节、持之以恒的运动。

（4）饮食要有节

日常的吃吃喝喝也要有个限度。俗话说：“要想身体好，吃饭七分饱。”要养生，一定要在吃饭时把住嘴这一关。古书上说：“食养人，亦能

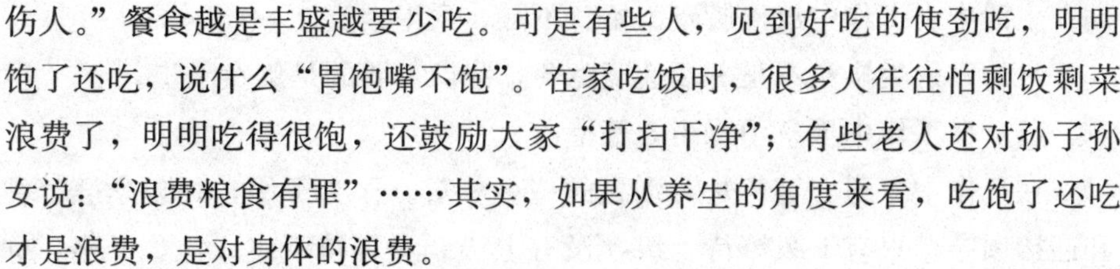

伤人。”餐食越是丰盛越要少吃。可是有些人，见到好吃的使劲吃，明明饱了还吃，说什么“胃饱嘴不饱”。在家吃饭时，很多人往往怕剩饭剩菜浪费了，明明吃得很饱，还鼓励大家“打扫干净”；有些老人还对孙子孙女说：“浪费粮食有罪”……其实，如果从养生的角度来看，吃饱了还吃才是浪费，是对身体的浪费。

人的生命是有限的，也是脆弱的，生命如果发生什么意外，会留下永远的伤痕；健全身体一旦失去，将永远无法挽回。因此，我们应该好好珍惜我们身体。让我们时刻牢记：凡事都要有限度，遵循自然规律而行，才能有益于回归人类的自然寿命。

4. 不急不躁，耐得寂寞

【南怀瑾语录】

你认为你有本事，在这个乱世要担当天下，那么急躁没有定力、没有耐心，你何以处事？……天下事不要那么急，问话问清楚，做事也清楚。

来拜访南怀瑾的客人，男女老幼皆有，包括了各个阶层。无论是谁，他总是耐心接待。有时候，有的客人讲话实在文不对题，偏偏又滔滔不绝，叫人难以耐着性子听下去。于是，起初陪坐在南怀瑾之侧的人（大多数是他的学生），先后都以不同的理由，一个一个离开了会客室。最后只剩下南怀瑾一个人，仍然耐心地、认真地同那个客人谈话。人们不解，问他为什么。他回答说，受人喜欢的人应该给予鼓励，不太受人喜欢的人更应该耐心给予指导，慢慢地他就会变成被大家所能接受的人。这才是教育的目的，修行的目标。

“天下事不要那么急”，是南怀瑾先生对于陷入快节奏生活的现代人的忠告。现在所谓的“亚健康”、“都市病”，很大一部分都与生活节奏过快有关系。在这样的大环境下，有识之士提出了“慢生活”的理念，号召人们在生活中、工作中放慢脚步、不急不躁、耐得寂寞。

是的，人生毕竟不是一场速度竞赛，我们需要的是悠然漫步。

(1) 在工作中不急不躁耐心等待

在工作中，耐心等待是对别人的一种尊重。作为下级，你要学会等待和迎接领导。只有下级等待上级，没有上级领导等待下级。比如开会，你不但要准时，最好还要比领导早到几分钟，利用等待的间隙做好记录及发言准备；迎接上级检查和视察，你要提前做好准备，在领导到达之前等待迎接。违反了这个“惯例”，领导就会对你产生不好的印象，你今后的工作可能就会陷于被动。你不守时、不重视领导，何来领导对你工作的肯定？一次可能有例外，一而再、再而三，就可能是工作态度和作风问题，这样的下属，他会重用吗？

(2) 在社交中不急不躁耐心等待

在社交场合，则要分清主宾，学会耐心等待。主人应比客人先到，没能先到，则要诚意解释，表示抱歉。主人要学会耐心等待，这是赢得良好友谊和成功合作的开始。作为初次见面的客人，应该守时，主人可能是忙于事业的人，来得不及时，客人要不急不躁学会耐心等待，多一分理解和宽容。这对于见面后迅速形成融洽的氛围及日后交往有好处。但一个总是让别人等待的人，可能是个不守信用的人，因此要注意这一点，在与人交往中尽量守时，给人好的印象。

(3) 在生活中不急不躁耐心等待

在平淡的生活中，不要总被自我的种种苦恼所困扰。要始终相信：生活不会放弃你，机会总会来的。至少，你还年轻，你没有坐牢，没有身患绝症，没有欠债累累。比你不幸的人远远多过比你幸运的人，你还怕什么？路要一步步走，虽然到达终点的那一步很激动人心，但大部分的脚步是平凡甚至枯燥的，如果没有这些脚步，或者耐不住这些平凡枯燥，你终归无法迎来最后那些激动人心的时刻。

(4) 在挫折中不急不躁耐得寂寞

人生在世，总会遭遇低潮，总会碰到挫折，总会有不被人理解的时候，总会有要低声下气的时候。不过，这些时候恰恰是你人生最关键的时候。因为大家都会碰到挫折，而大多数人过不了这个门槛，如果你能过，你就成功了。在这样的时刻，你需要耐心等待，满怀信心地去等待。需要耐得住寂寞，等待属于你的那一刻。韩红寂寞过，刘德华寂寞过，周星驰也寂寞过，马云寂寞过，唐骏寂寞过，袁隆平寂寞过……看到了他们如今的功成名就，你可曾看到当初他们的等待和耐心？你可曾知道进入二炮文工团的韩红因为被认为潜力不够和长相不好而做了十年的通信接线员？你可曾看到金马奖影帝曾在街边摆地摊？你可曾看到周星驰最初的角色甚至连一句台词都没有？每一个成功者都有一段低沉苦闷的日子，你不妨想象一下他们落寞时借酒浇愁的样子，想象一下他们为了生存而挣扎的窘迫。然后你会明白，如今大红大紫与功成名就的他们，当初的选择是耐住寂寞、学会等待。

在这个节奏过于紧迫的时代，请停一停、歇一歇、等一等，适当增加一些舒缓的旋律。这样，你生命的乐章才会变得更精彩。

5. 放下欲念，轻松快乐

【南怀瑾语录】

> 我们在大颠倒之中，什么是对的？什么是错的？搞不清楚。一切都在妄执，都受业力影响，都被错误思想左右。为什么有烦恼？为什么有痛苦？因为自己妄执。所以中国禅宗说所有的佛法只有一句话：“放下。”但是，人就那么可怜！偏偏放不下。

南怀瑾先生认为：在生活中，我们的许多烦恼都是自找的。快乐就蕴藏在我们的心里，何苦去外求呢？

在痛苦的时候，不要依赖别人来帮你，来为你分忧。实际上，你可以自己想办法摆脱烦恼。

一个烦恼少年四处寻找解脱烦恼之法。

这一天，他来到一个山脚下。只见一片绿草丛中，一位牧童骑在牛背上，吹着悠扬的横笛，逍遥自在。烦恼少年走上前去询问：“你能教给我解脱烦恼之法吗？”

“解脱烦恼？嘻嘻！你学我吧，骑在牛背上，笛子一吹，什么烦恼也没有了。”牧童说。

烦恼少年试了试，不灵。

于是他又继续寻找。走啊走啊，不觉来到一条河边。岸上垂柳成荫，一位老翁坐在柳荫下，手持一根钓竿，正在垂钓，他神情怡然，自得其乐。

烦恼少年走上前去询问：“请问老翁，您能赐我解脱烦恼之法吗？”

老翁看了一眼面前忧郁的少年，慢声慢气地说：“来吧，孩子，跟我一起钓鱼，保管你没有烦恼。”

烦恼少年试了试，还是不灵。

于是，他又继续寻找。不久，他路遇一位在路边石板上独自下棋的老翁。烦恼少年上前请教解脱之法。

“噢，可怜的孩子，你继续向前走吧，前面有一座庙，庙里有一位高僧，他一定会教给你解脱之法的。”老人一边说，一边独自下着棋。

烦恼少年谢过下棋老者，继续向前走。

到了前面的庙里，果然见一位老僧独坐其中。

烦恼少年深深鞠了一个躬，向老僧说明来意。

老僧微笑着捻捻念珠，问道：“这么说你是来寻求解脱的？”

“对对对！恳请师父不吝赐教，指点迷津。”烦恼少年说。

老僧笑着说道：“请回答我的提问。”

“师父请讲。”

“有谁捆住你了吗？”老僧问。

“……没有。”烦恼少年先是愕然，而后回答。

“既然没有人捆住你，又谈何解脱呢？”老僧说完，闭上了眼睛，不再说话。

烦恼少年先是一愣，继而顿悟：噢！是呀，又没有任何人捆绑我，我又何须寻求解脱？原来，我心中的烦恼是自找的，我是自己捆住了自己呀！

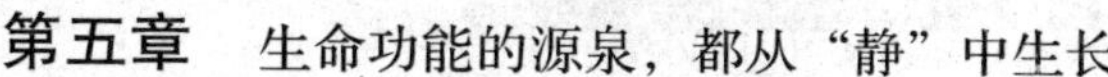

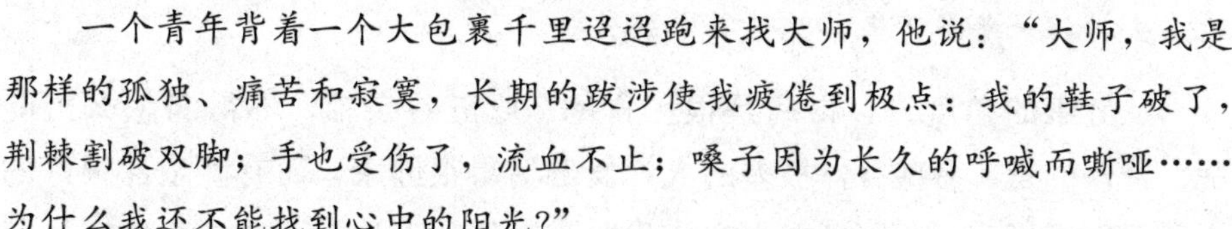

一个青年背着一个大包裹千里迢迢跑来找大师，他说：“大师，我是那样的孤独、痛苦和寂寞，长期的跋涉使我疲倦到极点：我的鞋子破了，荆棘割破双脚；手也受伤了，流血不止；嗓子因为长久的呼喊而嘶哑……为什么我还不能找到心中的阳光?”

大师问：“你的大包裹里装的是什么?”青年说：“它对我可重要了。里面是我每一次跌倒时的痛苦，每一次受伤后的哭泣，每一次孤寂时的烦恼……靠了它，我才有勇气走到您这里来。”

于是，大师带青年来到河边，他们坐船过了河。上岸后，大师说：“你扛着船赶路吧”青年很惊讶：“它那么沉，我扛得动吗?”“是的，你扛不动它。”大师微微一笑，说：“过河时，船是有用的。但过了河，我们就要放下船赶路。否则，它会变成我们的包袱。痛苦、孤独、寂寞、灾难、眼泪，这些对人生都是有用的，它使生命得到升华，但须臾不忘，就成了人生的包袱。放下它吧！生命不能太负重。”青年放下包袱，继续赶路，他发觉自己的步子轻松而愉悦，比以前快得多。

现实生活中也是如此，放下没有必要的东西，简化自己身边的事物，减少心中的贪欲，我们就会过得轻松一些、愉快一些。

“放下!”听来容易做来难。

我们肩上的重担、心上的压力，岂止是手上的花瓶?

我们求功名，对功名放不下；求金钱，对金钱放不下；求爱情，对爱情放不下；求事业，对事业放不下。

求而不放，本应美好的东西反而变成我们的桎梏，把我们捆绑得喘不过气来。必要的时候，“放下”，不失为一条幸福解脱之道！南怀瑾说：我们在说放下的本身，就包含我们正在提着捏着一些东西不放。其实，只有我们放下时，我们才能真正把握。根本没有提起什么，就不能放下什么东西了。

有一位朋友的母亲得了病，老太太总唠叨着“完了”的话，结果身体越来越差，原来不太重的病，反而越来越厉害。相反，另一位朋友的母亲已然做了癌症切除手术，老太太想得开：反正都活了快80岁了，死了也值了，管它呢？越是这样想，老太太越精神振奋，每天照样拄着拐杖到处去玩、去转，一年多下来，病情并未恶化。

从健康的角度讲，得病是很正常的。吃五谷杂粮，不得病怎么可能呢？奇怪的是，有些身体极差的人，反倒活得很健康，而有些条件很好的人，反倒得了病。原因何在呢？依我看，就是凡事放不下的人，最容易染病，而凡事放得下的人也最心宽体胖。难道不是吗？

在现实生活中，“放不下”的事情实在太多了。

奥运会上，有许多运动员患得患失放不下，本来挺有能力夺冠，结果反倒丧失了机遇。而有些人一切都放得下，原本没有能力夺冠，反倒发挥超常，一举夺冠。

生活中，有些人总想什么都得到，凡事都非常放不下，结果越是放不下，越得不到。而有些人凡事都随遇而安，不但可以绝处逢生，而且能够抓住机遇，获得意想不到的成就。

如何放下呢？

第一，行在无心之间。普通人的特点是多心，遇到什么事都要设想多种可能。这一想，就再也放不下了。如果该做就去做，做了就不想，心里就不会有那么多包袱了。

有一个关于一休禅师的故事。有一天，一休禅师带着两位徒弟下山，去拜访一位修行者。山下有一条小溪，因春雨涨水，须涉水而过。溪边站着一位姑娘，想过去又怕湿了衣裳。于是，一休就把姑娘背了过去。

此后，两位徒弟开始疏远师父。时间久了，被一休看出来了，就问他们为什么。

大徒弟说：“你不守戒律，背了一个姑娘过河。”

二徒弟说：“你说的一套，做的又是一套。”

一休禅师拍额惊叹说：“好可怜呀！我只不过把那女子从河的这一边背到对岸，你们却在心中背负了好几个月，你们真是太辛苦啦！”

在这个故事中，一休禅师是无心做事，一尘不染。两个徒弟却太多心了。孔子说：“君子坦荡荡，小人长戚戚。”因为君子没有那么多想法，所以坦荡超然，无挂无碍；小人的想法太多了，无形中在心里制造了不少思想垃圾，堆在心里面，岂不太累了吗？

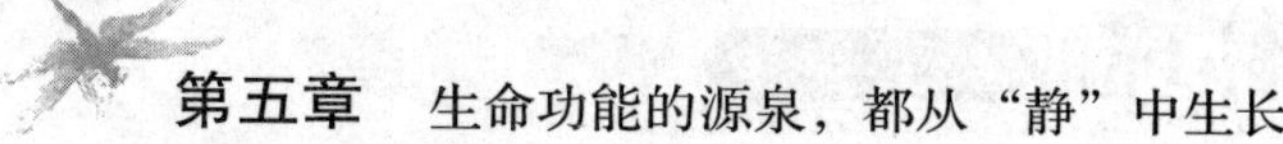

第二，苦乐自知，不与他人比较。有些人总是在追逐别人认为好的东西：别人一身名牌，我也不能天天“休闲”；别人染了头发，我也要赶紧改掉黄种人的老形象；别人出入豪华场所，我勒紧裤带也要跟着上；别人买了私车，我砸锅卖铁借高利贷也得补上这个缺憾；别人利欲熏心捞黑钱，我不干几件坏事就冤得慌……难道他觉得穿名牌衣服比穿普通衣服舒服吗？难道他真的觉得贷款买车很幸福吗？未必。因为别人这样做，所以他也要这样做。

有智慧的人，总是追求自己的快乐，而不是攀比别人。

有一天，一个人来到佛前，问道：“梵行圣者，你们居住在简陋的茅屋里，每天仅仅吃一顿饭，为什么还这样快乐？”

佛陀回答：“不悲过去，非贪未来，心系当下，由此安详。”

这就是智者的境界，非但不攀比别人，连自己的过去未来也一概放下，只“心系当下”，岂会不感到快乐呢？

第三，放下痴心妄想。一个人急于达成某个目标时，便一心扑在上面，魂牵梦绕，再也抛不开。可越是这样，达成目标的时间越是遥遥无期。这好比乘车赶路一样，急急忙忙开快车，不理会交通规则，不顾别的车辆，横冲直撞，肯定会遇到各种阻碍，反而到得慢，甚至永远也到不了。不如从容一点，悠闲一点，自然而然地去做，反而更容易到达目的地。

人生之路本来畅通无碍，都是因为妄执，才使平地生起风波。何不放下妄执，追求心灵自由之境呢？

“懂得放下”其实是一种境界、一种修养。没有太多的纷扰和欲望的束缚，就会活得更加简单、更加洒脱、更加自由。

最后想引用一句中国古人的话：“宠辱不惊，看庭前花开花落；去留无意，望天上云卷云舒。”让我们一起来学会“放得下”，以此来增强我们的心理弹性，共享“放得下”的养生福份。

6. 把握今天，活在当下

【南怀瑾语录】

什么是涅槃？不是死后才叫涅槃，本来就是空的，本来就是寂灭的，本来就是没有妄想可以灭的，本来就是清静的。并不是说你修道有成就以后才得到涅槃。什么时候才是成佛涅槃的境界？就是现在，没有过去，也没有未来，永远只有一个现在，而现在也没有。若能把握的一刹那就在寂灭中，现在就是在涅槃境界中，当下即是，不另外求个清净寂灭。想求个清净寂灭，已经不清净寂灭了。

人生如白驹过隙，转眼白头。禅教我们注重当下，立大志，并立即努力、付诸实践。南怀瑾先生语重心长，不无慈悲地教化学生们，同时也是警戒自己珍惜今天、珍惜光阴、珍惜机会。

日本亲鸾上人九岁时，就立下出家的志向。

他听说慈镇禅师精通禅理，就费了好大的劲打听到他的住址，来求见他，诚恳地说道："师父，我要出家，求您为我剃度，收我为徒。"

慈镇禅师慈祥而惊异地问道："你这么小个人儿，为什么要出家呢？"

亲鸾回答道："我虽然今年只有九岁，父母却都早已去世，我因为不知道为什么人一定要死亡，为什么我一定非与父母分离不可，听说学会了禅，就可以解答这些问题，我一定要出家！"

慈镇禅师非常嘉许他的志愿，爽快地说道："很好！小小年纪有这样的慧根，很难得啊！我愿意收你为徒。不过，今天太晚了，待明日一早，我就亲自为你剃度吧！"

亲鸾听后，不以为然地反驳道："师父！既然答应了我，为什么不马上剃度而要拖到明天？明天会出现什么情况谁知道呢？我年幼无知，不能保证自己出家的决心是否可以持续到明天；而且，师父你那么大的年纪，

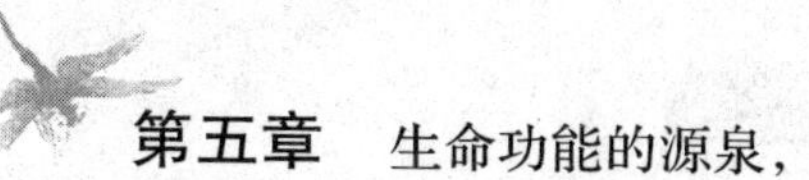

你也不能保证是否明天早晨起床时还活着呀。”

慈镇禅师听了这话以后，不但不生气，反而拍手叫好，满心欢喜地说道：“说得太好了！真让我老头子大开眼界！你说的话完全没错。现在，我马上就为你剃度吧！”

于是慈镇禅师真的马上为亲鸾剃度，正式收他为徒。

立志宜早不宜迟，重在行动。故事里九岁的孩子都能够清楚地知道自己想要什么，希望达到什么目的，并且立即着手去做。而我们现代人却被外物迷惑，迟迟找不到自己的方向，不知道自己的愿望、理想到底是什么，随波逐流，没有目标，就那么浑浑噩噩地活着，这是多么可悲的人生！

有的人也许也从小就有远大的志向，有许多美好的梦想，可是只是停留在心里面、口头上，迟迟不去实行，这样的志向有和没有又有什么区别呢？!

永恒与刹那都应坦然面对，关键是要善于体验当下的生命情趣。有人见寿山禅师童颜鹤发、精神矍铄，于是问道：“禅师您多大年纪了？”

寿山禅师回答道：“与虚空一样的年纪。”

那个人追问道：“那么虚空多大年纪？”

寿山禅师微笑着答道：“与寿山一样的年纪。”

还有一次，寿山禅师又碰到别人问他同样的问题：“禅师多大年纪啦？”

寿山禅师安详地回答道：“秋来黄叶落，春到便开花。”

马祖道一禅师病重时，寺院里的住持来请安，问他身体怎样。

马祖微笑着回答说：“日面佛，月面佛。”日面佛寿长一千八百岁，月面佛寿仅一日夜，马祖禅师为什么要把二者混为一谈呢？

传统佛教认为宇宙在时间上是无限的，有消有长又无始无终。世界消长一周期中经历“成、住、坏、空”四期。坏劫来到时，大火灾起，世界付之一炬。

而在禅宗看来，时空是紧密相连的，一切时间的量度，其实是空间的量度。时间的流转其实体现在事物的变化上，比如我们看见花开，便知道春天来了；看见落叶便知道入秋。时间充分融入现在、当下的一切事物，小我融入“大我”，融入宇宙生命本身，个体生命和宇宙生命成为一体，于是对时间、死亡的焦虑就得到了克服。

佛光禅师门下的弟子大智出外参学，二十年满载而归，归来后的第一件事情就是去看望老师。他高兴地在法堂里向佛光禅师述说此次在外参学的种种见闻，佛光禅师总以慰勉的笑容倾听着，最后大智问道：“老师！这二十年来，您老一个人还好？”

佛光禅师道：“很好！很好！讲学、说法、著作、写经，每天在法海里泛游，世上没有比这种更欣悦的生活，每天我忙得好快乐。”

大智关心地说：“老师！应该多一些时间休息！”

夜深了，佛光禅师对大智说道：“你休息吧！有话我们以后慢慢谈。”

清晨在睡梦中，大智隐隐中就听到佛光禅师禅房传出阵阵诵经的木鱼声，白天佛光禅师总不厌其烦地对一批批来礼佛的信众开示，讲说佛法，一回禅堂不是批阅学僧心得报告，便是拟定信徒的教材，每天总有忙不完的事。

好不容易看到佛光禅师与信徒谈话告一段落，大智争取这一空档，抢着问佛光禅师道：“老师！分别这二十年来，您每天的生活仍然这么忙着，怎么都不觉得您老了呢？”

佛光禅师道：“我没有时间觉得老呀！”

“没有时间老”，这句话后来一直在大智的耳边响着。瞬间即永恒，三生即刹那，对于悟者来说，当下的每一时刻即是永恒，即是过去、未来、现在，必须珍惜、把握。这就是禅宗的时间观，所以禅师们能够坦然面对时光流逝和生老病死。在他们那里，永恒与刹那打成一片，关键是要善于体验当下的生命情趣。

也许你会问：把握“今天”是没错，可是“今天”本身又是昨日的“明天”，是明日的“昨天”，该如何对待它们呢？

(1) 经营今天，跟昨天划清界限

昨天永远是终点，今天永远是起点。把所有的失意留在昨天，从今天开始创造美好的生活。这样，你就会有一个充满希望的未来。到底什么叫做“经营今天”？简单地说，“经营今天”指的就是：你现在正在做的事、呆的地方、周围一起工作和生活的人。

你可能会说：“这有什么难的？我不是一直都活着并与他们为伍吗？”这话是不错，可是你是不是一直活得很匆忙？不论是吃饭、走路、睡觉、娱乐，你总是没什么耐性，急着想赶赴下一个目标？因为，你总觉得还有更伟大的志向正等着去完成，从而不能把多余的时间浪费在“现在”这些事情上面。实际上你并没有真正“活在当下”。所以说，“经营今天”就是要你把关注的焦点集中在你身边的这些人、事、物上面，全心全意认真去接纳、品尝、投入和体验这一切。

（2）用今天的努力弥补昨天的损失

人们经常会因为失误或失败而蒙受重大损失。之后就坐在那里唉声叹气，后悔不迭，“为昨日打翻的牛奶而流泪”。但这并不能帮你找回昨天的损失，反而耽误了今天的时光，让你蒙受双重损失。如果能够从今天开始努力创造，那么昨天的损失也许就变得微不足道了。

（3）用今天的勇气面对明天的新生活

在每个人的一生中，总会有几次这样的经历：不得不放弃以前过惯了的生活，开始全新的生活。比如：童年是无忧无虑的，可是生活不允许我们做一个长不大的孩子，我们不得不离开家庭，去过学生生活。在学校的日子是美好的，又不得不走向社会。家乡的氛围是亲切的，又不得不离开家乡闯荡……凡此种种，都会给我们带来诸多不适应。于是，有许多人就开始预支明天的烦恼，想要早一步解决掉明天的困惑。但是，明天如果有烦恼，你今天是无法解决的。这时候，你不如忍痛割爱，跟过去的生活挥手告别。如果你能够确立新目标，展开新的追求，那么你就能从今天的担忧中走出来。

把握现在，活在当下，是一种全身心投入的生活方式。当你活在当下，而不让过去拖在你的后面，也不让未来拉着你向前时，你全部的能量都会集中在此时此刻，你的生命也将具有一种强大的张力。

7. 知足常乐，笑对人生

【南怀瑾语录】

学佛有四个字，叫“慈、悲、喜、舍”。这个“喜”很难，但是人只要一笑，整个脸上肌肉拉开，脑神经马上松了。所以学笑很有道理，大家都需要。“自以得为功”，自由自在地生活。“形体不敝，精神不散，亦可以百数。”有这样的修养，身体不会衰老，精神不会散失，病不医也自然好了。也不要怕睡不着，睡不着也不管了，一切恬愉、乐观就好了。这样呢，也可以活一百岁。

桌上放着半杯水，悲观的人会抱怨它的不足，乐观的人则会庆幸还有半杯水，因而后者得到了满足。平生修得随缘性，粗茶淡饭也知足。我们发现南怀瑾先生永远是笑容满面，很少见他皱眉头，或者不高兴。甚至，他在处理极麻烦的事情时，仍是安详愉悦的样子，就连骂人的时候，也没有半丝怒容或愁容，只是严肃而已。每逢新年元旦大家团拜的日子，南怀瑾从早到晚，面不改色，总是在微笑中。

有一天，有人来问：“南老师，您为什么永远在微笑，我们为什么学不会?”他回答说：

“如果你学不会笑，只好先学咧嘴!”大家都笑了，以为他在开玩笑。南怀瑾见大家不信，立即又说“是真的啊！你们回去对着镜子咧嘴吧！每天练习，多练习，日久就会了。”

果真，有人就练习对镜咧嘴了，成效到底有多少，也是如人饮水，冷暖自知。不过，后来他们发现，如果没有恬愉乐观的心态，那么展现出来的笑将是相当勉强的。所以，很少有人能学得会了。

见过南怀瑾先生的人，都说他精神矍烁、满面红光，不像一个九十多岁的老人。这当得益于他所谓的“恬愉乐观”的养生之道。

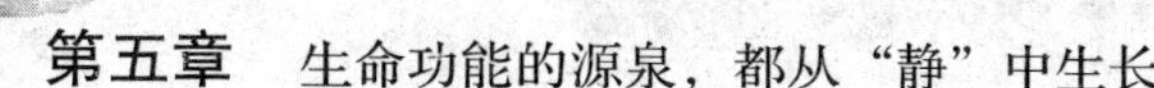

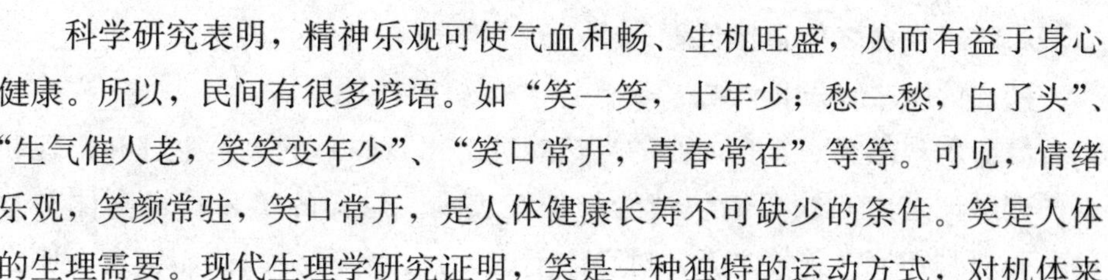

科学研究表明，精神乐观可使气血和畅、生机旺盛，从而有益于身心健康。所以，民间有很多谚语。如“笑一笑，十年少；愁一愁，白了头”、“生气催人老，笑笑变年少”、“笑口常开，青春常在”等等。可见，情绪乐观，笑颜常驻，笑口常开，是人体健康长寿不可缺少的条件。笑是人体的生理需要。现代生理学研究证明，笑是一种独特的运动方式，对机体来说是最好的体操。笑实际上就是肺部、胸腔、腹部、内脏、肌肉等器官作适当的协调运动。

笑并不只是脸部的“体操”，更是内心恬愉乐观的外在体现。或者说，内心的快乐是笑的基础。如果缺乏这种基础，那么笑就变得如无源之水、无本之木一样，没有生命的活力。

(1) 知足常乐是笑的条件

“知足常乐”可以让一个人永远保持愉快的情绪、欢乐的笑容。现实生活中的很多忧愁烦恼，大多来自名利和享受方面的不知足。如果能够在心理上保持平衡和稳定，就能保持笑颜常驻、笑口常开。为此，要学会“比上不足，比下有余”。这样一来，足而生乐，乐而生喜，喜则生情，情则养人。

有一个“知足常乐”的小故事：

每当黄昏时分，有一对卖烧饼的夫妻数着一天的收入，看到比昨天又增加了两块钱，夫妻俩都会开心地大笑，他们感到天地间没有比这个更加美好了；而也正在这个黄昏，另一对腰缠万贯的富翁夫妻仅仅因为所持股票面值下降了30个百分点而饮毒自杀。其实，仅他们留下的不动产折合成钱，也足够他们自己吃上几辈子了。

(2) 生活丰富是笑的源泉

志有所专，方能乐以忘忧。要想使自己保持健康的心理状态，首先要热爱自己的工作，并力求对社会有所贡献。除此之外，还要兴趣广泛多样，才能自寻乐趣。比如琴棋书画，花木鸟鱼，旅游观赏等，都有益于身心。此外，也要广交朋友，乐于与人交流，从而使情绪变得豁达、轻松。总之，要培养丰富多彩的爱好或兴趣，调剂、装饰自己的生活，使生活充满情趣，变得五彩缤纷，进而激发热爱生活的强烈愿望。当欢乐之情溢于言表之时，生命之树自然长青。

（3）健康之笑发自内心

健康乐观的笑是发自内心的自然欢笑。出自内心的笑是生理和心理和谐的交融，是内心欢乐愉快情绪的外在表现。这样的笑才是对身体有益的。而那些狂笑、狞笑之类，对身体不但无益，有时会因此而得病。那么如何获得发自内心的笑呢？不妨听听相声，欣赏一些有意思的哑剧或幽默作品等。这时，所发出的和谐、轻松、舒适的笑，是有益健康的自然之笑。

（4）幽默轻松是笑的关键

幽默是具有智慧、教养和道德优越感的表现。列宁曾说过：“幽默是一种优美的、健康的品质。”幽默，表达了人类征服忧患和困难的能力。它是一种超脱，是对生活居高临下的“轻松”审视。

愁眉苦脸是滋生不出幽默来的，一个浑身洋溢着幽默感的人，必定是一个乐天派。幽默的直接效果是产生笑意，令人如沐春风、神清气爽、气恼全消。其潜移默化之效是愉悦心灵、延年益寿。因此，每个人都应培养自己的幽默感。在生活中，难免遇到各种困难和矛盾，如果能幽默待之，则不但会使矛盾化解，还能增添无穷妙趣。当你生活在幽默风趣的气氛中，脸上自然会显现出健康轻松的微笑。

俗话说：“笑一笑，百年少。”南怀瑾先生也说，恬愉乐观可百岁。如果你还在为如何养生而迷惑，如果你面对一大堆补药无从选择，那么不妨发自内心地笑一笑。因为“笑以养生”，笑就是最好的补药。

不论你现在从事什么工作，在什么地方，也不论你目前遇到了多么严重的困境，甚至你的人生遭遇了前所未有的打击，那么用你的微笑去面对它们、面对一切，一切困难及会在你的微笑前低头。微笑，永远是我们生活中的阳光雨露。

8. 以心养神，以性率情

【南怀瑾语录】

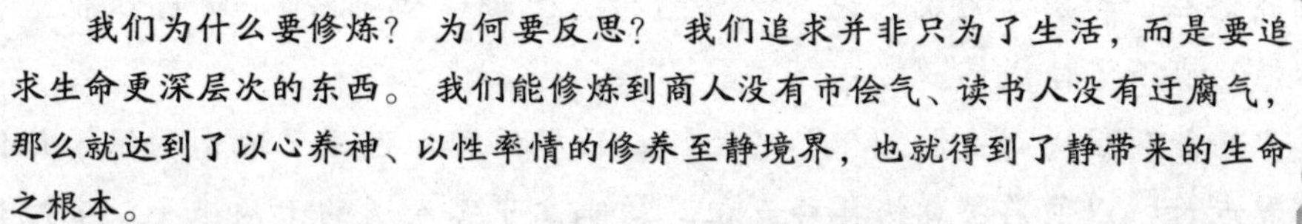

我们为什么要修炼？为何要反思？我们追求并非只为了生活，而是要追求生命更深层次的东西。我们能修炼到商人没有市侩气、读书人没有迂腐气，那么就达到了以心养神、以性率情的修养至静境界，也就得到了静带来的生命之根本。

南怀瑾告诉我们，“性”是我们自心的本体，也叫“本性”或者“心性”，但不管是本性或心性，都是指心的本体而言的。而心之本体就是清净，无思无为，脱离一切言语文字，只有以心观世才能得到领悟。

一个在山林里迷路的年轻人，遇到一位僧人，他问：“师父，您是否能告诉我这条路通往何处?”

僧人听后不假思索地回答说：“年轻人，如果你按着正确的方向走，那这条路就可以通往世界上你想去的任何地方。”

对于人生这条路来说，不管你现在站在哪里，要往哪里去，关键就是你要看清楚自己所走的路，不要被种种表象所迷惑。《坛经》中有这样的话：“性之相貌究为何者？我天然本有者曰性（天命之谓性)，随性而起之心，合乎自然者曰道（率性之谓道)，道亡而教以复其本曰修（修道之谓教)。”意思就是告诉我们要放下种种表象的东西，用本性、用真心去看世界、看问题。

《坛经》中有这样的一段记载：

慧能大师小时候父亲早逝，他随母亲移居南海，但他们的生活非常艰苦，慧能只好以砍柴、卖柴为生。有一天，一个买柴的客人要慧能把柴送到客店。慧能把柴送到客店，拿到钱后正要出门，忽然看见有位客官在读经，读到‘应无所住，而生其心’，心中豁然开悟。于是就问那位客人：“您读的是什么经？”

那位客人回答说：“是《金刚经》。”

慧能听后接着问：“您从哪里来，是怎么得到这本经的？”

那位客人回答说：“我从蕲州（湖北省）黄梅县东禅寺来，那是禅宗五祖弘忍大师住持教化的道场，有一千多个参学的人，我是在那个寺院里拜祖师，听受此经的。”然后那位客人还告诉慧能：“五祖弘忍大师经常告诉我们在家和出家的众人说，只要受持、念诵《金刚经》，就自然能见自本性，直下了悟成佛。”

慧能听后决心去访五祖弘忍大师，而那位客人也送了他十两银子让他安置老母，以便前去黄梅礼拜五祖。慧能拿了客人送的十两银子，安顿好老母后，没用一个月的时间就赶到湖北黄梅县东禅寺。

慧能见到五祖，五祖问他说：“你是哪里人，到我这里想求什么？”

慧能听后回答说：“弟子是岭南新州平民，远道而来只求做佛，不求其他。”

五祖听后反问说：“你是岭南人，又是猫獠，怎么做佛啊？”

慧能听后回答说：“佛性无分南北，佛性也不分文明人与野蛮人。”五祖听后知道慧能已悟佛道，怕他受害，于是让他去做一些杂活。

这是六祖慧能大师悟道拜师的过程。他悟道的过程可以说只有八个字，那就是：“应无所住，而生其心”。一个不识字的贫苦人，听到一句经就得以开悟，我们不难看出他的心原本就很清净，而且能放得下、看得开。

既然佛说万生皆有佛性，那为什么我们就不能与佛和大师们一样得到福慧圆满的清净心呢？那是因为我们“有住而生心”，我们的“住”太多，住色生心、住声生心，生妄想心、执著心、贪心、嗔心、无明心，人世间有无数尘劳烦恼，我们总往心里装，那清净的真心自然不能证得。虽然我们不能像慧能一样当下顿悟、开化，但我们却可以要求自己做一个“与人无争，与世无求”、“诸恶莫做，众善奉行”的人！如此一来，我们就会用心看世界，不会迷失在人生的大路上。

自性起念，虽即见闻觉知，不染万境，而常自在！

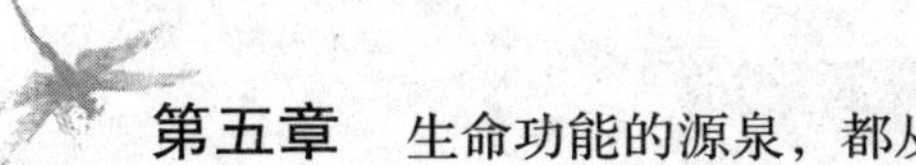

沈从文先生说：人生是一本大书。那么，对于每一个人来说，唯有一次的生命，自然也就是一本不大不小的书了；人生的书属于人类全体，而生命的书则属于自己。

有些人一出生就捧着一本黄金书，所以他眼里的人生就一直是金灿灿的，光明渗透了他周围的角角落落，渗透了他的发丝、皮肤、身体的每一处。而有的人生下来时，却承继了一本残损、支离破碎的草纸书，他眼里的人生也就比较艰辛，书里的文字是生涩而疼痛的，常常每看一眼就会泪流不止。

命运就是这样，把人有所分属，以质地不同但内容相似的金书和草纸书将各个不同的生命以及他的处境和行动的轨迹记录在他自己所拥有的这本书里。没有人能够逃避这部书的追踪，就仿佛是无法躲开晚上要闭眼睡觉、白天睁眼看世界一样。

但无论是金书还是草纸书，当它终于完成时，捧在手上都是沉甸甸的。翻开来，乍看之下，也都是蔚为壮观，仿佛是一幅多姿多彩的生命地图，每一天、每一个匆忙和悠闲的瞬间，都记得清清楚楚的。无论是轰轰烈烈还是运程不佳，是飞黄腾达过还是穷困潦倒过，全在字里行间显露无遗。包括深情或薄情，高尚或卑鄙，伟大或渺小，富贵或寒碜。

一个在沙漠中旅行的人，在黑夜里骑着骆驼走过干涸的河床时。突然听到有个声音对他说：“停下来吧，停下来吧。”

旅行者停了下来，接着那个声音又说道：“抓一把沙石再走吧。”

于是他抓了一把沙石。

然后那个声音再次响起：“就这样带着它上路吧。”旅行者像受到惊吓地按着那个声音做了。

太阳终于升起来了，旅行者借着太阳的曙光，赫然发现自己手里捧的竟然是灿烂的宝石。一段很长时间的震惊过后，旅行者在高兴之后又闪出一丝丝懊悔。如果当时多抓一些就好了，唉，一路上也不知道掉了多少宝贝啊。我是否还有幸再次回到那个河床呢？

南怀瑾先生指出：其实每个人都是旅行者，我们手上拿的是沙石还是珠宝，真的那么重要吗？与无穷的时间相比，沙漠里的沙石和珠宝又有什么差别？一个人，不管你拥有多少物质，世俗成就有多大，衰老、疾病和死亡的痛苦永远在紧逼着你。

所谓一花一世界、一叶一菩提，每盏灯下都有一个故事，每一朵花前都是一种心情。对于生活，沙石和珠宝能给予我们的欣喜又有什么差别？这时我们最关心的不是沙石和珠宝，而是哪里是绿洲，哪里是彼岸！

古往今来，许多智者以出世的思想做人世的人，身在红尘却不为俗事所扰。其实通往自在净土的方法很简单，不管你阅世再深，只要你能用心看破万物的本质，放下那颗执于物的心，不被世事牵动，保持一种不染万境而常得自在的心就可以了。

9. 静坐修道，长生不老

【南怀瑾语录】 

静修以七天为期是有道理的。阳气回笼那一刻，把握住了，便是长生不老之药。平常人年纪大了弯腰驼背，都是背上、腰脊间软骨突出来了，因为它气虚了，一节一节脱开。你看机器的钢钉、螺丝、环扣等零件用久了，就松了，一节一节脱开，我们的身体状况，亦同此理。

老子说：万物芸芸，各归其根。归根曰静，静曰复命。纷繁万物回归根本就是静，只有静才能回归生命。

“世界上人类拼命消耗能源和资源，拼命追求享受，等于在加快消耗生命。所以，保持健康长寿，甚至思想健康长寿，必须要学会静。”

求“静“，那是养生与修道的必然方法，也可以说是基本的方法。在养生（包括要求健康长寿——长生不老）方面来说：一切生命功能的泉源，都从“静”中生长，那是自然的功用。

在自然界中，任何动物、植物、矿物的成长，都从“静”中充沛它生命的功能。尤其是植物——一朵花、一粒谷子、麦子等等的种子，都在静态中成长，在动态中凋谢。人的生命，经常与活动对等的便是休息。睡眠，是人需要休息的一种惯性姿态，人生往复不绝的生命动能也都靠充分的休息而得到日新又新的生机。

就精神状态而言，静是培养接近于先天“智慧”的温床。人类的知识，都从后天生命的本能、利用聪明和动脑筋而来。“智慧”是从“静”中的灵光一现而得。所以佛家戒、定、慧的三学，也是以静虑——“禅定”为中心，然后达到“般若”智慧的成就。

南怀瑾写过一本书，叫《静坐修道和长生不老》，在台湾和大陆都很受欢迎。在我国传统文化中，讲养生之道，采用的方法最重要、最普遍的是静坐。可以说，儒、释、道三家都采用这个方法。静坐的姿势相传有九十六种之多，包括几种卧睡的姿势。佛门禅宗大多采用七支坐法，又称跏趺坐，俗称盘足坐法。宋朝以后的儒家也主张静坐，他们采取的静坐姿势就是平常所讲的正襟危坐，或端容正坐。至于道家，有时采用佛家的七支坐法或卧姿，有时又穿插许多不同的形态。

南怀瑾自己多年来坚持打坐。在香港，他的事情那么多，但他每天上午都用来打坐，在自己的房间里，三四个小时什么事情也不做，不会客，不接电话，天天如此；此外，有时候接连几天事情很多很忙，南怀瑾觉得累了，也会随时打坐半个小时，等于一般人的午睡休息。这样，几十年坚持下来，南怀瑾才有现在这种体魄。

他的学生里面，有相当多的人是从静坐修道开始的，从跟南怀瑾学打坐开始慢慢走上学佛学禅路的。有些人本来百病缠身，体质非常虚弱，从南怀瑾那里学了打坐，持之以恒，身体好多了，甚至有些久治不愈的病，也不治而愈了。

不要把盘腿打坐当作修定，修定姿势是无限制的，坐、站、睡、行、食皆可定，无处无时而不定。不过我们初步不能做到止，因此必须要打坐。打坐一共有几十种姿势，不过对生理、心理最有利的就是盘起腿来打坐。

我们如何打座呢？三个步骤：

第一，照静坐的姿势，把身体坐好。

第二，训练自己把自己的意识、所有的思想习惯都排除了，排除得一干二净。（这句话讲起来很简单，做起来很难。）排除了也好，排除不了也好。

第三，意识构想一个东西，当然最好是想佛像，想光明点，想象一个东西摆在前面或者上头，永远不动。

比如你观想一个球在前面，忘记了身体，意识上只有这一缘。假如想到这个佛象时，哎呀！佛对我笑了，或者佛摸我的头了，那是第二个念头了。你只要想一个佛，或者观想一个日轮，或观想一个星光，只有这一缘，一念万年，万年一念，这才叫作得止，得定。没有经过这样的修持，你佛法讲得如同释迦牟尼佛一样，也是没有用的。抵不住生死，也脱不了轮回，不能超凡入圣。

南怀瑾先生身体力行，以静坐来修身养性，皆因深明中国传统养生之道。从古至今，中国的佛家、道家、儒家，以及医家、武术家无不推崇静坐养生。在国外，欧美的基督教、天主教和中亚伊斯兰教的祈祷、斋期、避静，以及近年风行欧美的催眠术、印度的古瑜伽术等，在某些方面也利用静坐来颐养身心。可见，通过修习静坐而强身健体、祛病延年，已成为各国民众的共识。在紧张忙碌的现代社会里，人们备感生活压力。这种养生方式吸引着许多人身体力行，希望能够净化身心、减轻心理压力和强健体魄。

既然求“静”可以养生，那么就没必要拘于“打坐”这一方式。南怀瑾先生自己学佛又学道，打坐是他必须的功课，我们普通人则不必强求。因为相传静坐的方法有九十六种之多，而且打坐看上去很简单，实际上并不容易。如果不经历前期相当长一段时间的腰酸背痛，恐怕轻易学不好。在此，我们不妨变通一下，只取静坐求“静”的实质，而不拘于其“打坐”的形式，完全可以采用其他方式，比如通过“冥想”来达到“静以养生”的目的。

冥想是一种古老的修炼方法。科学研究发现，“沉思冥想”不但有助于修炼，它还能大大降低高血压患者患心血管疾病的概率。所以，人们应该将“沉思冥想”视为一种简单有效的健身方法。

可见，静坐冥想才是放松与调理内心的最好方法。我们生活在变化迅速、繁杂纷纭的世界里，太需要留一些时间给自己了。而冥想能培养一种满足和平静的情绪状态。它促使人的精神放松、脑电波平静，并且能调节血压。它还能启动副交感神经系统，从而平息体内的躁动情绪，清除肌肉中不必要的张力，帮助调节呼吸频率。如果每天练习五分钟到一个多小时冥想，对应付生命中当前的挑战或压力很有帮助。

在精神方面，注意力集中和大脑活动平静就能把你带入真正的冥想状态，这时你抛弃了所有的感觉，也不会被任何东西打扰。冥想的最终目的是天人合一的最高精神状态，而你将达到洞悉世事或自觉地感悟到自我的本质。

《菜根谭》中说：“夜深人静独坐观心，始觉妄穷而真独露，每于此中得大机趣；既觉真现妄难逃，又于此中得大惭忸。”意思是说：夜深人静的时候，静坐下来，深深地体验自己的内心，慢慢体验到妄想没有了，而真如的状态体现了出来。这是一种无法言状的美妙感受。然而再进一步体验时，却发现这种真如的体现只是暂时的，妄念还是无法彻底消除，心中顿生惭愧之心。

佛家的修行法门，都是从切身经验中得来，与现代生理科学、心理科学也颇多契合。即使不学佛，习练一下，对调节身心也有好处。但不要起贪心，指望凭这些法门成佛成仙、长生不老、百病不侵、添福添财。那是做梦。这些法门是为了消灭贪心的，如果修习者反而把贪心往上加，就如同一面灭火一面浇油，岂不颠倒？

无论是打坐还是冥想，都强调一个“静”字。这是静以养生的内涵及核心，如果做到了这一点，则不管你采用何种方式，都可以达到修身养性的目的了。

第六章

大慈大悲，大仁大爱

——南怀瑾博爱智慧

南怀瑾先生认为，要有一颗兼善天下、包容万物的慈悲之心，要以一颗慈悲心对待一切众生。他说："佛要教化一切众生。慈爱一切众生，对好的要慈悲，对坏的更要慈悲。好人要度，要教化，坏人更要教化。天堂的人要度，地狱里的更可怜，更要度。这是佛法的精神，所以说要度一切众生。"

1. 大慈大悲，才是菩萨

【南怀瑾语录】

> 一个人如果觉悟了、悟道了，对一切功名富贵看不上，而万事不管，脚底下抹油溜了，这种人叫做罗汉。但是菩萨境界则不然，觉悟了，解脱了世间一切的痛苦，自己升华了，但是看到世上林林总总的众生还在苦难中，就要再回到世间广度一切众生。这种牺牲自我、利益一切众生的行为，就是所谓有情，是大乘菩萨道。

菩萨，南怀瑾的解释就是“觉悟有情”。也就是说，自己觉悟了，又发善心度人。他说：“自立立他，自觉觉他，牺牲自我，普济众生，这才是大乘菩萨永不退失的行愿。经云：‘自未得度，先度他人，菩萨发心。’”菩萨已经悟透了“五蕴皆空”，因为“有情”尚未到一切皆空的境界，只是接近佛境，还没有成佛，但他们却发愿将众生超度到更高层次，也就是让众生成佛。

菩萨自己还未成佛，却想让众生成佛，这是什么境界？

修佛有成者，有三种很高的境界：罗汉、菩萨、佛。

罗汉是“无情”的，正如南大师所说：他们觉悟了，就“脚底抹油溜了”，去享受他们的“极乐”去了，不再理会我们这些尚在红尘中挣扎的人。

佛在有情无情之间，对芸芸众生，在管与不管、度与不度之间。他只是用一片佛光引导我们自度，不肯亲手帮忙。好比一个父亲看见孩子摔在地上，不扶他也是爱他、帮他。

只有菩萨是“有情”的，她有时会亲手度人，我们能从菩萨那里看到实惠，自然就感觉亲切些。这种心情，如同孩子感觉母亲比父亲更亲。但是，菩萨毕竟不是世人的母亲，她的“有情”不是“人情”，是“大情”。

人、鬼、畜生她都要管。她的“有情”不是爱憎之情，而是慈悲之心。她无爱亦无憎，自己觉悟了，却悲悯后进者被贪、嗔、痴的枷锁所系，想做一些事，帮助众生挣脱枷锁，同臻极乐之境。

在这个世界上，佛、菩萨、罗汉是否真的存在？你可能要说，不要迷信了，要有唯物主义的观点才行。

但是，南怀瑾说：活佛、活菩萨、活罗汉是确确实实存在的。或者说，有佛心、有菩萨心、有罗汉心的人世上很多。活佛境界太高，虽然他们存在，我们也看不见——站在平原上的人，哪看得见珠穆朗玛峰顶上那个人呢？而罗汉、菩萨则较易看见。比如：陶渊明不就是一尊活罗汉吗？他自己觉悟了，就跑到深山老林，“采菊东篱下，悠然见南山”。

世人做事也要有几分菩萨心肠才好。一位财大势大的董事长，他原本拥有好多个矿山，家产富足。但是却恃富而骄，贪迷五欲，财大气粗，对人苛薄无情，对朋友无义，更不知体恤工人。天有不测风云——后来，矿区频频出事，他也发生车祸撞断了腿。他为了医治腿，找遍名医，但皆无效。医到后来，矿山、房子都卖光了，事业也一败涂地。以前认识他的人却说：“这是报应！?”可见，平时为富不仁，落难时也难得他人同情。

还有一个平时爱花钱的老板曾说：“佛教讲广结善缘，我也结了很多缘啊！你想想，我一天到晚请客，那一桌桌的酒席，光一桌就一万多元。我不是很慷慨吗？而且每次给小姐的小费每人都一千元以上。很多人说我不慷慨，到底我哪里不慷慨？”他是非常慷慨。可是他不知道一桌的酒席费用，可让暗角的众生维持很久的生活费用；在他豪掷纵乐时，有许多破茅屋中淋雨受寒的老弱贫病、孤儿寡妇还等待救助！他更不知道一桌数万元酒席的钱在医院中也许可以救回一条人命。他只是天天过着纸醉金迷的生活，这便是顺于生死的众生。

谁才是真正的“菩萨”？是那些怀有一颗善心去做一件件小事的人。比如那些勤奋敬业的老师，他们自己对世界的理解非常有限，却愿意用自己的肩膀将学生们送到更高的境界。这不正是“自未得度，先度他人”吗？比如那些奔波于各地的社会志愿者们，自己尚且工作难保，却愿意拿出有限的能力去帮助他人。比如那个乞丐，到处要饭，却愿意把自己讨来的钱捐给希望小学。——这才是真正的“活菩萨”。有善心的人佛家称菩萨，道家称圣人，儒家称仁人，现在称为大公无私。

南怀瑾先生说：中国文化讲大公无私，无我相、无人相、无众生相、无寿者相，救尽天下苍生，心中不留一念，这样才是大公无私，才是菩萨。否则，佛说即非菩萨。

大慈大悲、大公无私在中国自古有之，自古讲求。但真正做到的人实在太少，因为身处俗事，人人多少都有私心。而有些伪善之人有所企图的行善，是不会得到别人的承认的，被揭穿后还会显得吃力不讨好。

公元 527 年，梁武帝大通年间，菩提达摩坐船来到中国，9 月 21 日从广州上岸。梁武帝得知，急忙派遣使者把他迎接到首都南京。

一见面，梁武帝就迫不及待地问：“我自即位以来，大兴佛事，造寺庙、译佛经、刻佛像，供养的僧侣不计其数，可以给我算多少功德呢?”

达摩坦然答曰：“并无功德。”

梁武帝大惑不解：“做这么多事情，还一点儿功德也没有？为什么?”

达摩祖师答道：“你所做的都是世俗的小果报，谈不上真功德。真功德是最圆融的智慧、最纯净的心灵，它存在于你的内心。你怎么能用世俗的方法企图从外面得到它呢?”

达摩见梁武帝还是不能参悟禅机，便渡江到北魏去了。后来，梁武帝想派人去追，为时已晚。

据说，在释迦牟尼佛成就佛果之前，世界上就已经成就过好几尊如来了，而距离我们时间最近的七尊如来（包括释迦佛），我们习惯称他们为“过去七佛”。就在过去久远的第七尊佛——毗婆尸佛——涅槃之后，四众弟子将他的舍利子以七宝塔恭敬之礼供了起来，整座宝塔里里外外非常庄严。

后来，宝塔里毗婆尸佛的佛像金身脸部脱落，缺了一小块，此时有一位贫女沿途行乞，得到了一颗金珠，心里非常高兴，就想要发心将佛像的脸部补好。而迦叶尊者这时候的前身是个锻金师，于是贫女便将金珠带过去，想要请迦叶尊者的前身为佛像金身修补。

迦叶尊者的前身在听到贫女的这种发心之后，欣然答应要将佛像补好。在恭敬地将佛像金身修补好后，二人更共同发愿说：“愿我俩生生世世都能结为夫妻，而且全身真金色，恒受无上殊胜的妙乐！”

就是由于这样的因缘，他们二人在往后九十一劫当中，都在人中、天上受生，快乐无比，而且每一世身上还真的都散发出真金色的光芒来，一直到释迦牟尼佛住世的时候，都还是这样子，并于这一世彻悟成就。

为什么同样是布施作佛事，梁武帝花费巨大地去做，反而被达摩祖评为“无功德”，而迦叶尊者与贫女只是用一小颗金珠去做，却能得到这么大的果报呢？

关键在于敬佛的“诚心”上。

梁武帝虽然做了很多佛事，但却经常计较、在意自己所做的功德多少。就是因为着于这样的一个“功德相”，而着相布施与着相修行，因此都不是真功德与真修行。而迦叶尊者夫妻俩却是基于一片真心，想要把破损的佛像补好，是真心、恭敬地在做布施，因此“舍一得万报”，有很大的功德！

佛家布施如此，平凡生活中我们做好事也是如此，企业从事公益事业更是如此。如果是真心帮助别人，不管是给予别人的一杯水、一个微笑，还是举手之间的搀扶，都是为善。相反，若是为了虚名，为了博得社会、他人、世俗的赞扬，即使是大笔捐献，也只是作秀，只会令人厌恶。

佛陀曾说：众生看到别人布施做功德，为了名声、为了面子，就是倾家荡产也要花大钱来布施，但是当他看到一些贫穷孤苦的人，却对他们百般刁难与呵骂，还把人家赶走，连一分钱都不给他们。这种做法，叫做“颠倒作善”、“痴狂修福”，是“不正修福”。这样的人是非常可怜的，因为他们花费了大笔钱财，却获福甚少。

如果有人愿以无量之身供养十方佛菩萨及声闻圣众，不如布施畜生一口之食，后者的功德比前者大了百千万倍以上，无量无边。

佛法讲求的大慈大悲、大公无私引申到现实生活中有这么一段故事：

宝寿禅师在五祖寺库房担任司库时，住持和尚戒公禅师因病服药，需用生姜作为药引。侍者来到库房取生姜，被宝寿禅师呵斥而去。戒公禅师知道以后，就让侍者拿钱去买些生姜，宝寿禅师这才把生姜给他。

后来洞山寺院缺人住持，郡守来信托戒公禅师介绍住持，戒公禅师便说："那个卖生姜的汉子可以去得。"宝寿禅师便去做了洞山寺的住持。后来，禅门中就流传着"宝寿生姜辣万年"的佳话。

宝寿禅师爱护禅门公物，不拿公物增进私人感情；住持戒公禅师不以私利作好恶取舍，力推宝寿。一个公事公办不徇私，一个维护贤能重公德，千载而下，其人其情仍然熠熠生辉！

有一位哲人问他的学生："对一个人来说，最需要拥有的是什么？"学生们给出很多答案，哲人都摇头否定，但有一位学生的答案令他露出了笑容，那位同学答道："一颗善心！"哲学家说："在这'善心'两字中，包括了别人所说的一切东西。"

为人处世，要完全做到"自未得度、先度他人"的菩萨境界，极难极难。但是，存几分菩萨心肠，对他人、对这个世界有所奉献，自可感染他人、感化他人。它是人类温情的源泉，它使我们周围的生存环境得到真正的改善。这不正是"自觉觉他、自利利他"吗？"菩萨心"能净化心灵，使世界变得澄清。

2. 承受苦难，普度众生

【南怀瑾语录】 

佛要教化一切众生。慈爱一切众生，对好的要慈悲，对坏的更要慈悲。好人要度、要教化，坏人更要教化。天堂的人要度，地狱里的更可怜、更要度。这是佛法的精神，所以说要度一切众生。

佛陀曾说："我不入地狱谁入地狱？"南怀瑾解释这句话的意思是说，佛倡导教化一切众生，虽然地狱险恶，但是若无人愿下地狱，那么地狱中最应教化的众生谁人来度呢？这个重任，就交给佛自己吧！历史上著名的高僧们都谨记佛祖教诲，无一不是如此。盘硅禅师就是其中一个。

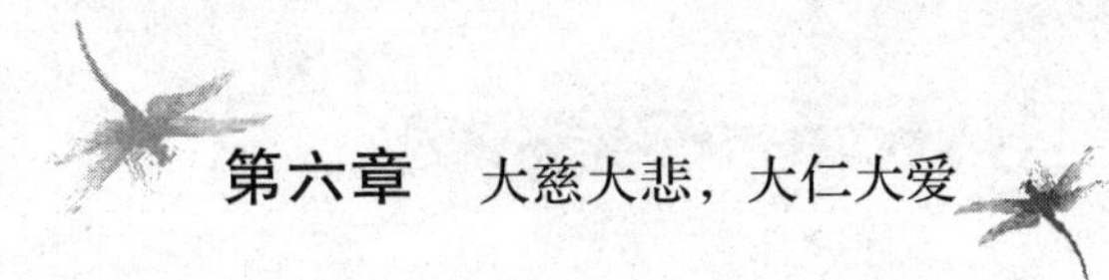

盘硅禅师是日本圆觉寺一位桃李遍天下的高僧。当他闭关参禅时，他的弟子纷纷从日本各地赶来参加仪式。

一次集会时，不少弟子的财物接连被盗，最后他们终于发现了混在他们之中的窃贼，坚决要求禅师把他逐出师门，否则他们便全体离开。

盘硅禅师知道此事后，召集弟子们在座前训导，他慈悲地说道："你们入禅修道，都是有智慧的人，能分清善恶、对错。所以，如果你们愿意，可以到任何别的地方去参学。然而，这位可怜的弟子甚至连是非也分不清，如果我不教他，谁能教他呢？所以即使你们所有人都离开，我也不能把他赶走。"

盘硅禅师说这些话时，那个做窃贼的弟子感动得泪流满面，他把所有偷来的东西统统物归原主。从此，他成了盘硅禅师最得力的弟子，终于学有所成。

如果随时为别人设想一下，则天下事可化、冲冠之气可消；处处为别人打算一下，则利己之心可除、同情之心可增。

我们人为什么来到这世界上？到这世界上是不是单为吃饭、穿衣、睡觉、享受而来的呢？

这些问题如果不仔细去想，好像很简单，但是若真正地去研究，就不那么简单了。究竟我们来到世界上是什么？责任是什么？

每一个人都应该认真来讨个明白。如果认识不清楚，这一生做人就没有什么意义和价值。所以，我们应该认清楚如何尽责任，如何把我们的任务做好。

首先要学习如何尽人的任务和天职。小孩刚出世时，只会哭，只知道吃，根本不知道他们将来的任务是什么？随着时日一天天成长，父母就送他们到学校去学习做人的责任，以准备将来尽自己的任务。

做人的责任是什么呢？就是应该对全世界有所贡献，有所帮助，要利益世界上所有的人，这是我们每个人做人真正的责任。而不是专为自己吃好的，穿好的，住好的。

如果普天下有一个人没有饭吃，没有衣服穿，那是我对不起这个人，因为我没有尽到自己的爱心和能力来帮助他。做人真正的责任，就是真正利益他人。要有功于世，有利于民，这是我应该负起的责任，不可以推诿。如果人人都存此心，世界一定会和平，没有战争。

我们首先要做人的好模范，不与人争。世界为什么有坏的一面？就是因为人们争权、争利、争名。你要将好事让给他人，把旁人不愿之事接受过来，和所有人都不争。人人都不争，世界和平一定有希望。一般人所贪的，你不贪，你不随世界疯狂的风气跑，而做疾风中的劲烛，烈火中的精金，随缘不变，不变随缘，抱定自己的宗旨，潜移默化，令人人遵守不争、不贪、不求、不自私、不自利、不妄语，那世界一定和平。

从自己修身做起，在内心与自己也不争，那一切狂妄的思想也都不起了，平平静静的，这就是真正的快乐。你自己平静快乐，就能影响旁人都平静快乐。大家和平相处，世界就不会有战争。为什么世界有战争？就因为人在心里争的缘故。人心和平则世界和平，人心不平则世界不和平。

在现实生活中，我们看到过太多的损人利己、甚至损人不利己的事情。能够做舍己助人的人往往被我们视为英雄，而对于佛家来说，舍己度人实在是太平常不过了，是最本职的事。当我们所有人都把英雄当成平常人的时候，我们这个社会就进步了。

佛经中关于佛家子弟焚身、剜肉，以代众生受苦、救赎众生的记载不胜枚举，千百年来之所以这样大肆弘扬这些故事，并不是要误导人们焚身、剜肉，而是为了向世人昭示一种大慈大悲的宏愿和决心，表明一种彻底的牺牲精神——为了解救他人的痛苦，可以毫不犹豫地牺牲自己的一切。

中国历史就是一部伟大的牺牲史，没有成千上万革命烈士的牺牲，就没有中国人民的今天。牺牲精神也贯穿于人类社会发展的全过程，它是共产主义精神、爱国主义精神和革命英雄主义精神的具体体现。不论过去、现在和将来，只要社会进步，我们就需要它、离不开它。

现在我们缺乏的就是这种牺牲精神。有些人为了个人利益和眼前利益，置国家利益和集体利益与不顾，小者损公肥私，大的坑害国家。当国家出现危难时，这些人又能干些什么呢？如果没有牺牲精神，保卫祖国谁去流血送命？恐怕给多少钱也没有用。

从小处着眼，日常生活中也需要点牺牲精神，如果大家都让利天人，宽宏大量，社会就会安定，人民就会进步。

3. 同情弱者，人性本善

【南怀瑾语录】 

做人的道理是应该如此：对于不及我们的人，不必讨厌他，要同情他，能够帮助的就尽量帮助他，即使不能帮助也要包容人，原谅人家一点。如果自己是对的，当然要助人，自己不对就免谈。

同情心是一种美德，它可以反映一个人的素质，可以体现人类善良的本质，对于每个人来讲，都是极为重要的一种情感的体现，生活中处处离不开这种微不足道的关怀。

“天下最高的学问是什么？”南怀瑾答曰：同情弱者，帮助弱者。同情弱者是人的一种天性和本能，一种美丽的本能，人类的和谐共存需要这种本能。因为有同情，人类才没有陷于过度的自私自利中；因为有同情，人类社会才不至于成为弱肉强食的野蛮丛林；因为有同情，人类才告别了动物性而有了社会文明。我们做学问，是想成为一个强者。但是，做强者，不等于取得了轻视、欺压弱者的资格，而是赋予了帮助弱者的责任。若放弃这一责任，则根本没有资格做强者。

在生活中，有的人看见残疾人，看见不幸的人，就嘲笑，就鄙视，他们想借此表达自己的高明，却正好证明了自己的人格还不到三寸高。

真正的大人物，都具有悲天悯人的情怀，“哀民生之多艰难”，并愿意尽一已之力给弱者以帮助。孔子如此，屈原如此，其他伟大人物也无不如此。

南怀瑾讲过一个故事：

“释迦牟尼有一个弟子，眼睛看不见，但还是自己缝衣服。有一天他穿不起针线来，就在那里大声叫，要求同学帮助他穿一下针线。但是他的同学，那一班罗汉们，都在打坐入定了，没人理他。释迦牟尼这位老师，就自己下来帮他穿好针线，交到他手上，教他怎样缝。这个学生一听到声音，才知道是释迦牟尼。他说，老师怎么亲自来？释迦牟尼说，这是我应该做的。而且马上对所有的弟子们上了一课说，人应该做的，就是这种事，为什么不肯帮助残废的人、穷苦的人？”

我们在弱势者面前，要注意以下三个问题：

第一，低调一些，莫炫耀自己成功。

炫耀的目的是期待在对方心目中占据很重要的位置；炫耀的结果却会使对方的心离你越来越远。“同情弱者是人类的天性”，尊敬强者也是人类的天性。弱到让人瞧不起当然不行，强到让人看不惯更不行。假如你已经强大到足以让对方尊敬，就应该低调一些，谦逊一些。这是一种聪明的做人之法。

第二，尊重他，莫伤其面子。

大凡一个人失意了，情绪低落，需要受到鼓励；心情难受，需要得到安抚。如果你鼓励他，安抚他，他不但不会嫉妒你的成就，还会对你感激备至。

弱势群体理应得到全社会的关心。在任何时候，任何场合，都要给他们提供帮助。如果大的帮助力所不及，一些小事起码是可以做的，比如：在车船上主动给老弱者让座，遇到有人问路，热情指点，等等。这些小事是人人都能做到的。

培根说：“同情在一切内在的道德和尊严中为最高的美德。”孟德斯鸠也说过：“同情是善良心所启发的一种情感之反映。”所以，人不可无同情心，同情心可以使人变得可亲可敬，变得伟大崇高。诗人杜甫，只有写下“安得广厦千万间，大庇天下寒士俱欢颜”那样滚烫的诗句，才能戴上人民诗人的桂冠；诗人龚自珍，发出“落红不是无情物，化作春泥更护花”的肺腑心声，表现出悲天悯人的博大胸怀；面似冷峻的鲁迅先生，则因“俯首甘为孺子牛”的拳拳之心，更显其思想之深邃，道德之高尚；而不辞辛苦千里迢迢，到遇难矿工家里慰问吊唁，潸然落泪，温家宝总理用满腔真情告诉我们什么叫“情为民所系”。

同情心还可以让世界充满爱。南亚海啸灾难发生后，世界各国人民纷纷解囊相助，中国人也不甘落后，短短几天就捐赠了数十亿元的现金与物

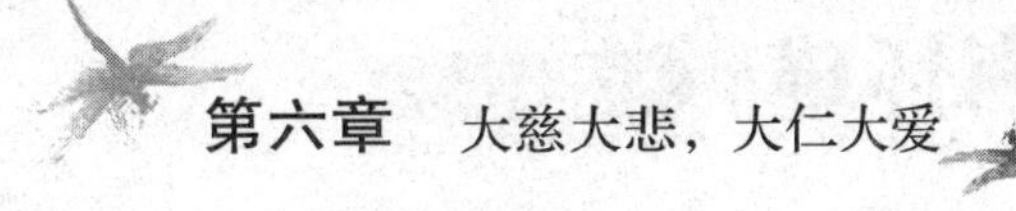

资。这次灾难，也是对地球村居民同情心的一次大检阅、大洗礼。

一个没有同情心的人，是冷酷残忍的人；一个没有同情心的世界，是冷漠可怕的世界。但同情心不会自发产生，同情心也要靠精心培植和维护。心灵里播下爱的种子，才能长成同情之花；全社会都为同情心叫好呐喊，才能形成一个充满同情心的好环境。

4. 孝心是爱，孝心最美

【南怀瑾语录】

> 做儿女的孝敬父母，不要等时间，不要等空间，不要等环境，尽力去做就对了。我今天住草棚，那就住草棚孝敬父母；只能买得起一根油条，我想吃，爸爸妈妈也想吃，我不吃，拿给爸爸妈妈吃。我只有这个力量，就尽到这份孝心，这也就是“孝之至也”。

“事父母能竭其力”，是讲孝道。古人有对联为：百善孝为先，原心不原迹，原迹家贫无孝子。万恶淫为首，论迹不论心，论心世上少完人。重在有孝心，否则穷人家里没得孝子了。孝就是要竭尽自己的力量去孝顺父母，重在心。

有一次，南怀瑾讲课时，曾谈到自己的这种心情：“我们老一辈子，从小就是在刀枪战火中讨生活，几乎没有一日是安宁的日子。当年我离开家乡，一晃几十年，没办法和亲人联络，父母生死不知，一二十年也没消息。所以曾有两句诗说：‘历劫几能全骨肉，对人不敢论亡存。’内心很伤感。别人问起你的父母现在怎样？实在不敢答复，根本不愿去提，怕讲了会悲伤、会难过。”

后来，大陆与台湾之间稍松动，但并未实行“三通”。南怀瑾接到老母身体欠安的信，却无法来探望，睹信思人，只能化作一声哀叹：“恐怕等不到与母亲见面了！”这句话不幸而言中。后来，两岸实现了三通，他有机会来到故乡，母亲却早已亡故了。真可谓“子欲养而亲不在”，古人言之不虚啊！

改革开放后，多年不通火车的温州，准备兴建温州到金华的铁路，但苦于缺乏资金。当时的市长刘锡荣，知道南怀瑾在国外有不少学生，就想通过他争取海外投资。刘锡荣得知，南怀瑾是一个孝子，就想请高明之士，用南母的头发绣一幅南母的肖像，送给南怀瑾。因为正好南怀瑾在大陆的妻子，当年为婆婆梳头时，有心留下了不少南母的头发，所以这幅肖像得以顺利绣成。当时南怀瑾已移居香港，刘锡荣决定到香港与他会晤，事先没有告诉他要送肖像，想给他一个惊喜。见面后，刘市长揭开镜框外的绸布，南怀瑾一看见母亲的肖像，激动得“扑通”一声跪倒在地。当他得知肖像是母亲的头发绣成，更是激动不已，当场慨然允诺，一定为筹建金温铁路竭心尽力。后来他果未失言，为金温铁路作了很大贡献。

时至今日，南怀瑾虽已九十高龄，对父母的孝心仍然不减。他每天早晚必给父母念经。他说：“事情再忙还是要念，经常是‘般若波罗密多心经’七卷、五卷，一定少不了的。如果不念，觉都睡不着。”而且，为了母亲的缘故，他从不过生日。有一次，一个学生提着蛋糕去祝他生日快乐，他却不理不睬。他认为：生日即是“母难日”，是母亲受苦的日子，有什么好庆祝的呢？

在中国的古书上，有“香九龄，能温席”的记载，讲的是我国古代“黄香温席”的故事。黄香小时候，家中生活很艰苦。在他9岁时，母亲就去世了。黄香非常悲伤。他本就非常孝敬父母，在母亲生病期间，小黄香一直不离左右，守护在妈妈的病床前。母亲去世后，他对父亲更加关心、照顾，尽量让父亲少操心。冬夜里，天气特别寒冷。为让父亲少挨冷受冻，他读完书便悄悄走进父亲的房里，给他铺好被，然后脱了衣服，钻进父亲的被窝里，用自己的体温，暖了冰冷的被窝之后，才招呼父亲睡下。黄香用自己的孝敬之心，温暖了父亲的心。黄香温席的故事传开后，街坊邻居人人都夸奖黄香。9岁的小黄香就是这样孝敬父亲的。人们说：“能孝敬父母的人，也一定懂得爱百姓，爱自己的国家。”事情正是这样，黄香

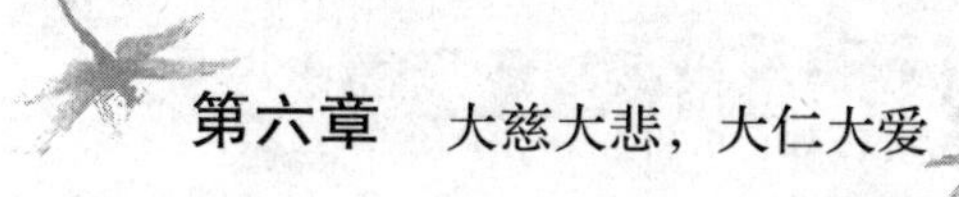

长大后做了地方官，果然不负众望，为当地老百姓做了不少好事，他孝敬父母的故事也千古流传。

中国古代将“孝”作为考察人的一条重要标准。古人认为：一个对父母讲孝心的人，一定能对社会、人民和国家忠诚服务。所以“孝”就成为选拔官员的标准。而那些对自己父母不孝的官员，就会被除官或者治罪。

孝心是爱，孝心是美。在人的一生中，对自己恩情最深的莫过于父母。是父母给予了我们生命，是父母辛勤地养育了我们，我们的成长凝结着父母的心血，每一个人都是在父母的悉心关怀、百般爱护和辛苦抚养下慢慢长大的。父母的亲子之爱只能用两个词来形容——无私、伟大。他们可以为子女付出一切，也甘愿付出一切。

我们中华民族历来崇尚受恩不忘、知恩必报，这也是做人的基本道德，是一个人的良心。一个人如果对赋予自己生命、哺育自己长大的父母都不知报答，不知孝敬，那就丧失了做人的良心，没有道德可言。试想一下，一个连生他养他的父母都不爱的人，怎么能指望他去爱别人呢？可见，人世间一切的爱都需要从爱父母开始。

孝心是人类最朴素的感情。孝心，让每一个家庭弥漫最温馨的气息。孝心，让你品尝生活的芳香时，也承担一份责任，这责任是一种幸福。

人生有两件不可等待之事，如丘吾子所云：“往而不来者，年也；不可得再见者，亲也。”子路也说：“二亲之寿，忽如过隙，草木欲长，霜露不使，贤者欲养，二亲不待。”所以，成功要趁早努力，尽孝要趁早用心。孝经是中国文化几千年来的基础，现代人千万不要忽视了它。那么，究竟怎样才算是孝子呢？真正的大孝子，不只孝顺自己的父母，还要能孝顺天下人的父母。所以我常常说，你不要把自己的儿女看得那么重，天下人的儿女都是你的儿女，天下人的父母都是你的父母，为什么不能将自己的心量放大呢？如果将心量放大了，以天下人的父母为自己父母，以天下人的儿女为自己儿女，那该多好！

南怀瑾主张：看一切众生如自己的儿女，看自己的儿女如一切众生。起初，他的儿子很不理解，但是不好明白表示，后来在社会上经历多了，有更深一层的生活体验，倒反过来赞成这个观念。他的儿子说这样很对，又何必一定要只爱自己的儿女呢！爱天下人也是一样。

南怀瑾正是以这种精神来对待自己的父母和子女，甚至做到了常人认为不近人情的地步。例子很多很多。南怀瑾的事情很多，很多事要有人做，他身边有好几位学生帮他做事，但南怀瑾没有一个子女在身边。

在南怀瑾看来，如果他把自己的事交给子女去做，就容易公私不分；那样做对子女也不好，他希望自己的孩子能自立，不要依靠老子。南怀瑾的一个女儿和两个外孙女从美国加州来看他，他们难得见一次面，但见了面之后南怀瑾只同他们寒暄了几句，就同别的客人聊起来了，把自己的女儿和外孙冷落在一边。客人在边上建议南怀瑾带他们出去玩玩，但南怀瑾没有理会。

大孝于天下。这种精神同佛家要救度一切众生的菩萨行愿，正好不谋而合。并且孝与忠也是同样一回事，国家危难时，顾不了自己父母，勇敢地做个忠臣而为国牺牲，一点都不后悔，这也是孝——孝自己的国家，孝自己的民族。孝经的意义太广大了！

佛教的经典，没有不教人规规矩矩做人的，不但要孝敬自己的父母，更要孝敬天下人的父母，视一切众生如己出，如自己的兄弟姊妹。宋儒反对佛教，说佛教是“无父无君”的，这误解太大了。真正的佛法是“至孝”的。出了家，为了解救自己和别人的痛苦，应该赶紧用功，修道成道，使亲生的父母眷属得到好处，并且利及七世的父母亲友，更扩而大之，行菩萨道，救济法界一切众生。这才是伟大孝道的充分发挥，又有什么好争论怀疑的呢?!

“昨日进城去，归来泪沾巾；满车站着的，多是老年人。”看到这样的景象，年轻人是否应该感到惭愧。尊老爱幼是中华民族的传统美德，也是年轻人理应承担的道德义务，而一些年轻人却连给老年人让座这样的小事都不愿意去做，让人为之汗颜。我们不是孙悟空，从石头里蹦出来的，每个人都上有老；不管现在或者将来，也多数会有小。作为自己“老”、“小”的至亲，那些不顾老弱病残、抢占“黄板凳”的个别不文明市民，你是否希望自己的“老”、“小”也遭受同样的待遇?

佛教的大孝与孟子所提倡的“老吾老以及人之老”有异曲同工之妙。也就是说“孝”的第一个境界是“老吾老”。优待老人，须先从优待自己

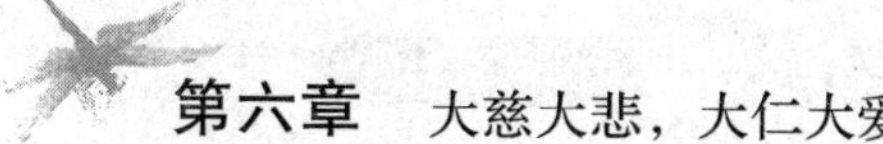

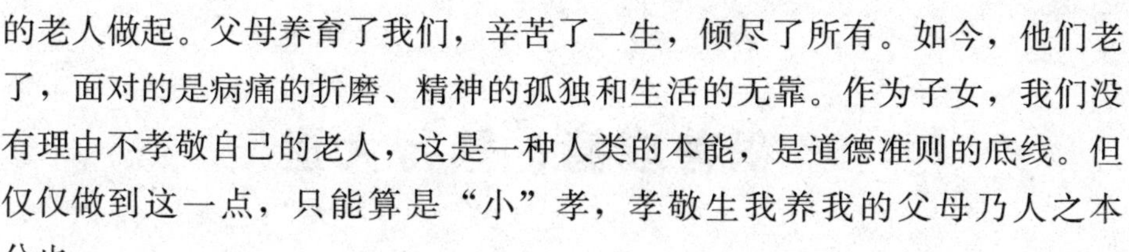

的老人做起。父母养育了我们，辛苦了一生，倾尽了所有。如今，他们老了，面对的是病痛的折磨、精神的孤独和生活的无靠。作为子女，我们没有理由不孝敬自己的老人，这是一种人类的本能，是道德准则的底线。但仅仅做到这一点，只能算是“小”孝，孝敬生我养我的父母乃人之本分也。

佛教“大孝”的境界是“以及人之老”，是尊老的更高境界。我们要像对待自己的老人一样，善待天下所有的老人。

湖南有个国家级自然保护区叫“借母溪”，这里流传着这样一个故事：相传许多年以前，有一官人从永顺携母去长沙赴任。途经这里时，轿夫们实在走不动了，官人就花“盘缠”在溪边修了一栋小木屋，将老娘寄住在其中。日子久了，老人思儿成疾，当地一位土家汉子将她接回家中当亲娘照顾。一段时间后，老人担心亲儿子来时会责怪“干儿子”夺了自己的娘。土家汉子说，我上无爹娘，下无兄弟姐妹，就算我借个母亲行孝吧！他还真打了个借条交与老人。老人临终，亲儿子还是没有音信，是土家“干儿子”给她送的终。土家汉子的“借母”行为是对佛教“大孝”思想的真正实践。

要让老人随时随地都能得到善待，不说在独生子女为主的时代单靠一个孝子做不到，即使在多子多福的时代，孝子孝女再多也做不到。因为老人一旦走出家门，并非都能由家人陪着。能否得到善待，只能取决于社会“尊老”的环境。天下人的老人，都能成为自己善待的老人；自己的老人，也就能成为天下人善待的老人。你“尊”一下我家人的老人，我“尊”一下你家的老人，所有的老人才能都被“尊”起来。

中国已经跨入老龄化社会，尊老敬老成为建立和谐社会的一个重要窗口。老人养育了我们，而今是我们承担义务和责任的时刻，我们不仅要做到“老吾老”，还要做到“以及人之老”。期望天下人的老人都能成为自己优待的老人；自己的老人也能成为天下人优待的老人。

5. 积善成德，修行大道

【南怀瑾语录】

"只修祖性不修丹，万劫阴灵难入圣"，学佛的人只高谈理论，对于生命根源没有掌握住，经一万劫也修不到圣人的境界。不论怎么说，有一个基本原则，就是想成仙要修无数功德、无数善行才行。

南怀瑾认为：其实，我们整天在这里打坐、念经、求佛、求福报、求智慧，也是悭贪，绝对的悭贪。真正学佛在哪里学？不在你那些形式主义，也不在于你摆出一副俨然学佛修道的样子。功德是在行上来的，不是在打坐；打坐本来在享受嘛。两腿一盘，眼睛一闭，万事不管，天地间还有什么比这个更享受？这是绝对的自私自利。

南怀瑾说：有一次，一位在乡村担任多年警察的人来看我，谈到执行勤务的苦处，他便说："老师啊！我很想提早退休，能在你身边做事，随便打扫清洁，端茶送饭都可以。"我说："你是一个诚实君子，多担待一些烦恼苦痛，为地方社会老百姓做点好事，才是真修行，才是真学问。"

真正的修行，最后就是一个路子：行愿。

什么叫行愿？就是修正自己的心理行为。

我们的思想，起心动念是没有发出来的行为，一切的行动则是思想的发挥。我们想求得空，这是在追寻一个形而上的问题，追寻能够发生思想的根源。在行为上、思想上真正做到空，几乎是不可能的。假定有人做到思想完全空，变成无知了，那又何必修道呢？所以空的道理不是这样。

大家打坐起来拼命在求空，基本上有一个最大的错误：即对于空性的理根本没有认清楚。

我们做功夫、打坐为什么不能进步呢？大家一定以为是方法不对，拼

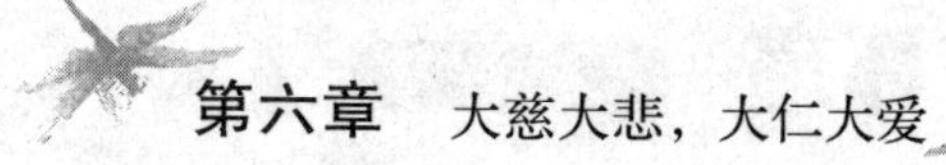

命找明师求方法。不是的！不要受自己的骗。功夫为什么不能进步？为什么不能得定？是因为心行没有转。心理行为一点都没有改变的话，功夫是不会进步的，见地也不会圆满。这在中国文化上，不论是儒家、道家，说法都是一致的，都是同一个论调。

学佛的人有一个基本的毛病，大家要反省。首先，因为学佛，先看空这个人世间，所以先求出离，跳出来不管。因为跳出来不管，慈悲就做不到。我们口口声声谈慈悲，自己检查心理看看，慈悲做到多少啊？这是个非常非常严重的问题。第二，贪、嗔、痴、慢、疑，我们又消除了多少？比如有一个例子，我们大家修行越修得好，脾气越大为什么？你打坐坐得正舒服，有人来吵你，你还不气啊？这种心理作用是不是跟慈悲相反呢？

《集法句》中云："虽作微小恶，后世招大怖，能有大损失，如毒入腹中；虽作小福业，后世感大乐，能成大义利，如谷实成熟。"由此我们应知微细的善恶业，如影随形，将会生出广大的苦乐。南怀瑾告诫弟子们对于微小的善业也应励力行持，勿以善小而不为；对于微小的恶业，也应励力断除，勿以恶小而为之。

王居士是个非常虔诚的信士，只要有空就往禅寺跑，或者帮园头师种菜浇水，或者帮典座师劈柴煮饭，总是忙个不停。如果碰到无名禅师对信徒说法，他便会聚精会神地用心听讲。

有一次，王居士在禅堂外望着学僧眼观鼻、鼻观心的坐禅姿态，不禁长长地叹了一口气。这叹息刚巧被从一旁经过的无名禅师听到，禅师问道："你为什么叹气呢？"

王居士又深深叹了一口气。

无名禅师不解，问道："平常你虔诚为寺里帮忙，听佛法也非常用心，可以说身、口、意都在法海里泛游，为什么要叹气呢？"

王居士答道："不瞒禅师，我的烦恼是因为我听不懂佛法。禅师您对学僧们开示的佛法，如'祖师西来意'、'狗子有佛性否'、'即心即佛'、'如何是宗门中事'、'如何是佛'、'如何是本来面目'、'道在何处'等，我都听不懂，就好像雾里看花，不知所云。禅师，为什么我这么用心听讲，还是听不懂呢？"

无名禅师道："以前德山禅师见学僧入门便棒，临济禅师见学僧入门便喝，雪峰禅师见学僧入门便道是什么，睦州禅师见学僧入门便道现成公案放汝三十棒。历代祖师大德有的尽其一生参究一个公案尚不能开悟，可见学禅必须要用心去参，而不是只听就可以的。”

王居士仍不解地问道：“如何去参呢?”

无名禅师道：“就先参这个‘听不懂’!”

不管懂还是不懂，都应该是自己内心最真实的声音。

南怀瑾深懂佛法，他明白世人学佛，很多人都是一种“趋之若鹜”的想法，而并非真想学佛。而且许多人并未真正了解佛法。所以他建议：与其呆坐如木，不如在现实生活中多做实实在在的善事，这就是于无佛中求佛!

什么是修行人？是永远严格检查自己的人。随时检查自己的心行思想、随时检查自己行为的人，才是修行人。所以不要认为有个方法，有个气功，什么三脉七轮啊，或念个咒子啊，然后一天到晚神经兮兮的就是修行，那是不相干的。我们看到学佛学道的人，很多精神不正常，为什么会这样？为什么有那么多的不正常呢？因为没有严格地在修行。换句话说，没有严格地反省自己、检查自己。

所以，如果大家在心行、行愿方面没有动摇，不要谈四禅八定，更不要想谈证果。

别以为腿能盘一个钟头就能升上什么天；一个半钟头又能升上什么天。没这回事。腿是靠不住的，修“行”，修的是心理行为，不是修腿。

“道者盗也”，所以我们学佛打坐都是坐在那里偷盗，而在同一时间中，社会上那么多人却为我们在忙碌。所以佛家有一句话很了不起，就是早晚课诵的一句话：上报四重恩，下济三涂苦，这就是行愿的愿，每天都提醒我们做功德。我们学佛的人都要随时随地检查自己，每天要上报四重恩，这四种恩都是我们所欠的：佛恩、父母恩、国家恩、众生恩。

“点滴功勋岂自然”，有为功德要一点一点慢慢做，每天做一点好事，累积起来等于人独资盖一个庙子。一切佛菩萨不离人间，不离六道轮回的任何一道。观世音菩萨的踪迹，你不一定要到寺庙中求，不一定要到南海去找，说不定你在街上遇到一个最穷苦、最可怜的人，那个就是。只是你有眼无珠，不认识而已。如果此时你行一些慈悲，做一点布施，那便得大利益了。

6. 泛爱众，施舍无条件

【南怀瑾语录】 

> 真正纯净的布施，就是要有爱心，尊重人家、信任人家，乐意帮助任何一个人，乃至猫、狗、虫子等一切有生命的生物。“慈心”，即对一切众生生起慈悲心。慈，也可说是父性的爱心；悲，也可说是母性的爱心。这两种爱心合起来，也就是观世音菩萨的大慈大悲。

子曰：“弟子入则孝，出则弟，谨而信，泛爱众，而亲仁。”（学而篇）孔子教导弟子们的内容之一就是“泛爱众”。“众”字包括所有的人，无论是贵族、平民还是奴隶。孔子的确是一位具有博爱情怀的思想家。“泛爱众”是先贤孔子的思想，他要求人们广泛地爱他人，有博爱之心。

任何宗教都教人布施，平时将财物施舍给别人，将来就能升天得福报。毗耶娑他们之所以修苦行，就是为了求升天道，图神仙的享受。一般人为什么修道、吃斋啊，念佛啊，无非是现在苦一点，将来可以超升天上做神仙。这实际上是一种很功利的做生意心理，投下少量的金钱，而图一本万利的结果。有些人信教，花几毛钱买三支香，拎上一盒蛋糕，到庙里去拜拜，求发财、长寿、股票好、马票要中，求这求那，拜完了那个蛋糕拿回去还能给儿子吃。如果菩萨凭这就保佑他，那还算菩萨吗?

南怀瑾讲佛告诉大家：真肯布施者，在别人眼中就像疯子一样，把钱也不当东西，只要人家需要就送出去了。台湾、香港有些叫化子，家中有百多万的财产，可他既然肯丢这个脸在大街上乞讨，就说明他有需求，那你只管你的布施，不必考虑人家是否有钱、是否在行骗。所以佛讲“无缘大慈，同体大悲”，布施是无条件的，以别人的痛苦和需要为自己的痛苦和需要，这才是布施。

佛告诉大家真正布施的原则：

第一，要自己真有心帮助人，而不挟带任何别的思想。像黄医师经常为病人开刀而顾不上吃饭，有时打电话来请个假，说不能到我这儿上课了，这是对的。吃饭、上课只是个人的享受，为了病人的生命，这些都可以牺牲，这就是“一切施与”的道理。

第二，布施不能怕将来的结果。常言讲，做好事“善门难开”，我们在大陆十八个大学设了“光华奖学金”，现在差不多每个大学都来跟我要求。这种事不是傻瓜不会做的，真要做好事，自己就要真心当傻瓜。

第三，不要轻毁任何一个人，这是大乘佛法的菩萨戒。你明知这个人是骗子，但并不因此看不起他。他来骗你，说明他有需求，达不到目的，他会睡不着觉，明天还会想办法来找你。你干脆受他一骗，让他睡一个好觉，亦一大乐事也。

确定了真正布施的原则，也就确定了什么是真正的施主。

真正的布施是不拣择对象的，这就是“不简福田”。不管被布施的对象怎么样，我帮助了你，内心非常快乐，也就是我们中国文化所讲的“为善最乐”四个字。你是一块田地，我在你身上做了功德，就把福德种子种在你这块田上了，这就叫种福田。

因此，乐善才能好施，对一切人充满着爱心、同情心，做一切自己认为应当做的事。“心信开眼，生爱念已，舍物施与，心常普缘一切众生。”具有这种博爱精神，不考虑任何附带条件的，才称得上是施主。

佛告诉毗耶娑，有人虽做了好事，但挟带了功利性的不清净心理，不算真布施。他列举了三十三种不清净、不纯净的布施：

第一种，是以歪曲的心理、颠倒的见解、无纯净心所施的财物，这不是真正的布施。

第二种，有人昨天请我吃过一块蛋糕，今天我要还礼；或者他十几年前帮助过我，现在他有困难我要接济他。这都属于人情上的投桃报李，礼尚往来，不算布施。

第三种，有人施舍财物，不是出于真正的慈悲、怜悯和同情心，而是为了要阔气，或纯粹是打发人家了事，这不算布施。

第四种，因为自己有所欲求，比如看到这束花特别喜欢，多付上一毛

钱；或上舞厅感到那位小姐很漂亮，多给两个小费，这都不算布施。

第五和第六种，把财物丢到火中或投进水里，都不能算布施。因为水火都是自然物，你把财物白白扔掉了，却不能使别人受益。

第七种，有人送礼给大人物，指望以后可以有所提拔照顾；或者看在某个大老板、某个大人物的面子上，在慈善救济事上凑上一份，藉以拉个关系，这都不是纯净的布施。

第八种，怕强有力的黑道中人来抢你，赶快送钱消灾，这不是布施。

第九种，送人家鸦片、海洛因、麻醉剂等毒品，这不是布施。但医生见病人太痛苦，打麻醉针以止痛，这是布施。这里有很多道理，要研究。

第十种，送人家武器，不是布施。

第十一种，送肉与人，那是杀生而施舍给人家，这不算布施。

第十二种，你收养了许多孤儿，保护他们，把他们养育成人。但你指望以后可以使唤他们，做你的帮手，这就带上先决条件了，就不能说是纯净的布施。

第十三种，为了出名而施舍，不是纯净的布施。

第十四种，为了捧歌星、戏子而出钱，比如一个歌星开赈灾歌唱会，一天收到几千万捐款，这个歌星做了好事，可出钱者未必是净布施。歌星不唱的时侯，你为什么不布施？有些人是为捧歌星的场，这里面有差别。

第十五种，有些人破产了，财物转到别人手里，这并非出自自愿，所以不是布施。

第十六种，这个屋子因闹鬼，不敢住下去了，送给出家人做寺庙；或者因为打官司，自己的屋子有麻烦，干脆送给社会慈善机构，这都不算净布施。

第十七种，有人因学佛或受了教育，知道帮助人家是好事，但自己没有钱，就拿人家的财物做人情，这也不算布施。

第十八种，谷麦在田地、仓屋中被鼠鸟等所食，并非有意送与它们吃，不能说是布施。讲到这里，想起前两天报上揭露一批送往大陆灾区的大米，在码头搬运中发现是发霉的。这就不是布施，相反，人吃了霉米会中毒，送的人反在造恶业了。

第十九种，假使我电脑坏了，我请这方面的行家来修理，请他吃饭，送他钱。这是你想学东西，是应该付的酬劳，而不是布施，布施是没有条件的。

第二十种，比如病人怕自己要死，送医师一个大红包，以为医生就会对他尽心了。这是有求于人而给钱，不是布施。

第二十一种，打了人家，骂了人家，自己觉得难为情。然后送东西给他谢罪，这个不算布施。

第二十二种，有人布施了之后，心中疑虑人家是否在骗他，或在想人家以后是否会报答他，这都不算布施。

第二十三种，有人施舍了之后心痛懊悔，这就不是布施。我年轻时在四川学佛，人家有困难，我站出来说要帮助他，大家比较买我的面子。后来有个老前辈劝我不要再替人家去化缘了，为什么呢，他说四川人有句老话，“劝人出钱，如钝刀割肉”，人家虽然给了你面子，但那个人心里难过啊！他还给我讲了个笑话：有个大魔王在地方上作怪，连孙悟空都降服不了。后来从西天佛祖那里派了个小和尚，魔王根本不把他放在眼里，小和尚说此行不是来收服他的，只是给他看个东西。说着，从背上黄布包袱里拿出一本化缘簿，“居士，请你多少写一笔吧！”那魔王一看，“哇！”就跑掉了。

第二十四种，还有的人，送了东西给人家，好像这个人从此就卖给他了，今后定要人家报答他。这个就不是净布施。

第二十五种，有些阿公阿婆念咒、布施都有账可查，你看他们念什么《心经》、《白衣咒》，念一段经，在黄裱纸上戳一个印，“我念了多少卷，死后带到阴间去，也不知一卷是二十八块还是三十五块。”这等于在投资，将来连本带利得多少好报。这也不是布施。

第二十六种，人到衰老、重病临死之时，感到痛苦了，晓得时间不长了，不把财产传给子女，却布施出去。这也不算净布施，因为你已晓得财产把握不住了，你不布施也不属于你了。没有清净心，还是不行。

第二十七种，为了名誉而施舍。希望在电视上露面，希望在报纸上广而告之，希望一切人都感激我，这不是净布施。

第二十八种，好比说看到黄医师都出了十块，我就出十五块，蔡老板不服气，出二十块，把我们两个都盖了。出于攀比心、嫉妒心而送财物的，不是布施。

第二十九种，为贪女色而摆阔气，送种种金银珠宝、绫罗绸缎等贵重东西，那是你为了追求漂亮女人，不是布施。

第三十种，有些人因为自己没有儿女，所以才愿意拿出家产送人，这是做好事，固然不错，但从佛法的布施学来看，还不算是纯净布施。

第三十一种，以有无福德来挑选布施对象，这样的布施不是净布施。

第三十二种，布施首先要雪中送炭，周济穷苦者，若看上不看下，只做锦上添花的事，那也不算净布施。

第三十三种，就是为了鲜花果品而舍物与人，这也不是布施。这是很轻的一条了。

佛教的布施学，这里每一条研究起来，都是戒律。

上述三十三种不净布施只是大概而言，经典上记载的还有许多。佛告诉毗耶娑，这些不净布施，不会得到真正佛道的果报，最多也就是修到仙道的果报而已。佛用种子作比喻，布施作为一种业力行为，等于种，挟带不纯动机的“垢染布施”，就像种子下到盐碱地里，不会有好的收成。而且，这种子本身的功能（“种子界”），不但与土地的品质（“地界”）处在一种相依相存的关系中，还须有阳光、空气和雨水，才能使种子发芽。种子放在玻璃瓶中，固然不会发芽，但播种在贫瘠的土地上，得不到雨水的滋润，也是不能开花结果的。

布施的功德如商人进城，以小本而获大利；又如蜜蜂采蜜，采集众多的花粉而成蜂蜜，而对花本身并没有损害。所以真布施的人，本身并不一定有多大损失，可你那个精神在心理上所得的果报就很大了。这就是布施的“福德势力”，它所带来的反应力量是很大的。

要构建和谐的社会，需要我们每一个人用自己的真诚、热心及耐心去融化冷漠。泛爱众，不要仅仅停留在各种捐款上，更多的时候是我们向路人伸出援手，给有需要的人以帮助。我们要用真诚、热心去帮助所有需要帮助的人。

7. 老吾老，以及人之老

【南怀瑾语录】

> “老吾老以及人之老，幼吾幼以及人之幼。”孟子要求人们应当有颗慈爱的心。将别人的父母当做自己的父母尊敬，将别人的小孩当做自己的小孩爱护，这是最具体的仁的表现。

孟子认为：只发展经济是不行的。当民众吃饱穿暖后，就该给民众以教育，使民众懂得道德和法律，使民众能老有所养，不至于到了老来，还没人供养。

孟子要求制民之产，使老百姓有恒心，这样民众才不会去犯罪。否则，老百姓是什么事都干得出来的。虽然孟子是为统治者的统治着想，但也体现了他的民本思想。他认为：不让百姓安居乐业，迫使其犯罪，是陷害民众，就不是仁政。这里，他使统治者看到民众的力量：如果老百姓不安定，国家就有灭亡的危险。

孟子将孔子所倡导的仁之爱亲、爱人原则及自己主张的人性善理论用之于现实政治领域，把根置于血缘亲属关系中的仁爱原则推之于整个社会，即“以不忍人之心，行不忍人之政。”如果说孔子的仁学思想及德政思想还只是一些语录式的治国原则的话，那么孟子的仁政理论则具有相当系统完整的内容表述。

“老吾老以及人之老”教导人们在孝敬赡养自己的长辈时不应忘记其他的老人，体现了子女对长辈的孝顺之情与“人不独亲其亲”的大爱情怀。孝敬自己的父母天经地义；推己及人，尊重关爱与自己毫无血缘关系的老人，则是一种可贵的博爱精神。时光流转千年，孝心与博爱今天仍然是我们每个人最珍贵的道德品质，而且显得格外重要。孝敬“人之老”的前提是“老吾老”。“老吾老”是人之常情，懂得父母养育情，愿用一生去

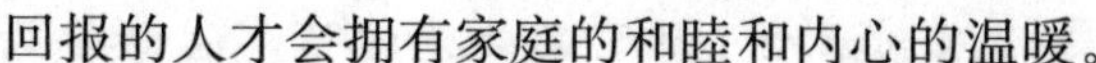

回报的人才会拥有家庭的和睦和内心的温暖。

孝敬“人之老”，是对老人多一些尊重与宽容。行路时，不要因为他们走得慢而面露厌烦之色，对他们有些啰嗦的话语多些耐心，即使没有时间，也请将声音放低一点、温柔地告诉他们……当您的父母能够时刻拥有这样一份尊重与宽容，相信在异乡的你一定会更踏实更放心。

“老吾老以及人之老”是爱心的扩大与累积，在众多爱心的推动下，相信社会的养老机制将会更完备，敬老爱老的氛围将会更浓厚，你我的父母，每一位的老人都能够欢度晚年，而你我换来的将是奉献的喜悦与满足。

8. 君子莫大于与人为善

【南怀瑾语录】

做善事是应该的，应做到做善事不留名，这就是“为善无近名”。“为恶无近刑”意思是没有绝对的完人，每一个人总有不对的地方，但是这些坏事不要达到犯法的边缘，不要达到受打击痛苦失败到极点的边缘。

南怀瑾大师强调人在善恶之间，在人生的行为上绝对要走至善的路子。

什么是真正的至善？佛祖讲得很清楚，一是出于至诚之心；二是不求回报；三是不贬低人家。下面我们不妨一一剖析。

第一，依从一念之善，是真行善。在佛的三大布施原则中，最重要的当然是至诚之心。你不是因为他有权有势，不是因为他长得漂亮，不是因为他将来可能有出息，不是因为想炫耀自己，总之没有任何私心杂念，完全是因为一念之善，这样的施予才是真正的慈善。无论你的施予多么微不足道，都是该得善报的。

南怀瑾曾讲过一个施善得报的故事：

有一次，佛托着钵出来化缘，遇到两个小孩在路上玩沙子。他们看见佛，就站起来非常恭敬地行礼，其中一个孩子抓起一把沙子放在佛的钵盂里，说：“我用这个供养你！”

佛说：“善哉！善哉！”

另外一个孩子也抓起一把沙子供在佛的钵盂里。佛就预言，百年后，这两个孩子一个是英明的帝王、一个是贤明的宰相。

百年后，一个孩子当了国王，就是历史上有名的阿育王；另一个就是他的宰相。在典籍中，关于阿育王的史实与传说很多，比如：他曾经打败东征的亚历山大；他建的一座寺曾经飞到中国来，就是浙江宁波的阿育王寺。

阿育王的一把沙子就得到了这么大的回报，很多人向寺庙里捐金捐银，什么好处也没见到。这是什么原因呢？因为捐金捐银者动机不纯，或者是为了炫耀自己的好心，或者是出于对未来的渴求，或者是出于对过去所行恶事的恐惧，总之都无诚意。阿育王和他的伙伴却仅仅是出于一念之善，没有任何私心杂念。

另外，在我们看来，一把沙子根本不是可捐之物。但对两个玩沙子的孩子而言，沙子是他们的玩具，是他们喜欢的东西。所以，他们的善念价值并不比别人送出的财物低。

第二，行善不能求回报，否则不是真行善。有的人天天抱怨：我好人没少做，坏事没多干，为什么好事轮不到我头上？真是“好人没好报”啊！这种人居然自称好人，真是滑稽！与其说他是好人，不如说他是商人——他做好事都是为了换取好报，跟商人卖东西赚钱又有什么差别？而且他追求的是暴利，想用微小代价换取巨额回报，认真算起来还只能归入奸商一列。

第三，不要轻视和贬低接受帮助的人。“不轻毁他”是什么意思呢？“轻”是轻视。因为自己处于“施主”的地位，心里难免有几分优越感，在语言神态上就可能表现出看轻对方之意。“毁”是诋毁的意思，也就是说人家的坏话。这个坏话不是当场说的，是背后说的。比如：受自己帮助的人发达了，自己却原地踏步，就说：“那小子，当初如何如何，要不是我帮他一把，他哪有今天？”这就不止是诋毁，而是诬蔑了。他混到今天

这一步，99%肯定是靠他的才能和努力，你那点帮助哪够用？不自度者，连佛祖也认为度不了他，难道人的本领比佛祖还大？你的话，等于抹煞了他的全部努力，不是诋毁吗？人家不报复就好了，你还指望他的回报？所以，我们平时起码要保证不轻视和贬低接受帮助的朋友，才叫至善。

古往今来，与人为善都是一种美德，备受推崇和褒奖。“君子莫大乎与人为善”，也充分说明与人为善是君子之行。“己所不欲，勿施于人”，是与人为善；“先天下之忧而忧，后天下之乐而乐”，更是与人为善。与人为善是每个人都应具备的品格。只有与人为善，才能有效地化解矛盾；只有与人和睦相处，才能达到社会的和谐。

南怀瑾先生闲来无事也参禅，在他劝人向善的时候，都似乎带有丝丝禅意，其实他讲的是一个对个人功利和社会功德的现实问题，每个人都要去面对。与人为善，面对别人，也是在面对自己的内心，用与人为善自律、自省，追求和谐和美好，这便是一种大境界。

梁惠王再三战败，一心想要雪耻复仇。除了企图凝聚强大的军事力量、杀人盈野、杀人盈城之外，就没有别的方法了。他希望孟子能够给予他帮助。这样的想法真是无济于事。孟子一向主张施仁义、行王道；主张“保民而王”则无敌于天下。当然他的回答让梁惠王大感意外。

首先，孟子为梁惠王想要取胜提出“省刑罚”、“薄税敛”、“深耕易耨”三个施政要项。他认为只有法治清明，刑期无刑，降低税率，藏富于民，才能使民众安居乐业，努力稼穑，增加生产。只有先与人为善了，才能没有后顾之忧。如果不能“省刑罚”、“薄税敛”，而一味地苛刻待民，则民不聊生，势将离心离德，纷纷迁往他国，还谈什么深耕易耨，谈什么“愿比死者一洒之”呢？

治国的要务就是施仁政于民，善待百姓，把民众照顾好，让民众安居乐业。如果不顾民众有父母妻子冻饿离散之苦，硬是把民众逼上战场，以满足国君开疆拓土的私欲，这就是“陷溺其民”，就是“残民以逞”。其结果必然是众叛亲离，不得民心。只要有机会，民众必然叛离，国君将成独夫。“陷溺其民”和“仁政保民”相较，其胜负高下就很清楚了。这就是“仁者无敌”的道理。

古来好战杀人、残害百姓的政权，尽管逞其淫威暴虐于一时，但是最后的下场都很凄惨。为了满足侵略野心，发动世界大战的独夫如希特勒、墨索里尼、日本军阀，到头来莫不自食恶果、败国丧身。凡是大权在握的政治、军事领袖怎能不以此为戒呢?

如何笼络民心?其实很简单：就是要善待他人。多一点包容、宽容和理解，少一点苛求与责难；多一点爱心，少一些冷漠；多一些欣赏，少一点“气人有笑人无的浅薄”。能够看见别人的优点，并能够欣赏它，赞美它，这是一种怎样的心境啊！能真心祝福别人的幸福也是一种美丽的善良。永远与人为善，我们才能让自己的心境始终保持在愉悦之中。这样的人，才会有健全的心理和健康的人生。与人为善，自己路宽，如果大家都可以做到这点，就没有了独木桥，大家都可以在阳关大道上阔步前进，达到理想中的状态。

南怀瑾先生为了全面透彻地讲述人性中的微光，刻意把这个问题简单化、单一化。他总结说：人性中处处存在的均是善念，与人为善便是成就任何事情的根本。

与人为善是一种爱心的体现，更是一种人生的智慧，但是它放射出的却是比智慧更诱人的光泽。有许多用智慧千方百计也得不到的东西，凭着与人为善却轻而易举就得到了。与人为善总是一种蕴藏在人内心深处的珍贵感情，它是对人生的一种理解，对行为的一种负责。生活中，许多人明知彼此都需要爱的温暖、感情的温馨，但却又常常用无端的猜测将满腔的爱意、友情冰封在坚硬的假面具后面。其实，只要你能真正付出你的真诚和善良，那么必定会赢得共鸣，使你从中感受一分温馨和得到意想不到的收获。

与人为善是做人的一种积极和有意义的行为，它可以为自己创造一个宽松和谐的人际环境，使自己有一个发展个性和创造力的自由天地，并享受到一种施惠于人的快乐，从而有助于个人的身心健康。与人为善可以给我们带来好心情，还可以给我们带来身体上的健康。

现实生活中，有些人不讨人喜欢，甚至四面楚歌，主要原因不是大家故意和他们过不 去，而是他们在与人相处时总是自以为是，对别人百般挑剔，随意指责，人为地造成矛盾。只有处处与人为善，严以责己，宽以待人，才能建立与人和睦相处的基础。在很多时候，你怎么对待别人，别人就会怎么对待你。这就教育我们，要待人如待己。在你困难的时候，你的善行会衍生出另一个善行。与人为善并不是为了得到回报，而是为了让自己活得更快乐。与人为善其实极易做到，它并不要你刻意做作，只要有一颗平常心就行了。你在工作和生活中，无非是想丰富你的生活，实现你的价值。而这所有的一切，归根结底都来自于你是否善待他人。与人为善使你有一种充实感，你知道没有很多人会故意和你过不去。与人为善不仅给你财富，还使你拥有被他人喜爱的充实感。

可见，善待他人是人们在寻求成功的过程中应该遵守的一条基本准则。在当今这样一个需要合作的社会中，人与人之间更是一种互动的关系。我们去善待别人、帮助别人，才能处理好人际关系，从而获得他人的愉快合作。孟子曾经说过："君子莫大乎与人为善。"

良好的人际关系不单单是行动上做出来的，更是从心底里流出来的。这句富有哲理的话告诉我们：在人际交往中要以诚待人，用心和他人交往。在追求成功的过程中，任何人都离不开与他人的合作。尤其是在现代社会里，如果你想获得成功，就应该想方设法获得周围人的支持和帮助。生活就是这样：对人多一份理解和宽容，其实就是支持和帮助自己，善待他人就是善待自己。如同中国有句古语说的那样：授人玫瑰，手留余香。

与人为善是人际交往中一种高尚的品德，是智者心灵深处的一种沟通，是仁者个人内心世界里一片广阔的视野。

与人为善来源于高尚。"人心本善，世界终将大同"。有了这样的情操，人们的行动才有了指南，人生杠杆才有了支点，理想大厦才有精神支柱。与人为善来源于自信。无论生活以什么样的方式回报他，他都能应对自如。人们需要善良，世界需要善良，你自己也需要善良。与人为善是一种力量，它能征服人心、征服世界。

和与人为善相对的是与人为恶。与人为恶者把一生的奋斗目标放在损人害人上，或者心胸狭隘，嫉贤妒能；或者疑神疑鬼，坐卧不宁；或者厚颜无耻，卑鄙下流；或者贪婪无度，违法乱纪……由于他们担惊受怕，神经高度紧张，必然导致五行失调，阴阳错乱，如入炼狱，如坠火海，最后的结果便是早衰早亡。而与人为善者经常处在和谐之中，人际平和，心态平和，豁达乐观，无忧无虑，其身必健，其寿自长。

与人为善是一壶洗涤灵魂的净水。与人为善绝不是一种简单的同情心，它是一种无形的相助、一种博大的爱，是一股矫正世俗的春风。

南怀瑾在讲学的时候，不是一概地谈自己的见解，而是时刻体会听者的想法，心思细腻不是常人所能比的。他在讲与人为善的时候，怕很多人把这个“善”单一地误认为是做善事，说道：“勿以恶小而为之，勿以善小而不为，受所处环境和心境的影响很大，受个人道德和修养规范的影响很大，受社会整体文明和和谐水平的影响很大。”

其实南怀瑾的意思是：与人为善在脱离了“人之初，性本善”的阶段之后，是需要着力培植的。从社会的角度来看，对公民公德的要求是对与人为善的规定性培植；从人性的角度来看，激发与人为善的情感，是追求心灵美好安宁的有效途径；从人的价值取向来看，激励与人为善的追求，是社会和谐的基础；从人的幸福指数来看，与人为善的普及程度越高，人的幸福感越强烈。

中国传统文化教人向善的善恶观千百年来一直强烈地占据着话语权，“从善如登，从恶如崩”一类的教化一代代地传播着。然而对于目前“与人为善”的一般状态，大家却都很不满意。人在日常遇到的普遍问题、矛盾和烦恼中，有一些是原则性很强的，需要认真对待。另一些则是因为人心不善而引发和激化的。这使得我们感受到目前整个社会对“与人为善”的规定性素质要求不足，同时也感受到我们个人对“与人为善”的非规定性修养要求也很不够。

“与人为善”的付出，理应不怀任何目的、不求任何回报。你所付出与人的，不必念念不忘；而你所收获于人的，应当铭记在心，这就是“与人为善”的胸怀！

第七章

常开笑口，放大度量

——南怀瑾包容智慧

南怀瑾先生认为，胸襟气度是一个人成功的关键。他说："每个人的气度、知识、范围、胸襟都不同。你要成大功、立大业，就要培养自己的器度像大海那样大，培养自己的学问能力像大海那样深。你要修道，要够得上修道材料，先要变成大海一样的汪洋。所以佛经上形容，阿弥陀佛的眼睛'绀目澄清四大海'，又蓝又大，就像四大海一样。"

1. 胸襟阔大容万物

【南怀瑾语录】

耶稣的道，佛的道，穆罕默德的道，孔子的道，老子的道，哪个才是道？哪个道大一点，哪个道小一点呀？学佛的人不应该问这个问题，因为没有定法可说，真正的佛法能包含一切。认为这一点才是对的，其他是错的，其实是他错了。

南怀瑾贯通佛、道、儒三学，又有所偏重、有所取舍。从思想基础来看，南怀瑾似乎偏于儒学，倾向于以积极的态度融入世界、融入社会生活，并有所贡献，有所影响。80高龄时，仍四处奔波，启导后学。这可能跟他早年熟读儒家经典而形成的价值观有关。从学术基础来看，南怀瑾似乎偏于佛学，他对其他学说的体悟和解说多以佛家思想为载体。这可能跟他多年对佛学的参悟有关。从为人处世的态度来看，他又偏重于道学，随和，恬淡，顺其自然。这可能跟他的先天秉赋及成长经历有关。

对一般人来说，学问仅仅是一种工具而已，有用则贵，无用则弃。对南怀瑾来说，学问是一种素养，得之于心、用之于身、随之于意，到了这种境界，称得上真学问了！

南怀瑾最令人敬佩的是他阔大的胸襟。他对佛、道、儒三家学说，以及其他各种学说，既不偏爱也不轻视，能够自由出入诸家学说之门，在取舍之间又能保持理性。他说："我国自唐、宋以后，以儒、释（佛）、道三家的哲学作为文化的主流。在这三家中，佛家是偏重于出世的，虽然佛家的大乘道也主张入世、普救众生，但出家学道、修道的人，本身还是偏重于出世。而且佛家的学问，从心理入手，然后进入形而上道；儒家的学问，又以孔孟之学为其归趋，则是偏重于入世的，像《大学》、《中庸》。亦有一部分儒家思想，从伦理入手，然后进入形而上道，但是到底是偏重入世。道家的学问，

老庄之道就更妙了，可以出世，亦可以入世，或出或入，都任其所欲。像一个人，跨了门槛站在那里，一只脚在门里，一只脚在门外，让人去猜他将入或将出，而别人也永远没有办法去猜，所以道家的学问，是出世的，亦是入世的，可出可入，能出能入。在个人的养生之道上，亦有如此之妙。”

南大师对佛、道、儒三学的概述应该不是定评，但可以看出他能够非常客观地看待这三家学说，并且保持尊重和欣赏的态度。事实上，一个人能持有这种态度就已经很不简单了。这种无偏无执的阔大胸襟正是我们很多年轻学者所欠缺的。

南怀瑾说，学佛的人第一个胸襟要大。所以学佛，第一要学这个人，学常开笑口、放大度量的菩萨。就是肚子要大一点，包容万象，什么都是好的，都对：一切法皆是佛法，先学他胸襟大，面孔对任何人都是慈悲笑容，这个就是佛法。南怀瑾先生在此阐明了胸襟宽大的重要性。

有一个师傅收了个徒弟，然而由于那个徒弟慧根尚浅，总是抱怨这、抱怨那。师傅有一天早上派徒弟去食品店里取一些食盐回来，徒弟很不情愿，虽然纳闷，但他还是去了。当这位徒弟把盐取回来之后，师傅就让他把盐倒进水杯里喝下去，并问他喝了之后感觉如何。

徒弟喝下去不到一秒钟，就全吐了出来，嚷道：“咸死了，咸死了。”

师傅笑了，让徒弟带着一些盐去湖边，徒弟很迷惑地跟着去了。

他们一路上什么也没有说，默默地走到了湖边。

到湖边之后，师傅让徒弟把盐撒进湖水里，然后让他喝点湖水，徒弟照着师傅说的做了。

师傅问道：“现在你喝到的水是什么味道的？”

徒弟很高兴地说：“很清凉、甘甜，很好喝呢。”

师傅又问道：“那你尝到咸味了么？”

徒弟摇摇头：“没有呀。”

师傅笑笑，拍拍身边的草地让这个总是怨天尤人的徒弟坐下来，然后握着他的手，语重心长地对他说道：“我们的心里能承受痛苦的大小决定了你痛苦的程度，佛告诉我们要六根清净，就是不想我们被太多的俗事牵绊。如果你还是感到痛苦的话，就把你的内心放大一些，让它变成一个湖。”

容纳事物的有时候不是有形的实物，而是无形的胸襟啊。所以说，人的价值本身是无法衡量的，因为生命本无可比性，但是胸襟宽大的人往往会让人觉得它更有价值。

俗话说得好“宰相肚里能撑船”，像日常生活中一些微不足道的小事，大家各让一步不就得了？何必又小事化大事，大动干戈呢？从而也使我们想到了另外一则故事：因为公交车挤，一位手拿牛奶的女子不小心将牛奶洒在了一位青年男子的西装上，男子并没有因此而责备女子，反而是去安慰她，叫她不要放在心上。男子的宽容大度让女子非常感动。有时一点宽容会让别人感动一生，一点爱意会让别人温暖一生，一句祝福与鼓励的话语会让别人幸福一生。我们为何不大度一点呢？大度就意味着包容。

包容是一种博大而又深邃的胸怀，是人类所拥有的最美好的美德之一。包容是指对与自己不同的价值观、思想、生活方式、言论以及宗教信仰等表示理解和尊重，并且采取兼容并包的态度，不把自己脑子里关于是非的观念和思想强加给别人。伏尔泰说过：“虽然不赞同你说的每一个字，但我誓死捍卫你说话的权利!”在任何情况下，我们可以不同意他人的所想所为，但我们一定要尊重别人的所有选择，因为每个人都有思想自由和自在生活的权利。

亲爱的朋友们，做一个心胸开阔的人吧，只要你有大海一样的胸怀，就会惊喜地发现，生活中因为有了包容而变得更加美妙，世界因为有了包容而变得更加精彩，人生因为有了包容而变得更加充实而有意义。

2. 不能无故寻愁觅恨

【南怀瑾语录】 

因为众生皆在痛苦中，都在烦恼中。有富贵功名的人，有富贵功名的痛苦与烦恼；贫穷及生老病死等，也都是烦恼。谈恋爱有谈恋爱的烦恼，结婚有结婚的烦恼，生孩子有生孩子的烦恼。总之，人生随时都在痛苦和烦恼中。所谓烦恼，比痛苦的状况轻一点，两个名称不同。

南怀瑾认为，人生在世的许多不快乐或者烦恼都是自找的，是“无故寻愁觅恨”，连毫不相干的东风也要去埋怨一番。对于这种情况，他认为《红楼梦》和《西厢记》中的描写最为精彩与传神。他说：“无故寻愁觅恨”是红楼梦中的词，描写贾宝玉的心情。其实每个人都是如此呀！“无故”，没有原因的，心里讲不出来，烦得很。“有时似傻如狂”，本是描写贾宝玉的昏头昏脑情状，饭吃饱了，看看花，郊游一番，坐在那里，没有事啊！烦，为什么烦呢？“无故”，没有理由的，又傻里瓜几的……这就是描写人生，描写得非常恰当。所以《红楼梦》的文学价值被推崇得那么高，是很有道理的。

《西厢记》也有对人心理情绪的描写：“花落水流红，闲愁万种，无语怨东风。”没有可怨的了，把东风都要怨一下。嗳！东风很讨厌，把花都吹下来了，你这风太可恨了。然后写一篇文章骂风，自己不晓得自己在发疯。这就是人的境界，“花落水流红，闲愁万种”是什么愁呢？闲来无事在愁。闲愁究竟有多少？有一万种，说不出来的闲愁有万种。结果呢？一天到晚怨天尤人，没有可怨的时候，无语怨东风，连东风都要怨，人情世故的描写妙到极点。

这是个万众喧哗的时代，人潮汹涌，熙来攘往，忙碌与奔波充塞，不安和烦躁缠绕，心里总不是个滋味，又说不出为何如此！

烦恼如丝千千结，何苦自寻这么多烦恼呢？我们每天到底在烦恼些什么呢？怎样才能少些烦恼、多点洒脱呢？

南怀瑾先生给了我们答案：凡此种种，实在是因为我们自己要“无故寻愁觅恨”——真可谓一针见血啊！古人有一句诗形象地说：“百年三万六千日，不在愁中即病中。”在这个世界上，本来苦楚烦愁已经够多了，我们自己却偏偏“身在此山中，云深不知处”，总是火上浇油、愁上添愁。

“天下本无事，庸人自扰之。”的确，人生的大多数烦恼都是人们自找的，是寻来的愁、觅来的恨。实际上本来就没有烦恼，或者说原本就不是烦恼。例如：有人当了几年主管之后就想当经理，结果看到一个资历比自己差很多的人上去了，就变得很不高兴。其实他所处的位置不知有多少人羡慕着。并且，经理有经理的烦恼，而且未必会比主管的少，只不过他不知道罢了。

还有的人为钱而烦恼，有了一万想两万，有了两万想三万……等有了几十万、几百万，他还是烦恼。原因是，他除了想过钱多有钱多的得意，却没有想过钱多有钱多的烦恼。钱少或许没有钱多那么神气，但钱少也没有钱多那么担忧。通常的情况是，平民小户虽没有大富人家那么阔绰大方，但是也没有对盗贼绑架的担心，没有因兄弟争夺家产反目成仇的悲哀。

人们的烦恼都是如何“寻觅”来的呢？下面例举一些自寻烦恼、无事生非的例子：

其一，总是把别人的问题揽到自己身上。你总是拿别人的错误惩罚自己，甚至把某些人不喜欢你的责任也统统归因于自己，并常常自怨自艾。如此要不了多久，你就会烦恼成疾。

其二，总是盯着消极面。受到不公正的待遇，你会牢牢记在心上；别人对你说话的态度不友善，你也会耿耿于怀。如果你总是把注意力集中在那些不好的、吃亏的事情上，你就会运用这种消极的思想方法来给自己制造烦恼。

其三，常做不可能实现的梦。对于很多事，你总抱有不切实际的希望。如果你把自己的目标制订得高不可攀，你就会因为不能实现它而烦恼。

其四，常以殉难者自居。通常，这是为人父母的“职业病”。母亲们过度地承担家务劳动，然后抱怨说：“没有一个人真正心疼我，我只不过是家里的一个保姆而已。”父亲们也大同小异：“我的骨架都累散了，谁也不把我当回事，我在家人眼里就是一个赚钱的工具。”如果你经常这样想，一定会使你烦恼异常，而且还会让家人讨厌你，令你感觉更糟。

其五，滚雪球式地扩大事态。如果第一次出现问题时就正视它，那么它就很容易化为乌有。相反，如果放任问题像滚雪球一样不断地扩大下去，最后你只会遵照一条简单的规则行事：错过了解决问题的时机，索性再往后拖拖。这样，只会使问题变得更糟，必定会导致你的忿怒和苦恼埋在心底几个月甚至更长时间。

凡此种种，都是你寻愁觅恨的最佳来源。即使你不自找烦恼，但还是少不了烦恼，因为人是现实的，不是超脱凡俗的圣人。既然这样，我们就要学会善于淡化烦恼、化解烦恼。如何消除烦恼呢？你不妨试试以下办法：

（1）比较的观点

俗话说：“比上不足，比下有余。”因为比上不足，所以烦恼自生；不如比下有余，从而烦恼自消。比如发生了重大的车祸，死伤多人，皆为不幸。未伤者受惊，轻伤者轻痛，重伤者重痛，死亡者惨痛。如果由前往后比，虽是不幸，但又是大幸。如此，烦恼自然会大大减少。在篮球界，如果你非要和乔丹比；在足球王国里，你如果非要和马拉多纳比，那真是很不现实的事，很多人只能望其项背。所以，只能以他们为最高，承认差距，做真实的自己。否则，只能会自寻烦恼。

（2）换位的观点

俗话说：“旁观者清，当局者迷”，烦恼也是如此。置身于烦恼中的人，往往过于执著，甚至钻“牛角尖”，千丝万缕难找头绪，甚至难以自控。此时，作为局外人或旁观者的劝导，往往可以起到指点迷津、淡化烦恼的作用。所以，如果你正处于烦恼之中，不妨做一下自己的旁观者。

（3）现实的观点

对任何既成事实，要勇于承认，坦然面对，不必为之过多地后悔和烦恼，也不必因此而喋喋不休地责备自己或他人，而应当把思想和精力放在努力弥补过失，最大可能地减少损失上。否则，过多地后悔，不休地责备，不仅于事无补，而且还会扩大事端、平添烦恼。

（4）时间的观点

遇到烦恼之事，如果你能够主动从时间的角度来考虑一下，心中的烦恼程度就会大大减轻。比如：当众受到上司的批评，你会觉得很没面子，心里很难受。这时，你不妨试想一下：三天后，一星期后甚至一个月后，谁还会把这件事当回事？不如提前享用这一时间的益处。

总之，烦恼就像天空上的一片乌云，如果你一定要去抓几片乌云过来，那么只会越积越多，眼前一片漆黑；如果你的心中是一片晴空，那么始终会有艳阳高照，烦恼就会烟消云散。

3. 心佛众生皆平等

【南怀瑾语录】

释迦成道后，极力宣扬一切众生性相平等的观念，不但认为人类是平等的人类，而且认为凡有血肉与具有灵知之性的生物乃至天人之际，一律称为众生，大家在本性的道体上，本来都应该是平等的。

在南怀瑾眼里众生是平等的，他对来拜访他的所有人一律以礼相待，谈笑风生。面对政坛人物，他也是老脾气，从不特殊对待。

1990年9月8日，南怀瑾应邀去台北，面见台湾的前“总统”李登辉。他说古道今，纵论天下，滔滔不绝地讲了2个多小时，对李登辉晓以“和平统一”的民族大义。会谈结束后，李登辉亲自送南怀瑾出门。到了门口，客气地问南怀瑾“还有什么吩咐”。南怀瑾说：“我希望你不要做历史的罪人！”李登辉尴尬不已。尽管南怀瑾的苦口良言对李登辉这种坚持“台独”立场的人未必有用，但他这种视众生平等，敢说真话的精神，还是令人钦佩的。

佛祖的眼里，每个人的算式最后一定得出一个数字：0。就像那句佛家谒语所云：“常者皆尽，高者必堕，合者有离，生者皆死。”无论贫者富者、高者低者、合者离者、生者死者，不都等于零吗？人生的算式虽然答案相同，但有长有短，数字的变化无穷，没有谁是一样的。有的人一如既往地1＋1＋1……这是平稳的人生，有的人却是（100－99）×1000……这是大起大落的人生。

我们不要看见这个0就心灰意冷，认为什么都是白忙。虽然结果都是0，但人生的滋味还是各不相同的。另外，0难道不是一个很美的数字吗？它是一切数的原点。就像各种颜色合而为白色一样，0也是一切数的合成，它圆满无缺，包罗万象，是永恒，是永生。

另外，佛祖眼里的算式，也不是看此一生。他是从“轮回”的角度来看待因果报应的。这个道理就玄了，一般人难以理解，就想出下辈子的变化来解释。乡下有一种说法：一世为官，九世为牛。当官的人贪污受贿，干尽坏事，享尽富贵，所以要变九世牛来还债。这样的理解层次甚浅，但也未尝不可这样理解。

说人与人平等，有些人还能接受，说人跟鬼、畜生平等，可能就有人反对了。鬼大概是没有的，不必比较。但无论如何，人都不喜欢跟猪狗同列。如果说“你是一头猪”，这是骂人的话，要打架的。

人与动物的“平等”，其实也是从算式上得出来的。人的算式结果为0，畜生的算式结果也为0，还不是一样吗？

其次，人跟畜生一样，也是由一些化学元素组成。有的化学元素好，有的化学元素坏，只是人的观点。人跟动物的基因也会不同，这种基因好，那种基因不好，也只是人的观点。这个道理，好比某些人自视甚高，硬是觉得自己了不起，瞧不起别人。实际上，他未必有什么了不起，别人也不见得比他差，他要这样想，也没有办法。

再次，人跟畜生的快乐指数在本质上也没有什么不同。人的核心追求是快乐，动物也是如此。而且两者构成快乐的基础也差不多：物质享受和情感体验。按人的观点，假设物质享乐丰富是正数，挨饿受冻是负数，而心灵愉悦是正数，心情痛苦是负数，那么动物也和人一样，它们的算式也是由一连串正数和负数组成的。

在人的眼里，动物的物质享受好像都是负数，因为它们吃得太差；而它们的情感体验都是0，因为它们没有思想。这恐怕只是人的偏见。好比猪吃草，如果它觉得好吃，就是享受。好比狗吃屎，它觉得好吃就是美食。狗到处找屎吃，不跟小孩到处找零食一样吗？这个道理，如同上海人说川菜难吃，四川人说沪菜难吃。其实好不好吃，别人说了不算，关键看自己的感受。从这个意义上来说，猪吃草、狗吃屎，跟上海人吃沪菜、四川人吃川菜有什么差别？

在远古时期，地球上就生存着许多动物。后因环境巨变，森林被草地取代，于是许多在丛林里生活的猿开始了陆地生活，它们除了要艰难地寻找食物，还得不时地受到狮子、老虎等大型动物的威胁，生活得十分艰难。

在这么艰难的情况下，一些猿是怎样渐渐开始变聪明的，它们又是怎样开始学着使用工具进行劳动的呢？

南怀瑾先生给了我们答案：猿经过一代代的演变，那些侥幸活下来的聪明的猿经过对外界事物的求知，由于生存不得不借助生产工具的使用，逐渐随着时间的推移就变成了现在的人。

这些聪明的猿变成人得以持久生存以后，又经过一代代的努力，取得了万物的统治地位。于是他们开始告诉自己的子孙，自己是万物的灵长，在自然界中是最尊贵的，我们可以随意取物，主宰世界。却早已忘了——这个世界上，人与人之间，人与动物之间，人与自然万物之间原本都是平等的。

一天，老子骑着牛走到河南开封郊外，正闭目养神，悠悠而过时，忽然听见有人叫他，老子睁眼一看，原来是他的弟子阳子居。

阳子居是魏国人，在周朝担任太学。听说老子知识渊博，曾经私下拜老子为师。没想到今天在开封的郊外遇见老子，阳子居连忙下马，倒头便拜。老子下牛扶起阳子居，与阳子居一起边走边聊。

老子问：“你近来在忙什么？”

阳子居回答：“我到这里准备重访一下故居，购置一些田地，把老房子装修一下，然后再找一些家仆，立一些家规。”

老子说：“有睡觉、吃饭的地方就足够了，何必如此张扬？”

阳子居说：“先生您修身养性，坐着需要寂静，走路需要轻松，饮食需要清淡，睡觉需要安静，如果没有深宅大院，怎么能有这种环境？满足这些条件后，没有仆人和各种器具，又怎么能支撑得下来？有了仆人和各种器具，没有家规，又怎么能治理好呢？”老子笑道：“大道自然，何必刻意追求静？无所求，走起路来自然轻松；不奢侈，饮食自然清淡；无所欲，睡觉自然安宁。修身养性何必非要深宅大院？饿了就吃，困了就歇，日出而作，日落而息。要那么多仆人干什么？顺其自然行无为之道，则自然神安体健；违背自然而汲汲于富贵，则自然心神不宁。”阳子居满脸羞愧：“多谢老师指点。”

老子接着问："你现在在哪里居住?"

阳于居回答："在江苏沛县，"

老子说："那正好，我们可以结伴而行。"

两人走到难水边，准备乘船过河。老子牵着牛先上船，阳子居牵着马后上。老子满脸笑容地与船上其他乘客打招呼、拉家常，阳子居则昂首挺胸，乘客给他让座，船主则给他端茶倒水。

过了难水之后，两人继续前行。老子叹道："我刚才仔细看了你的神态，高高在上，旁若无人，狂妄自大，唯我独尊。你真是不可救药了。"

阳子居面带愧色，诚恳地说："弟子习惯于官场那一套了，一定改正．请老师谅解!"

老子说："聪明人与人相处。就像冰融化于水一样自然；与人共事，就像仆人一样谦虚谨慎。看上去好像藏污纳垢，其实白玉无瑕；看上去粗俗鄙陋，其实德行深厚。"

阳子居听了，决心改掉以前那些坏毛病。此后，他对人既不矜持又不逢迎：既不骄傲又不献媚。

老子赞扬他说："这小子还真是有点进步。人啊，都是生之于父母，立于天地之间，不过是自然的产物。贵己贱物则违背自然之道，贵人贱己则违背自我本性，只有等物齐观，物我一体，顺势而行，借势而止，言行自然，才是合乎于大道。"

老子《道德经》曰："道大，天大，地大，人亦大，域中有四大，而人居其一焉。"而庄子《齐物论》亦云："天地与我并生，万物与我为一。"可见，"万物平等，天人合一"这种思想，无论是道家和儒家都十分推崇。

说到动物没有思想，这只是一个假设。几千年前人类很无知的时候，就假设动物没有思想，后来的观念也延续了这个假设。现代科学反倒越来越证明动物也可能有思想。既然有思想，就有快乐和痛苦。那么动物的快乐和痛苦到底是什么呢？这就不是人能体会的了。

欧阳修在《醉翁亭记》里说："已而夕阳在山，人影散乱，树林阴翳，鸣声上下，游人去而禽鸟乐也。然而禽鸟知山林之乐，而不知人之乐；人知从太守游而乐，而不知太守之乐其乐也。"本来快乐只是自己的体验，不是别人能了解的。人不能知他人之乐，自然也不能体会动物的快乐。

总的来讲，佛说“众生平等”，还是很合乎逻辑的。既然平等，无论人还是人类，都用不着有唯我独尊的想法。大家共存共荣，达成自然和谐，不是更快乐吗?

在这个世界上，佛与众生没有任何差别，每个人都是佛。只是很多人沉沦于俗世，不能自拔，所以迷失了自己的本性，误认为佛和人不同。每个佛也都是最平凡的人，一个人只要体悟到般若的智慧，就和佛无差别了。

4. 任劳容易任怨难

【南怀瑾语录】 

最难的是“劳而不怨”。大家常说，做事要任怨，经验告诉我们任劳易、任怨难，多做点事累一点没有关系，做了事还挨骂，这就吃不消了。但做一件事，一做上就要准备挨骂，“劳而不怨”，我觉得难在任怨。

“任劳任怨”是我们常说的话，可南怀瑾却认为：许许多多的人只能“任劳”，只有极少数人能够做到“任怨 ”。因为“任怨”更需要长远的目光和大局观念，更需要极强的责任心和坚韧的承受力，更需要博大的胸怀和坚强的意志。

我们常常有这样的思维：付出了，就应该有回报；任劳者，就应该获得鲜花和掌声。如此想，是应该的，也是正常的。但是，社会是很复杂的，任劳者不被理解的事经常发生。

毛泽东说过：“凡工作者，就一定有缺点和错误。不工作的，肯定就没有缺点和错误。但是，不工作本身就是最大的错误。”

如何对待“怨”，反映了一个人的品质和修养。有的人，喜欢被领导宠着，被群众捧着，稍有付出就四处“显摆”，以功臣自居，甚至要地位，要待遇。一旦不被理解，就撂挑子、使性子，甚至破罐破摔、一蹶不振。

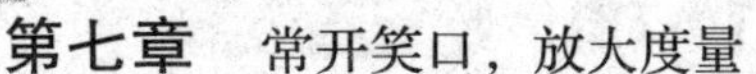

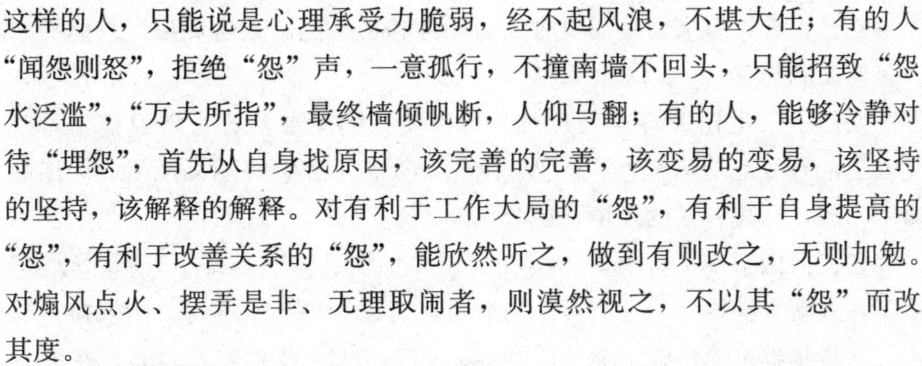

这样的人，只能说是心理承受力脆弱，经不起风浪，不堪大任；有的人“闻怨则怒”，拒绝“怨”声，一意孤行，不撞南墙不回头，只能招致“怨水泛滥”，“万夫所指”，最终樯倾帆断，人仰马翻；有的人，能够冷静对待“埋怨”，首先从自身找原因，该完善的完善，该变易的变易，该坚持的坚持，该解释的解释。对有利于工作大局的“怨”，有利于自身提高的“怨”，有利于改善关系的“怨”，能欣然听之，做到有则改之，无则加勉。对煽风点火、摆弄是非、无理取闹者，则漠然视之，不以其“怨”而改其度。

不能任劳任怨的人，或者是高高在上、外强中干、不愿到实际中去干繁重、繁琐工作的浮躁人；或者是特别自私、精于算计、懂得趋利避祸，有利干得欢、无利躲得快的“聪明人”；或者是斤斤计较，不愿意受一点委屈、不能吃一点亏的刻薄人；或者是胆小怕事，不敢负责，没有主心骨的可怜虫。不能任劳任怨者，总有一万个理由说明干不如不干；能任劳任怨者，只有一个理由，那就是干总比不干强。

当然，经常发牢骚、埋怨别人的人也是很可怜的，不值得我们学习；那些在“怨”面前没有承受能力的人，自然也很可怜。只有那些能够以厚实的肩膀，正确对待“怨”，能够更多地担当、任劳任怨的人，才更显得大度和大气，才更值得我们尊敬和效仿。

要想真正做到任劳任怨，应牢记毛泽东的那句名诗：“牢骚太盛防肠断，风物长宜放眼量。”是很有帮助的。

之所以要从长计议，用现代经济学的术语来说，是因为导致我们产生埋怨情绪或不良心态的根本原因是“信息不对称”！比如：本来对方的行为是为了关心你、爱护你，但由于没有表白清楚或本来对方就不打算过多表白，也或许是由于自己人生阅历的不够、生活经验的不足，无法把对方的关爱透彻地理解，结果就不免产生误会，生出怨艾。

历史上有名的“触龙说赵太后”故事，就是因为赵国群臣不能把一番好意言说明白，导致赵太后勃然大怒，对大臣们生出许多怨恨。幸亏有机警的触龙，才使赵太后转怒为喜，使赵国转危为安。但现实生活中又有几个像触龙那样能言善辩的能臣呢？

而且，有许多事情是需要时间去印证和检验的。太过短视，只能平添许多怨艾和痛苦。

明白了人生任劳容易任怨难，可以使我们更加从容、洒脱地应对怨艾，更加有效地消解埋怨、哀怨、幽怨、责怨、悲怨等不良情绪，保持健康的心态，构建和谐的环境，创造积极的人生！

任何人做事都不会十全十美，一个人太顺了也不是好事。听“夸奖”多了，人就会飘飘然，夸大自己的能量，真以为自己了不得，结果捧得越高，摔得越重。而常听“怨声”，以怨为镜，就会经常躬身自省，在埋怨中成长，在风雨中前行，个人素养就会不断进步提高。

5. 将心比心推己及人

【南怀瑾语录】

一个人能够推己及人：我要吃，别人也要吃；我要穿，别人也要穿；我要发财，别人也要发财。人与人之间，目的都相同，都是相等的。所以“以己出经式义度人”，由你自己所需要，想到大众也需要。也就是说，做一个家长，要教育孩子，就不要忘记自己当孩子的时候，这样才容易懂孩子。

“将心比心”就是：拿自己的心去比照别人的心。指遇事设身处地地替别人着想。《论语》说过“己所不欲，勿施于人”，即自己不愿意的，不要施加到别人身上。《万善集》也说过，“物我一体，将心比心。”

人与人之间无论在好恶、情欲、癖好和意愿方面，都往往不尽相同。人类要群体而居，但人又私心很重，常顾己而不顾他，很多人际冲突便因此而产生。

将心比心之道正是要解决这个问题。这原则要求我们充分为别人着想，不只顾自己，也要顾及他人；要大公无私，把自己的好恶与别人的好恶一视同仁。

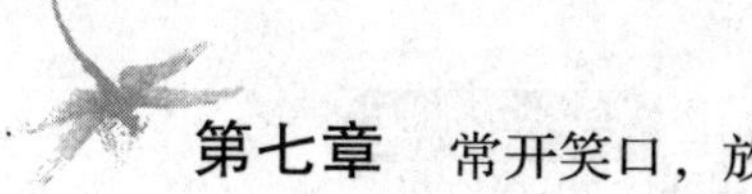

“将心比心”，是处理人和人的关系、待人处事的最一般、最根本原则。

这一思想最早是孔子提出来的两句话。一句是“己所不欲，勿施于人”。一句是“己欲立而立人，己欲达而达人”。两句话都见于《论语》，意思非常简单明白，几乎不需要作什么解释。即：自己所不希望要的，就不要加给别人；自己希望在社会上立足，就帮助别人也能立足；自己希望办事都能通达顺利，就也帮助别人通达顺利。概括起来讲就是将心比心，设身处地替别人着想。就是说你为人处事心里要想到别人，不要只想到自己；要把别人看作与自己是一样的人，自己有什么要求别人也会有什么要求，自己不希望有的别人也会不希望有。这是一种平等待人，对人表示尊重、表示关心和帮助的态度。

先分享一个“此亦人子”的小故事。南宋诗人杨万里的妻子七十多岁了，每到天寒时都早早地起床，然后径直走进后院的厨房里，熟练地生火、烧水、煮粥。满满的一大锅粥要熬上很长时间才行，杨夫人静静地等着。过了一会儿，清甜的粥香顺着热气渐渐充满了厨房，飘到了院子里。院子的另一边，仆人们伴着这熟悉的香气陆陆续续地起床了，洗漱完毕后，到厨房接过杨夫人亲自给盛的满满一大碗热粥喝了起来，身心都感到很温暖。

杨夫人的儿子杨东山看到母亲忙碌了一早晨，心疼地说：“天气这么冷，您又何苦这么操劳呢?”杨夫人语重心长地说：“他们虽是仆人，但也是各自父母所牵挂的子女。现在天气这么冷，他们还要给我们家里做活。让他们喝些热粥，胸中有些热气，这样干起活来才不会伤身体。”

这个故事虽然小，但是体现了一个中华文化的传统美德：将心比心。

其实将心比心，这是人之为人的本分。如果每个人都是想到自己，在社会中人与人的关系一定会越来越冷漠，人人为近敌。即便你好象最大限度地保存了自己的利益，但是你会发现你的心越来越缺乏那种人与人之间的关怀，自己越来越封闭。相反的，如果每个人待人处事时都能够想到别人，这样的社会一定充满了关怀和温馨。虽然自己好象损失了一份自己的利益，但是你会发现自己从每一个别人那里得到了更多的回报。

生活中，如果大家都能替别人想一想我这样做对别人会有什么影响，想一想别人是不是也有这种要求，想一想我这样做别人会有怎样的感受，很多问题就解决了。

一头猪、一只绵羊和一头奶牛，被牧人关在同一个畜栏里。有一天，牧人将猪从畜栏里捉了出去，只听猪大声号叫，强烈地反抗。绵羊和奶牛讨厌它的号叫，于是抱怨道："我们经常被牧人捉去，都没像你这样大呼小叫的。"猪听了回应道："捉你们和捉我完全是两回事，他捉你们，只是要你们的毛和乳汁，但是捉住我，却是要我的命啊！"

立场不同环境不同的人，是很难了解对方的感受的。因此，对他人的失意、挫折和伤痛，我们应进行换位思考，以一颗宽容的心去了解，关心他人。

一日，去医院，看到一位病人在医院输液。年轻的小护士为她扎了两次针也没能把针扎进血管里，眼见着针眼处泛起了青包。疼痛之时她正想抱怨几句，却抬头看到小护士额头上布满了密密的汗珠，那一刻她突然微笑着安慰她说："不要紧，再来一次！"第三针果然成功了。小护士终于叹了口气，她连声说："阿姨，对不起，我真该感谢您让我扎了三次。我是来实习的，这是我第一次给病人扎针，太紧张了，要不是您的鼓励，我真不敢给您扎针了。"病人告诉她："我也有个和她差不多大的女儿，正在医科大学读书，她也将有她的第一位患者，真希望女儿的第一次扎针也能得到患者的宽容和鼓励。"

"将心比心推己及人"的实质，就是设身处地为他人着想，即想人所想。人与人之间少不了谅解，谅解是理解的一个方面，也是一种宽容。我们都有被"冒犯"、"误解"的时候，如果对此耿耿于怀，心中就会有解不开的"疙瘩"；如果我们能深入体察对方的内心世界，或许能达成谅解。一般说来，只要不涉及原则性问题，都是可以谅解的。谅解是一种体贴、一种宽容、一种理解、一种爱！

"将心比心推己及人"也是自我学习的好方法。也就是与人处事，站在对方的立场上来全面考虑问题，这样看问题比较客观公正，可防止主观片面；对人要求就不会苛求，容易产生宽容态度；对自己能"将心比心"，做到知足常乐。

将心比心这一点，道理简单，意义重大，但做起来又很不容易。在我们周围，以及我们自己的生活中，就常见一些事情：别人这样做自己很反感，觉得伤害了自己，但自己却也会那样去对待别人。

6. 海纳百川有容乃大

【南怀瑾语录】

每个人的气度、知识、范围、胸襟都不同。你要成大功、立大业，就要培养自己的器度，像大海那样大；培养自己的学问能力像大海那样深。你要修道，要够得上修道材料，先要变成大海一样的汪洋。所以佛经上形容，阿弥陀佛的眼睛“绀目澄清四大海”，又蓝又大，就像四大海一样。而我们的眼睛太小了，有时连眼白还看不见呢！当然，观点和气魄就都不行了。

当年左宗堂被派戍守新疆，途中路过林则徐（已经被免职）的家，林送左一副对联以示勉励：海纳百川，有容乃大；壁立千仞，无欲则刚。

“海纳百川有容乃大”，就是说要豁达大度、胸怀宽阔，这也是一个人有修养的表现。中国过去有句俗话，叫做“宰相肚里能行船”。姑且不论那些宰相是不是都是有肚量的人，但人们都把那些具有像大海一样广泛胸怀的人看做是可敬的人。

南怀瑾感慨道：“一个越是有德的人，当他的地位越高，临事时就越是恐惧，越加小心谨慎……不但一国君主应该戒慎恐惧，就是一个平民，平日处世也应该如此。否则的话，稍稍有一点收获，就志得意满，赚了一千元就高兴得一夜睡不着，这就叫做‘器小易盈’。有如一个小酒杯，加一点水就满溢出来了。像这样的人，是没有什么大作为的。”古人立身修德，求“海纳百川，有容乃大；壁立千仞，无欲则刚”之境界。而目光短浅、骄傲自大之辈绝不会成就大事。

在我们生活着的这个地球上，已突破60多亿人口了。人们操着各种不同的语言，从事着各不相同的职业，居住在世界上大大小小的地方。因此，作为一个抽象的人，那是非常非常渺小的，就像一只小小的蚂蚁，一片微不足道的树叶。但是，如果把焦距对准一个具体的人，这种情况就不大一样了。因为每一个具体的人，都可以装下世界许许多多的人、许许多多的事，还有许许多多的社会知识和自然景观。这时，这一个具体的人又忽然变得无限大了。

实际上，人还是这个人，为什么稍稍换一个角度观察，马上就变得大不一样呢？奥妙就在于，真正能把世界上许许多多的人和事、许许多多的社会知识和自然景观都装进去的，是这个人的心，这个人的灵魂，还有这个人经过长期训练和陶冶的人格素质。

把一个人的心，一个人的灵魂，还有这个人的人格素质加起来，这便是我们通常所说的心胸。

心胸，也叫胸怀，它是世界上最神奇、最博大精深的一种精神载体。法国大作家雨果就说过："世界上最宽阔的东西是海洋，比海洋更宽阔的是天空，比天空更宽阔的是人的胸怀。"中国也有一句形容心宽的俗语，说得和雨果同样形象、生动，也同样有韵味，这就是"宰相肚里能撑船"。

世界上不同国家和不同民族的人，一说到心胸，为什么竟能异曲同工、不谋而合呢？这至少说明，世界上的人对于心胸的认识是相通的，都认为人的心胸既能容纳四海云水，也能吞吐五洲风雷。换句话说，人完全能够做到想通天下事，明白世上理，正确认识和对待现实生活中发生的一切事情。虽然人们胸膛里的那片海洋时常有风暴，也有迷雾、暗瞧和漩涡，但一个心胸宽广的人，终究能把心灵之船撑得游刃有余。

南非的民族斗士曼德拉，因为带领人民反对白人种族隔离政策而入狱，白人统治者把他关在荒凉的大西洋小岛罗本岛上 27 年。尽管当时曼德拉已经步入老年，但是白人统治者依然像对待年轻犯人一样对待他。

曼德拉被关在总集中营一个"锌皮房"里，他的任务是将采石场采的大石块碎成石料，有时从冰冷的海水里捞取海带，还做采石灰的工作。因为曼德拉是要犯，专门看守他的就有三个人，他们对他并不友好，总是寻找各种理由虐待他。

27 年的监狱生活并没有打倒曼德拉，他坚强地走出监狱，获得了自

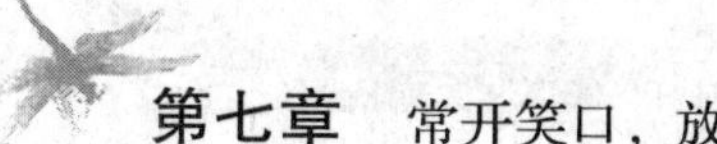

由。1991年，他被选为南非的总统。曼德拉在他的总统就职典礼上一个举动震惊了整个世界：总统就职仪式开始时，曼德拉起身致欢迎词。他先介绍了来自世界各国的政要，然后他说，他深感荣幸能接待这么多尊贵的客人，但他最高兴的是当初他被关在罗本岛监狱时看守他的三名前狱方人员也能到场，然后他把这三个人介绍给了大家。

曼德拉博大的胸襟和崇高的精神，让那些残酷虐待了他27年的白人无地自容，也让所有到场的人肃然起敬。年迈的曼德拉缓缓站起身来，恭敬地向三个曾关押他的看守致敬，世界在那一刻平静了。

事后，曼德拉向朋友们解释说，自己年轻时性子很急、脾气暴躁，正是在狱中学会了控制情绪才活了下来。他的牢狱岁月给他时间与激励，使他学会了如何面对苦难。他说，感恩与宽容经常是源自痛苦与磨难的，必须以极大的毅力来训练。

他说起获释出狱当天的心情："当我走出囚室，迈过通往自由的监狱大门时，我已经清楚，自己若不能把悲痛与怨恨留在身后，那么我其实仍在狱中。"

这就是器量，这就是胸怀。大胸怀成就人生的大规模，而小胸怀只能囿于方寸之地。

大胸怀是大海，容万物，育众生。

大胸怀是高山，不厌细尘，不嫌怪石，生草木，活鸟兽。

大胸怀是大地，默默承载，无怨无悔。无论是刀枪剑戟、车轮滚滚、炸弹核武，还是巨峰的重压、江河的撕扯、铁蹄的践踏……都能够平静地忍受。

大胸怀是天空，默默包容，从不逃避。不管是阴云风雨、万钧雷霆，抑或朗朗晴空、朝霞彩虹，或是沙暴埃砾、日月晨星，它都能以寥廓之胸怀容之。

人生不如意事，十之八九。面对挫折、苦难，是否能保持一份豁达的情怀，是否能保持一种积极向上的人生态度，这需要博大的胸襟、非凡的气度。其实，生命本身就是一种幸福，逆境能磨炼你的意志，不必计较一时的成败得失。"风物长宜放眼量"，人生重在追寻长久的精神底蕴。忍受孤独，在彷徨失意中修养自己的心灵，这就是最大的收获，如蚌之含沙，在痛苦中孕育着璀璨的明珠。

一个人的魅力源自于宽厚坦荡的心胸。一个心胸宽广、光明磊落的人是伟岸的山、博大的海。心胸宽阔，必然开朗乐观，不会因琐事填胸而损脾伤肝。心胸宽阔的人站得高、看得远，能将现实和将来连成一线。心胸宽阔的人豁达、宽容，既不会为恩恩怨怨而耿耿于怀，也不会对区区小事念念不忘。君子坦荡荡，小人常戚戚。胸怀宽广，方能成大事。“心底无私天地宽”，当一个人着眼于自己的事业，忘掉琐屑小事的时候，心胸就会豁然开朗。

7. 相逢一笑泯恩仇

【南怀瑾语录】

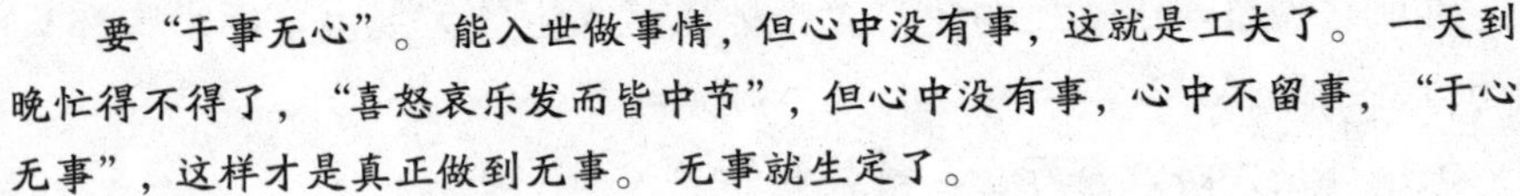
要“于事无心”。能入世做事情，但心中没有事，这就是工夫了。一天到晚忙得不得了，“喜怒哀乐发而皆中节”，但心中没有事，心中不留事，“于心无事”，这样才是真正做到无事。无事就生定了。

南怀瑾说：“无事是贵人”，只要心中无事就天下太平，心中无事就不会有冤家敌人，没有舍不掉放不下的人，也没有特别亲或特别怨恨的人，所以他不会伤害任何人，反而对任何人都有益处，因此他是贵人。有事的人是穷人，老是不满足、老是在追求、老是在贪取。而没有事的人心中经常很满足、很自在；即使有钱也不会吝啬、骄傲，没钱也不会自卑、丧志，所以气质高贵。

每天自己的心好像有千斤重担一样。自己的子女不听话，不好好读书，放不下，心中苦恼；作事情上班，自己的上级，对自己好像不如意，自己放不下，苦恼；朋友吧！又恐怕上他当，让我吃亏，也是苦恼。一切一切的问题，使你苦恼，所以你的心里好像有千斤重担，放不下，患得患失。每天自己那个心，好比如临大敌，收到一起，放不开，难过得很。

假如对方确实很坏，做了伤天害理的事，该怎么办呢？按佛家的观点，当予以宽恕。但现实世界不能这样和稀泥，应该由法律来决定作恶者应受的惩罚。因为惩治恶人，是为了保护良善，也是一种慈善行为。

但是，遇到某些特殊情况，作恶者有强烈的改恶从善之心，也不妨从人情上而不是法律上给予足够的宽容。

佛祖曾说：一天到晚怀着仇恨，仇恨永远存在；用爱来代替仇恨，仇恨自然消失。

对仇人恨得咬牙切齿，能否伤害到他呢？恐怕不能。真正受到伤害的还是自己。如果采取报复行动，在伤害对方的同时，也制造了新的仇恨，最终还是会伤害到自己。佛祖提倡“不念旧恶”，就是为了提醒大家不要在怨怨相报中损人自损。

但是，那个人跟自己结了仇，不报复回来怎么能甘心呢？如果不报复，不等于胆小怕事吗？人家不是认为自己软弱可欺吗？很多人就是因为这样的心理而卷入无休止的争斗中。实际上，这种心理只是妄执。其一，“仇人”的可恶，也许是自己想象出来的，实际上对方的可恶之处并不比可爱之处多；其二，如俗话所说，“让人非我弱”，对别人表现出大度，正足以显示精神力量的强大。

在第二次世界大战期间，一支部队在丛林中与敌军相遇。激战后，安德森和一位战友与部队失去了联系，而且迷了路。两人来自同一个小镇，以前就是好朋友。现在同陷绝境，他们互相鼓励，互相扶持，在丛林中艰难跋涉。十多天过去了，他们仍未走出丛林。一天，他们打死了一只鹿，依靠鹿肉又艰难地度过了几天。最后，他们只剩下一小块鹿肉，背在安德森的身上。他们饥肠辘辘，却找不到任何可以充饥的东西。

这天，他们与一小股敌人相遇，经过一番枪战，他们巧妙地避开了敌人。走在前面的安德森以为脱离了危险，松了一口气。没想到，就在这时，只听一声枪响，他中枪了——幸亏伤在肩膀上！战友惶恐地跑过来，抱着安德森的身体泪流不止，并赶快撕下自己的衬衣替安德森包扎伤口。

晚上，安德森的战友一直念叨着母亲的名字，两眼直勾勾的。他们都以为熬不过这一关了。尽管饥饿难忍，可他们谁也没动最后一块鹿肉。幸运的是，第二天他们被友军发现，脱离了危险。

事隔30年，安德森说："我知道谁开的那一枪，他就是我的战友。当他抱住我时，我碰到他发烫的枪管。我怎么也不明白，他为什么对我开枪？但当晚我就宽容了他。我知道他想独吞我身上的鹿肉，我也知道他想活着回去见他的母亲。此后30年，我假装根本不知道此事，也从不提及。战争太残酷了，他母亲还是没有等到他回来，我和他一起祭奠了老人家。那一天，他跪下来，请求我原谅他，我没让他说下去。我们又做了几十年朋友，我宽容了他。"

那位士兵竟然为了一块鹿肉谋杀自己的战友，其行为确实令人不齿。但当时在死亡的威胁下，人的正常心理早就受到了破坏。就像人们能够宽恕一个疯子一样，安德森宽恕自己的战友也在情理之中。如果宽恕能得到一个真心悔过的好朋友，而不宽恕只能得到一个罪犯的话。有时候，宽恕比不宽恕更有价值。

宽容是一种巨大的人格力量，如一股麻绳，有强大的凝聚力和感染力，使人团结于自己的周围；宽容是一种豁达和挚爱，如一泓清泉，可浇灭怨艾、嫉妒和焦虑之火，可化冲突为祥和，化干戈为玉帛；宽容是一种深厚的涵养，是一种善待生活、善待他人的境界，能陶冶人的情操，带给人心理的宁静和恬淡，能慰藉和升华人的心灵世界。

8. 上善若水心善渊

【南怀瑾语录】

在这里，我们不谈孔子、庄子，只说老子对水之德的评价。老子刚说完"上善若水"，又说："水善利万物而不争，处众人之所恶，故几于道。居善地，心善渊，与善仁，言善信，正善治，事善能，动善时。夫唯不争，故无尤。"可见老子在"上善若水"的大标题下，又总结了水的"七善"，也就是"居善地、心善渊、与善仁、言善信、政善治、事善能、动善时。"

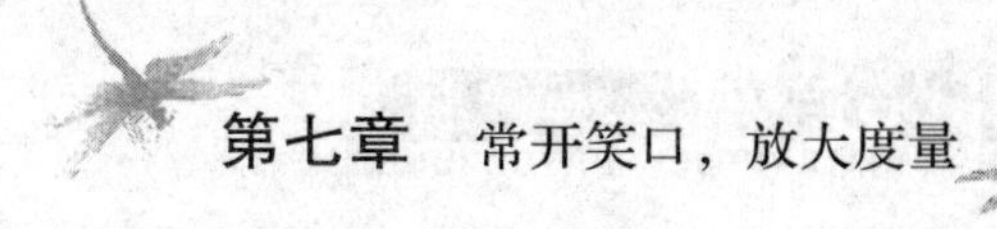

南怀瑾说：从古到今，中国人都爱水，孔、孟、老、庄等这些智慧超凡的圣哲，也都对“水”情有独钟，我们在他们的著作里时常可以看到与水有关的深思。

老子说：“上善若水。水善利万物而不争，居众人之所恶，故几于道。”庄子也同样把至高无上的道比作水说：“大道泛兮，其可左右，万物恃之而生而不辞，功成而不有，衣养万物而不为主。”孔子也站在波涛澎湃的江边感叹：“逝者如斯夫，不舍昼夜!”

南怀瑾先生认为水之七善中的“心善渊”对我们最为重要。他认为水德之“心善渊”对任何一个人来说都很重要，因为心胸狭窄、目光短浅、自高自大、自以为是的人对除自己之外的任何事物都会产生巨大的排斥性，贤能者必然就会远离他。

南怀瑾坚信的是自然道理亘古不变。他认为一个人就算再怎么厉害，如果没有人帮他也成不了大事。但水却能容污、容枯草乱叶，我们要像江海一样大度容物。水养万物，却不求回报，而水正是因为不与人争利夺权，所以天下才没有人能比得过它，也没有人能争得过它。这就是水的慈柔之德。

魏国大夫宋被派往与楚国交界处的一个小县当县令，那里盛产西瓜。虽然楚、魏两国的土地是一样的，但两国村民对种西瓜的态度却大不相同。魏国的村民十分勤快，他们经常给西瓜浇水，所以西瓜长得又快又香甜；楚国的村民却十分懒惰，他们几乎不去管西瓜，可想而知，那里的西瓜自然长得又慢又差。

一天，楚国的县令看到魏国的西瓜长得比自己这里好，就责怪村民说：“你们怎么没有把西瓜种好呢?”楚国的村民听到县令的话后，非但不在自己身上找原因，还开始怨恨起魏国的村民。于是他们每天晚上都轮流到魏国的瓜地里踩西瓜、扯藤。

如此一来，十分生气的魏国人打算以其人之道还治其人之身，也准备去破坏楚国的瓜地。但一位年长的村民却劝大家说：“依我看，我们还是把这件事告诉县令吧，看他有什么办法应付?”

于是魏国村民找到县令宋，把这件事告诉他。宋听后，十分耐心地劝本国的村民说：“我们的心胸怎么能这样狭窄呢？如果今天我们也去把楚国的瓜地破坏了，只会让双方的怨恨越来越深，最后还有可能把情况闹大，甚至引起两国战乱和祸患啊！依我之见，我们就不要去理会他们的做法，并派人每天在夜里悄悄给他们的瓜地浇水。”村民听后感觉宋说得有道理，于是就按他的话去做。从那以后，魏国的村民总是在夜里一声不响地帮楚国人浇西瓜地。楚国村民很快就发现自己的西瓜越长越好，好像每天都有人给浇水。楚国人感到十分奇怪，大家互相一问，却谁也不知道这是怎么回事，于是他们暗中观察自己的瓜田。他们终于发现，原来是魏国的村民暗地里给他们浇西瓜田。结果他们大受感动，并把这件事告诉给楚国县令，县令知道后，自愧不如，于是把这件事写奏章报给楚王知道。

楚王知道后，在感动的同时也深深感到惭愧不安，于是他准备了许多贵重的礼物给魏王，并希望两国和好，魏王欣然同意，从此楚、魏两国百姓和平友好地生活。

人们一遇到艰难和打击，就很容易将仇恨的矛头对准别人而不是反思自己。现实生活中我们总会遇到这样那样的苦和怨，但无论怎样我们都要时时反省自己、不怨天尤人、不发牢骚、坦然面对，这才是我们为人处世的根本之道。

老子说：“道冲而用之或不盈，渊兮似万物之宗。挫其锐，解其纷，和其光，同其尘。湛兮似或存，吾不知谁之子，象帝之先。”这句话中所讲的道理就是要我们谦虚。一个人做任何事都要像山泉溪水一样涓涓而流、不休不止，就算它们已经汇成无底的深海，也不会拒绝连绵的细流，永远保持谦虚的心态。

人生在世，难免跟别人打交道，也难免言高语低，有些磕磕碰碰的事。这时候，像水一样柔而不弱，既可使自己的心灵免于受伤，也可免于伤害别人，不是很好吗？

第一，保持内心的强大。内心强大的人，因为自信而总是从容不迫，无论别人的态度如何变化，他总是不动声色，泰然自若。

有一次，美国西方石油公司董事长哈默，为公司在利比亚开采石油的有关问题跟利比亚政府谈判，他的谈判对手是利比亚的二号人物贾卢德。在谈判时，贾卢德带来了一挺机关枪，并有意无意地将枪口对准哈默。老

于世故的哈默没有被吓住，他知道对方外表强硬正好表明内心的虚弱。所以，面对枪口，他神色如常，连眼皮都没有多眨一下。

贾卢德见自己的虚张声势未产生任何效果，心情更急躁，在争论中他忍不住大声辱骂哈默。哈默站起来，温和地走到贾卢德身边，将手放在他肩上，表现出一种长辈对年轻人的宽容态度。贾卢德的心理防线彻底崩溃，最后几乎没有抵抗就按哈默提出的公平条件签订了协议。

假如我们被对方气势汹汹的态度吓得惊慌失措，那就是对方最乐意看见的结果。不管对方如何表演，仍能保持从容的心态，这样的人是不可战胜的。

第二，温和地对待别人的无礼。在生活中，我们经常会遇到别人无礼的对待。这时候，以无礼反击无礼，只会引起更强烈的人际冲突。如果我们保持温和的态度，就能有效化解别人强硬的态度，立于不败之地。因为在你面前，别人的强硬，就像一块石子投于水池，将消失得无影无踪。

乔是一位著名拳王，他以打法凶猛、作风顽强而让对手望而生畏。有一天，他跟朋友一起驾车外出，不料前面一辆小货车突然来了一个急刹，乔急忙刹车，险些撞上。小货车司机走下车，不由分说地将乔臭骂了一顿。乔并不分辩，微笑着连说“对不起。”乔的朋友不服气，想下车理论一番，却被乔拦住了。

小货车司机走后，乔的朋友不满地对他说：“你是拳王，为什么不教训一下这个讨厌的家伙?”

乔淡淡一笑，幽默地说：“假如他侮辱了歌王卡罗素，你认为卡罗素会为他唱一首歌吗?”

一个温和而冷静的人，他的心就像一条游在深水里的鱼，没有人能伤到他。假如别人无礼的态度使我们很受伤，那固然说明对方缺少修养，也说明我们的内心过于软弱。与其仇视对方，不如努力训练自己的心理承受能力。

第三，任何时候都不要失去自己的教养。温和有礼地对待别人，这是教养。假如别人态度无礼，还有没有必要对他讲礼貌呢？当然有必要。因为教养是我们自己的，不是别人的。无论别人是否有教养，也别忘了自己的修养。

有一天，一位绅士陪朋友散步。在一个熟悉的报摊上，绅士买了一份报纸，并且很礼貌地对报贩说了声“谢谢”。那报贩却冷冷淡淡的，不发一言。

他们离开报摊后，朋友发表议论说：“那家伙态度很差，对你的‘谢谢’好像并不领情呢！看他那冷冰冰的样子，好像别人欠了他的钱没还似的。”

绅士说：“是的，他每天都是这样子。”

“那你为什么还要对他那么客气呢？”朋友奇怪地问。

绅士反问：“我为什么要让他决定我的行为？”

在生活中，很多人总是让别人决定自己的行为。别人态度好，自己便笑脸相对；别人态度不好，自己便冷语相加。老让别人决定自己的态度和心情，不就是失去了自我吗？作为一个强者，当然应该保持自己独立的心境和行为能力。

第四，处变不惊，静观事态发展。遇到对方突然的挑衅时，可能一时之间不知如何反应，一旦言语不当，可能引起更大的矛盾冲突。这时候，一定要保持冷静，宁可一言不发，也不要轻易发言。直到想好了对策，才作出合理的反应。

古时候，有一位刺史，因为年轻，本州的武官对他不服气，总想找机会给他难堪。有一天，刺史的家僮骑马出门，路上遇到武官，没有下马请安，匆匆驱马而过。这在当时是失礼行为，但也不是什么大过。武官正想找刺史的麻烦，哪肯放过这个机会呢？他佯装大怒，跃马追上去，将家僮拉下马来，不由分说，用马鞭抽得皮开肉绽。然后，他提着马鞭，主动来见刺史，叙述事情经过后，故意说：“我打了您的家僮，请让我走吧！”他的意思是请刺史允许他辞职。

这等于给刺史出了一道难题：如果刺史不同意他辞职，就输了一招，武官可就得意了：我打了你的家僮，你敢把我怎么样？如果同意他辞职，又有公报私仇之嫌，反而被他抓住了把柄。这位年轻刺史并非等闲人物，他微微一笑，淡淡地说：“奴才见了官人不下马，打也可以，不打也可以；

官人打了奴才，走也可以，不走也可以。”这无异是说：打不打人，那是你的修养；走不走人，那是你的选择，总之跟我无关。

武官听了刺史的话，一时不知所措。如果他辞职的话，是自己让自己吃亏；如果他不辞职的话，是自己扫自己的面子。他默思半晌，无言以对，只得躬身告退。从此，他再也不敢为难刺史了。

这位刺史处变不惊，始终保持温和的态度，使对方找不到任何攻击的把柄，却让自己立于不败之地，不是很高明的策略吗？柔弱不等于软弱。柔弱的意思是保持内心的强大却不外示于人，并尽可能避免伤害他人，也避免自己受伤。

武功里有“四两拨千斤”的招数，运用的正是“柔弱胜刚强”的道理。好比一块巨石，如果落在一堆棉花上，会被棉花轻松地包在里面。以硬碰硬，只会两败俱伤，何不以柔克刚？

第八章

“忍”是最难做到的

——南怀瑾忍让智慧

南怀瑾先生认为，人生世间，想做个伟人、强者，需做足“忍”字功夫。他说：“我们要想学佛，要想修行成就，‘忍’是最难做到的，就如打坐修定，为什么定不住啊！两个腿痛，你就忍不住了，这个忍就是忍辱里的一忍啊！”

1. 难能可贵是“忍”字

【南怀瑾语录】

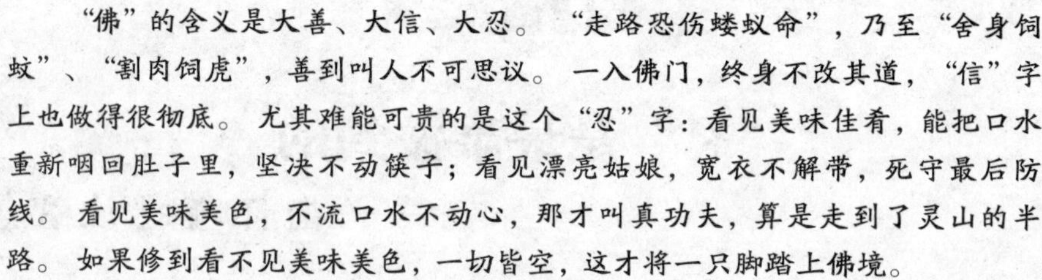
“佛”的含义是大善、大信、大忍。“走路恐伤蝼蚁命”，乃至“舍身饲蚊”、“割肉饲虎”，善到叫人不可思议。一入佛门，终身不改其道，“信”字上也做得很彻底。尤其难能可贵的是这个“忍”字：看见美味佳肴，能把口水重新咽回肚子里，坚决不动筷子；看见漂亮姑娘，宽衣不解带，死守最后防线。看见美味美色，不流口水不动心，那才叫真功夫，算是走到了灵山的半路。如果修到看不见美味美色，一切皆空，这才将一只脚踏上佛境。

忍让，是大智大勇的表现，它不计较一时的高低、眼前的得失，而是胸怀全局、着眼未来；忍让，是一种美德，它以宽广的胸怀、无私的心灵去容纳人、团结人、感化人。忍让，是一种修养，它面对荣辱毁誉，不惊不喜，心静如水。

南怀瑾曾在宜宾《金岷日报》担任编辑。当时，南怀瑾为了找碗饭吃，找到这家报社。柜台上坐着一个老头子，南怀瑾上去请安，问能不能在这里找到一份差使。老头子把他打量了一下，问他是哪里人，不是日本人吧。那时候的人都很怕日本的特务或汉奸。南怀瑾连忙说：我是浙江人，逃难逃到这里，想找一个差使，好有碗饭吃；随便什么事都行，倒茶扫地也干。这时，坐在里面的老板听见了，老板就说：那好啊，你就来上班，我们缺一个工友，扫地的。南怀瑾当天就在那家报馆上班——扫地。这个老板姓许，他在一边看着，一会儿，便把南怀瑾叫过去，对他说，看样子你不是干这种事的人。南怀瑾以为自己做得不对，老板却问他会不会写文章。南怀瑾不敢说大话，只说自己在私塾里念过子曰什么的。许老板马上出了一个题目，叫他写一篇文章。南怀瑾大笔一挥，许老板看了非常满意，从此他就成了副刊编辑，缓解了一时的经济困难。

南怀瑾忍下一口气，用实干赢得了报社老板的赏识。

人生世间，做个伟人，当如何？想做伟人，“善”字和“信”字可以打八折，“忍”字却一分不能少。

想当年韩信受胯下之辱，需要多大的忍耐力？关公“刮骨疗毒”，需要多大的忍耐力？至于刘邦、刘备这些人，在落魄时，只差没给人舔屁股了。勾践则实实在在做了比舔屁股还难堪的事，他为了表忠心，给吴王夫差尝粪便，好检查夫差的病情是否好转。其忍耐功夫，又比“刮骨疗毒”更胜一筹——忍得心苦，段数绝对高于忍得身苦。一时的痛楚远没有一生的屈辱可怕。

既然做伟人不简单，在世间做个强者如何？要想做强者，“善”字和“信”字上有较大的商量余地，“忍”字仍是开口无二价。在这个你推我挤争相出头的世界，忍不得被别人踩在脚底的屈辱，忍不得从高处跌到低谷的痛苦，忍不得从墙角爬到墙头的艰辛，怎么能做强者呢？

看来做强者不好玩，不如做个普通人吧。普通人在“善”、“信”、“忍”三个字上都没有具体指标，可随意选择，要名牌要水货都行，只不过一分价钱一分货。将伪善伪信伪忍的外衣披在身上招摇过市，是普通人；将真善伪善之类全撕掉，额头上贴个“小人”的标签在大街上“裸奔”，也是普通人……做普通人太容易了，费尽心机或者无所用心都可以成为普通人。

只不过，人生一世，满足于做一个普通人，又有几个人真能甘心呢？佛说：众生本来是佛。其实这也正是每个人的愿望。但是，想成佛，就免不了需要“修行”。正如南怀瑾所说：“众生本来是佛，是否就可以不用修行？不行，譬如挖到了金矿，但是金矿不是黄金，没有什么用，必须加以锻炼销熔，去掉杂质，炼成纯金，才有价值。”

如何让自己百炼成金呢？有一个要点，就是忍得烈火焚身的苦痛。布卡·华盛顿说：“成功的大小不是由这个人的人生高度来衡量的，而是由他在成功路上克服障碍的数目来衡量的。”唐僧师徒经历了九九八十一难才修成正果，耐不得寂寞是绝对不行的，其他成功者也无不如此。

张良能忍得兵书。

张良，字子房。汉初功臣，与韩信、萧何合称“汉三杰”。祖父、父亲原均是韩国宰相。韩被秦灭亡后，他在博浪沙行刺秦始皇未中，改名逃亡到下邳藏匿。据《史记·留侯世家》记载：他有一次在下邳桥上散步，遇到一位穿粗布短衣的老者，那老人故意将自己的鞋子扔到桥下，喝令张良到桥下给他取鞋。张良非常生气，但看他年迈，就忍着性子给老者取回鞋。可那老者又命张良给他穿上，张良又跪着替他穿好。老人一声未谢，只是笑笑就走了。没有走多远，老人又回来，对张良说：“你这孩子还不错，可以教导，五日后天明时，在这里和我会面。”张良点头答应。

五日以后，天刚明，张良来到桥上，见老人已先到，老人生气地指责张良失信，与老人约会不应迟到，并说：“再过五日早点来。”

五日后，鸡刚啼鸣，张良就到桥上，可老人已站在桥上等他。老人转身就走，生气地说：“过五天再早点来。”

又过了五日，这一回张良半夜就到桥上等。不久，老人来了，很高兴，夸奖张良这一次没有失约。老人拿出一部书，说：“读了这部书，就能做帝王的老师了，10年后就会得到验证。13年后，我们会在济北见面，谷城山下的黄石就是我。”说完话，老人就走了。天明以后张良看老人送的书，原来是《太公兵法》。相传张良得此兵书，才干大增，后来成为刘邦的重要谋士，为刘邦六出奇计。

康熙隐忍除奸佞。

康熙，即爱新觉罗·炫烨，清世祖第三子，他8岁登基。大权落入鳌拜之手。鳌拜专权擅政，根本不把康熙放在眼内。康熙强忍怒火，暗下决心，等待时机。平时装着贪于玩耍，不问朝政。掩人耳目学习摔跤，实则亲兵习武。鳌拜称病不上朝，康熙登门慰问，表示诚意，目的是稳住对手，同时察看真情，探听虚实。

康熙经过数年的准备，看条件成熟，便把鳌拜诱进宫中，将鳌拜及其爪牙一网打尽。此时康熙只有16岁。

吕蒙正忍让受敬仰。

据《宋史·吕蒙正传》记载：吕蒙正最初进入朝廷时，有个官员指着他说：“这小子也能当参知政事吗？”吕蒙正装作没有听到，走了过去。

可是朝中同事深感不平，要去查问那个官员的名字，吕蒙正急忙阻止说：“还是不查谁说的为好，如果一旦知道了他的姓名，那我就终身不能忘记了，还不如不知道更好，这样又有什么损失呢？”当时人们都十分钦佩他宽宏大量。

由以上可知，忍让不是软弱，也不是窝囊；不是无能，也不是麻木；不是放弃对真理的追求，也不是放弃对原则的维护；不是真正人格的沦没，更不同于向敌人的屈服。忍让是一种美德，是一种风范，是一种高尚的境界，是一种无私的胸怀。苦涩地一笑是忍让，一声“没关系”也是忍让。没有忍让，就没有平静；没有忍让，就没有和谐；没有忍让，就不存在友谊；没有忍让，就谈不上远大的理想。

一个人要有所成，有所大成，就必须忍受失败的折磨，在失败中锻炼自己、丰富自己、完善自己，使自己更强大、更稳健。这样，才可以水到渠成的走向成功。

2. 受一切痛苦就是辱

【南怀瑾语录】

> 首先我们来了解佛学忍辱的意思。看到一个“辱”字，我们会想到受人侮辱叫做辱。譬如别人骂你啦，打你啦，各种不如意的刺激算是辱，这是从文字上的了解。在佛法上讲，一切不如意就是辱，受一切痛苦就是辱。譬如我们老了、病了，老、病就是辱。

南怀瑾在此讲的是佛祖对于“辱”的定义，辱的宽泛性。辱并不是一定是受之于别人，一切的自我感觉不良好都是辱。

以前，一位禅师的门下有500弟子，其中、有个小和尚的名字叫“恶者”。这个名字听起来让人心里很不舒服，于是他想让师傅给他起一个好听一点的名字，而师傅让他自己到外边找一个吉利的名字。小和尚非常高兴，于是走街串巷地去找好名字。

一次，小和尚看见一群人正在为一个死者送葬，于是他走上前去问道："请问，死者叫什么名字？"送丧的人说叫"有命"。他一听，摇摇头，不无痛惜地说："名字叫有命，为何却没了命呢？"送丧的人冷笑一声，说道："名字只是一种符号，人都难免一死，怎见得叫有命就不会死了？你这小和尚也真糊涂。"

小和尚边想边往前走，一会儿他来到了一个富家大户的门前，看见主人正在用皮鞭抽打一个女仆。小和尚见女仆非常可怜，就上前问主人道："你为何这般打她？"主人气愤地说："她欠了我的钱不还，难道我还不该打她？"小和尚又问："请问这女仆叫什么名字？"主人答道"宝玉"。小和尚一听，惊叹道："宝玉这名字多吉利，怎么没钱还债，并且还要挨打呢？"主人听了，讥笑道："叫宝玉又怎么了，她还不是一个女仆？名字只是一个符号罢了，与有没有钱有什么关系？"小和尚一听，觉得有理，就决定不再找名字了，开始向寺庙的方向走。

在回去的路上，他遇到一个迷路的人，他问那人的名字，那人说叫"指南"。小和尚很好奇，就问他："你既然叫指南，为什么还会迷路呢？"迷路人听了哈哈大笑，说道："名字只不过是个符号而已，叫指南难道我就不会迷路了吗？"小和尚无言以对。

最后，他回到了寺里，来到了师傅的身边。师傅问他是否找到了满意的名字，小和尚懊悔地说："我不再找了，我还是叫原来的名字吧，它只不过是一个符号而已。"

这个故事讲的是小和尚找名字，但我们可以从中看到他的"辱"不是来自别人，而是来自自我的感觉；在他外出找名字的途中看到女仆受辱，来自于她借钱不还；鞭打她的主人也受了辱，来自于女仆借钱不还，使他心中产生辱感。

大多数时候，我们受到的辱，是外界干扰了我们内心。

一个妇人是私生子，别人都对她指指点点，为此她整日烦恼，不无论她走到哪里，这种烦恼都如影随形，不断地折磨着她。

有一天，妇人实在忍受不了了，便想投水自尽，一死了之。可是，妇

人刚刚跳入河中，就被人救了起来。当听完妇人的不幸遭遇时，那个救她的人劝她投入佛门，寻求解脱。

于是，这位妇人拜访一位禅师，对其叙述自己的不幸。禅师在听完妇人的叙述之后，只是让她静默打坐，别无所示。妇人打坐了三天，非但烦恼不除，羞辱之心反倒更加强烈了。妇人气愤不过，跑到禅师面前，想将他臭骂一顿。

“你是想骂我，是吗？只要你再稍坐一刻，就不会有这样的念头了。”禅师的未卜先知，让她既吃惊又心生敬意。于是，她依照禅师的教示，继续打坐。

不知过了多长时间，禅师轻声问道：“在你尚未成为一个私生子之前，你是谁?”

妇人脑子里的某根弦仿佛突然被拨动了一下，她窘得双手捂着脸，随后更是号啕大哭起来：“我就是我啊！我就是我啊！”

辱的消除，不在于别人停止对你的侮辱，而在于自己不去多管别人辱你的“闲事”。

也许有人会说，佛法中对辱的处理过于消极。但实际情况是“无言就是最大的蔑视”，何况有些事本身就是“越描越黑”。本无辱感，何来辱呢？

“忍辱”是佛教的第四度波罗蜜（梵语，渡到彼岸）。忍辱又分三种：一曰生忍，即要忍受外人对我的无礼相加；二曰法忍，即福德双修永不生厌倦之心；三曰无生法忍，即认知不生不灭的真法性。

我们先谈“生忍”。生忍就是人生遇到不公平、不公正、无礼相加的事是不可避免的，不足为怪，更不必愤愤不平、积怨生恨。在人生低谷期更是如此。

再谈“法忍”。它的含义是为了追求真理，得到真谛，可以修持净戒，排除一切外界的诱惑和习惯的干扰。人在经历了低谷期的震荡整理之后，会逐渐理出一条前行的思路来。一旦认准了出路，就要特立独行、我行我素，以坚忍之心力始终贯彻之，决不能半途而废和反复折腾。

忍辱的第三种“无生法忍”，就是要超越时间，超越空间来看待荣辱，在清除一切怨憎，也吃透一切解脱办法的真谛之后回归人类清净自然的本性。

我们平常与别人发生争执，常常怪罪别人，总认为别人不对，忍不下去。从佛教的观点看，我们应该检查自己，不应到别人身上找原因。宣化上人教导我们："真认自己错，莫论他人非；他非即我非，同体名大悲。"这个是我们做人做事、修行必须遵守的准则。我们修行就是修正自己的错误思想和言行，不是去修正别人的错误。

有一颗忍辱的心是至关重要的。忍一时风平浪静，退一步便会海阔天空。让我们都拥有一颗忍辱的心，学会忍辱，你会找到一片广阔的天空。

若将人生比为一颗树，那么能够忍辱的心灵就是树的根本，若要生命之树繁荣茂盛，就一定要有一颗忍辱的心。若把人生比为一条溪，那么能够忍辱的心灵就是溪的源头，若要生命之水长流不止，就一定要有一颗忍辱的心。若将人生比为一朵花，那么能够忍辱的心灵就是花的根基，若要生命之花永开不败，就一定要有一颗忍辱的心。

3. 婆娑世界众生堪忍

【南怀瑾语录】

所以，这个有缺陷的娑婆世界非常难堪忍，没有一样事情是圆满的，而这个世界上的一切众生堪忍，受得了：所以这个世界叫做娑婆世界，是堪忍的世界。

生气是拿别人的错误来惩罚自己。这不仅浪费时间，还浪费了生命，因为生气会折寿。南怀瑾先生认为如果忍一时之气，不仅利人，而且利己。

《寓圃杂记》里面记述了杨翥的两件事：杨翥的邻居丢了一只鸡，便骂是姓杨的偷去了。家人告诉杨翥，杨翥说：又不是我一家姓杨，随他骂去！又一邻居，每逢雨天，便将自家院子里的积水排放到杨翥院中。家人告知杨翥，他却劝解家人：总是晴天的日子多，落雨的日子少。久而久之，邻居们被杨翥的忍让所感动。有一年，一伙贼人密谋抢劫杨家，邻居们主动帮杨家守夜，使杨家免去了这场灾祸。

很多悲剧都是由于一时冲动和鲁莽造成的，如果我们在遇事时保持冷静，有些事忍一忍然后再做决定，那么很多悲剧都可以避免。

忍让能化敌为友。

1754 年，当时已是上校的乔治·华盛顿率领部下驻防亚历山大市。这时正值弗吉尼亚州议会选举议员。有一位名叫威廉·佩恩的人反对华盛顿支持的一个候选人。

有一次，华盛顿就选举问题与佩恩展开了一场激烈的争论，争论中说出了一些极不入耳的脏话。佩恩火冒三丈，挥拳将华盛顿击倒在地。当闻讯赶来的华盛顿士兵想为长官报一拳之仇时，他却阻止并说服大家平静地退回了营地。

翌晨，华盛顿托人带给佩恩一张便条，请他尽快到当地一家酒店会面。佩恩神情紧张地来到酒店，料想必有一场恶斗。出乎他的意料，迎接他的不是手枪而是友好的酒杯。华盛顿站起身来，笑容可掬，伸出手欢迎他的到来，并真诚地说道：“佩恩先生，人谁能无过，知错而改方为俊杰。昨天，确实是我不对。你已采取行动挽回了面子，如果你觉得那已足够，那么就请握住我的手吧，让我们来做朋友。”

这场风波就这样友好地平息了。从此，佩恩成了华盛顿的一个崇拜者。

忍让能赢得胜利。

一次，楚庄王因为打了大胜仗，十分高兴，便在宫中设盛大晚宴，招待群臣，宫中一片热火朝天。楚王也兴致高昂，叫出自己最宠爱的妃子许姬，轮流着替群臣斟酒助兴。

忽然一阵大风吹进宫中，蜡烛被风吹灭，宫中立刻漆黑一片。黑暗中，有人扯住许姬的衣袖想要亲近她。许姬便顺手拔下那人的帽缨并赶快挣脱离开，然后许姬来到庄王身边告诉庄王说：“有人想趁黑暗调戏我，我已拔下了他的帽缨，请大王快吩咐点灯，看谁没有帽缨就把他抓起来处置。”

庄王说：“且慢！今天我请大家来喝酒，酒后失礼是常有的事，不宜怪罪。再说，众位将士为国效力，我怎么能为了显示你的贞洁而辱没我的将士呢?”说完，庄王不动声色地对众人喊道：“各位，今天寡人请大家喝酒，大家一定要尽兴，请大家都把帽缨拔掉，不拔掉帽缨不足以尽欢!”

于是群臣都拔掉自己的帽缨，庄王再命人重又点亮蜡烛，宫中一片欢笑，众人尽欢而散。3 年后，晋国侵犯楚国，楚庄王亲自带兵迎战。交战中，庄王发现自己军中有一员将官，总是奋不顾身，冲杀在前，所向无敌。众将士也在他的影响和带动下，奋勇杀敌，斗志高昂。这次交战，晋军大败，楚军大胜回朝。

战后，楚庄王把那位将官找来，问他：“寡人见你此次战斗奋勇异常，寡人平日好像并未对你有过什么特殊好处，你是为什么如此冒死奋战呢?”

那将官跪在庄王阶前，低着头回答说：“3 年前，臣在大王宫中酒后失礼，本该处死，可是大王不仅没有追究、问罪，反而还设法保全我的面子，臣深深感动，对大王的恩德牢记在心。从那时起，我就时刻准备用自己的生命来报答大王的恩德。这次上战场，正是我立功报恩的机会，所以我才不惜生命，奋勇杀敌，就是战死疆场也在所不辞。大王，臣就是 3 年前那个被王妃拔掉帽缨的罪人啊!”

忍让是一种智慧。

大哲学家苏格拉底，对别人的错误从不指责，而是迂回指出。据记载：苏格拉底的妻子是一位性情非常急躁的人，往往当众给这位哲学家以难堪。有一次，苏格拉底在同几个学生讨论某个学术问题时，他的妻子不知何故，忽然叫骂起来，震撼了整个课堂。继而，他的妻子提起一桶凉水冲着苏格拉底泼了出去，致使苏格拉底全身湿透。当学生们感到十分尴尬而不知所措的时候，只见他诙谐地笑了起来，幽默地说：“我早就知道打雷之后一定跟着要下雨。”这一句话使他妻子的怒气顿消，大家都大笑起来。

自然界万物皆能忍耐。松能忍耐，“大雪压青松，青松挺且直”；梅能忍耐，“无意苦争春，一任群芳妒”；猴能忍耐“被压五百年，只为取经

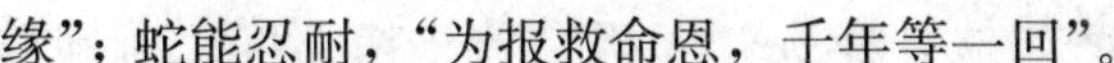

缘”；蛇能忍耐，“为报救命恩，千年等一回”。

农民能忍耐艰辛，“锄禾日当午，汗滴禾下土”；儒生能忍耐清贫“一箪食，一瓢饮，人不堪其忧，回也不改其乐”；军人对痛苦和死亡能忍耐，战火焚身而丝毫不动；大将能忍耐“胯下之辱”；志士能忍耐“饮雪吞毡”；英豪能忍耐“卧薪尝胆”。

邓拓说：“君子忍人所不能忍，容人所不能容，处人所不能处。”

学会忍让，记住百忍便成金；学会忍让，能忍方是真好汉；学会忍让，我们的生活中必然会多一些温馨的平和，少一些无益的风浪。一时的冲动，有可能会酿成了大祸，如果想做一个成功的人，必须学会——忍。

4. 修行成就先要忍

【南怀瑾语录】

我们要想学佛，要想修行成就，“忍”是最难做到的，就如打坐修定，为什么定不住啊！两个腿痛，你就忍不住了，这个忍就是忍辱里的一忍啊！

佛祖认为：能够忍辱的人，才能成为大人物。如果不能像饮甘露一样忍受恶毒的辱骂，就不能算是有智慧的人。

佛祖的要求似乎太高：能忍受羞辱就算了不得，像饮甘露一样忍受辱骂，不是太勉为其难了吗？但真正的大人物确实能达到这种境界。

比如武则天，虽是一个女流之辈，度量却异于常人。当时徐敬业带头造反，骆宾王为他起草了一篇讨伐武则天的檄文，发布全国。檄文中极力夸大武氏的罪恶，颇多过激之词。武则天阅读檄文，看到“蛾眉不肯让人，狐媚偏能惑主”的句子时，不禁微微一笑。当她读到“一抔之土未干，六尺之孤安在”时，顿觉其笔锋犀利异常，直指心腹，不禁惊出一身冷汗，同时兴起惜才之心，对身边人说：“宰相怎么失掉了骆宾王这样有才能的人呢?”

武则天为何能对骂她的话如饮甘露呢？大概是善于换角度思考问题吧。比如骂她“蛾眉不肯让人，狐媚偏能惑主”，表面看是说她不守本分，像狐狸精一样善于迷惑先帝以邀宠，但反过来想，这等于说她心怀大志，且貌美如花，魅力惊人。这不是夸她吗？难怪有人说：“不公正的批评是一种伪装的恭维。”事实确实如此。

“一抔之土未干，六尺之孤安在”，是说武则天权欲薰心，老公尸骨未寒，她就抢了老李家的产业，可谓击中要害。但武则天的目光又转到作者的才华上，不恨而生爱惜之情。

在受到羞辱时，转换角度看待问题，心态就变了，完全可能产生“如饮甘露”的感觉。

那么，“甘”受羞辱跟成为大人物有什么关系呢？南怀瑾认为：

第一，不为羞辱所动者，能冷静发现事物中的好处。不管对方是恶意指责还是善意批评，其中必有一些有价值的东西。如果克服情绪冲动，冷静倾听对方的意见，就能得到其全部价值。

有一个故事：师经是个盲琴师，有一天，魏文侯在宫中跳舞，师经为他弹琴伴奏。魏文侯跳到得意处，唱起了歌儿：“听我的话，不要违背我……”师经一听，马上拿起琴去撞击魏文侯，却没有击中人，只打中帽子上悬挂的珠串。珠串被打散，珠子散落满地。

魏文侯恼怒地问左右：“做臣子的竟敢打他的主子，该当何罪？”

左右回答：“应该活活煮死。”

于是，侍从们拖着师经走下堂。才下一级台阶，师经回头问：“我可以说一句话再死吗？”

魏文侯说：“可以！”

师经说：“从前，尧舜做君王，只担心他们讲的话没有人敢反对；桀纣做君王，只担心他们讲的话有人反对。现在，我打的是暴君桀纣，并没有打你。”

魏文侯惭愧地说：“放了他吧！这是我的过错。把琴悬挂到城门口，作为我改过的符信；不要修补珠串，作为我的警戒。”

结果，全国上下都夸魏文侯贤明，很多人主动来贡献意见，魏国因此有很大的进步。

师经未说明原因，举琴就打人，魏文侯被打得莫名其妙，难免会恼怒。但师经一旦指出了他的错误，他就“如饮甘露”，并且马上做出恰当的回应，不愧是大人物。

第二，不为羞辱所动者，能谨慎避免可能的危机。大人物通常不会根据个人喜恶决策，他们会谨慎地权衡利弊，然后选择最有利的做法而避开危机。所以，不管对方怎样羞辱，他们的着眼点还是“利弊”二字。

三国时诸葛亮和司马懿祁山交战，诸葛亮千里劳师欲速战。司马懿看穿孔明急于求战的心理，因为蜀军远征，粮草供给线过长，时间越久越对蜀军不利，所以他便以逸待劳，坚壁不出，以空耗蜀军士气，然后伺机取胜。

诸葛亮面对司马懿的闭门不战，无计可施，最后想出一招，送一套女装给司马懿，以羞辱他闭门不战宛若妇人。这是一般人根本无法忍受的侮辱，可司马懿毕竟非同一般，他落落大方地接受了女儿装，情绪并无影响，还是坚壁不出，诸葛亮几乎无计可施，最后身死五丈原。

确实，在强大的对手面前，忍一时，往往可以避灾逃祸，转危为安。留得青山在，不怕没柴烧。在真正的强者眼里，世上没有失败，有的只是面对挫折与逆境的积蓄力量的忍耐。

佛门堪净，不论是僧众、居士还是信徒都应小心行事，来此之人都是虔诚学佛的，所以南怀瑾先生说：要想学佛，要想修行成就，就要先忍。

天刚破晓，朱友峰居士就兴冲冲地抱着一束鲜花和供果，赶到大佛寺想参加寺院的早课。

可是，刚踏进大殿，左侧突然跑出一个人，正好与朱友峰撞个满怀，将他捧着的水果撞翻在地。朱友峰看到满地的水果忍不住叫起来：“你看！你这么粗心，把我供佛的水果全部撞翻了，你得给我一个交代！”

那个人名叫李南山，他非常不满地说：“撞翻已经撞翻，顶多说一声对不起就够了，你干吗那么凶啊？”

朱友峰十分生气：“你这是什么态度啊？自己错了还要怪人吗？”

接下来，两个人对骂起来，互相指责的声音很大。

广圄禅师正好经过这里，问明原委后，说：“莽撞地行走是不应该的，但是不肯接受别人的道歉也是不对的，这都是愚蠢不堪的行为。能坦诚地承认自己的过失及接受别人的道歉，才是智者的举止。”

停了片刻，广圄禅师又说：“我们生活在这个世界上，必须协调生活层面的事情太多了。比如在社会上，如何与亲族、朋友取得协调；在教养上，如何与师长们取得沟通；在经济上，如何量入为出；在家庭上，如何培养夫妻、亲子的感情；在生活上，如何使身体健全；在精神上，如何选择自己的生活方式；能够如此才不会辜负我们可贵的生命。想想看，为了一点小事，一大早就破坏了一片虔诚的心境，值得吗?”

听到这里，李南山先说：“禅师！我错了，实在太冒失了！”他说着便转身向朱友峰说：“请接受我至诚的道歉！我实在太愚痴了！”

朱友峰也由衷地说：“我也有不对的地方，不该为点小事就大发脾气，实在是太幼稚了！”

南怀瑾认为不能忍受别人冒犯的人，发起怒来不会顾及别人；不能忍受别人压抑的人，怨愤时不会考虑自身。受到一点挫折就好像在大庭广众之下受到侮辱，就怒发冲冠，难道这是壮士？不能忍受挫折，不是害了别人，就是害了自己，不如忍耐性情从旁慢慢观察胜败。名誉在屈辱中得到彰显，德量从隐忍中增大。

黥布恃仗意气，以为会拜他为汉将。当汉王坐在床上洗脚召见他时，他气得要自杀。召见后受到的礼遇超过了他的想象，又大喜过望。黥布最后未能以功名终其身，当时就已经见出他的度量了。

南怀瑾认为仕途的升迁，就像台阶那样一级一级地升高。攀引跨越，何必那么急躁。有远大见识的人，应退隐而至恬淡无争的境界。官府征召他做官，第一次委任，他辞掉；第二次委任，他仍然推辞；第三次也将如此。热心名利地位的人，不能忍受贫寒；向灶神献殷勤的人，不能忍受谗言的诱惑；跳墙去幽会的人，不能忍受男女间的情欲；翻墙盗窃的人，不能忍受贪财的物欲。爵位称作天爵，俸禄称作天禄。可以继续做就继续做，可以马上离职就马上离职。用车装载着黄金锦绣，为权力地位奔波。吃的粮食比玉贵，烧的薪柴比桂木贵，随顺着鬼而见到神。就像做了一场虚幻的南柯梦，对事情又有什么补益？

东晋大臣王述性情急躁。有一次吃鸡蛋，他用筷子去叉，没叉到，立即大发脾气，拿起鸡蛋扔到地上。鸡蛋在地上滚来滚去还没有停，他又下地用木屐去碾，又没碾着。他气得要命，从地上拿起鸡蛋放进嘴里，嚼碎了立即吐出来。王羲之听说后哈哈大笑，说：“即使是王承有这种急性子，尚且没有丝毫可取之处，更何况是王述呢?”谢无奕性情粗暴蛮横，因为一些事情和王述产生了矛盾，就亲自去数落王述，还毫无顾忌地破口大骂。当时王述表情严肃，面冲着墙不敢动。骂了半天，谢无奕走了。过了很长时间，王述转过头问身边的小吏：“他走了吗?”小吏说：“已经走了。”王述这才回到座位上。当时的人都赞赏他虽然性情急躁，却能够有所容忍。

王述是个急性子，脾气火暴，但是当谢无奕在自己家门口大骂他时却能够从容平静。王述虽然急躁，但没有丧失理智，做事情的时候很有分寸：他可以对鸡蛋又扔又碾，但对人却十分容忍。其中的道理也很简单：对没有生命的鸡蛋发脾气，鸡蛋不会报复自己；但是如果对人出言不逊，很可能遭人嫉恨。如果和自己有仇怨的人太多，日后难免被人家找机会报复，这时遭受的损失就不是自己碾碎的一个鸡蛋了。性格急躁的人往往由于自己言行粗暴得罪人，这实在是性格上的一大缺陷，会给自己的前途发展造成种种障碍。所以脾气大的人应该看到这种坏脾气给自己带来的危害，努力培养平和冷静的心态，从根本上改掉急躁的毛病，这是标本兼治的最好方法。但是如果短时间做不到，可以选择适当的发泄方式，比如像王述一样将火气发泄在不会给自己带来危害的鸡蛋上，这样就不会和别人发生冲突，避免遭人怨恨，这不失为性情急躁者安身立命的一条好方法。

懂得忍耐有利于成就事业，意气用事只会错失良机。面对别人的侮辱和伤害，我们没必要急急忙忙以一种对抗的方式来证明自己并非软弱可欺，因为路遥知马力、日久见真功，有效地忍耐，会使我们获得更多的收益。

5. 只有慈悲，不动嗔念

【南怀瑾语录】

佛说：身体被人家残害时只有慈悲，不动嗔念，到达忍受痛苦的境界，这是理的境界，智慧的成就。

“如果有人打了你的左脸，你应该把右脸也伸过去给他。”这句话听来是不是很愚蠢？但南怀瑾先生却认为这才是修行的至忍境界。这不是退让和怯懦，也不是思想愚固，而是人性中的宽容与理解。因为如果你把右脸也伸过去了，那打你之人还好意思再打吗？他肯定会脸红心跳。但是如果他又打了，那么说明这人蛮横无理，已经无可救药。既然这样，你忍无可忍也无补于事，又何必跟这种人斤斤计较、一般见识呢？

唐朝开元年间有位梦窗禅师，他德高望重，并且还做了国师。

有一次，梦窗禅师搭船渡河，渡船刚要离岸，远处来了一位骑马佩刀的将军，将军大声喊道：“等一等，等一等，载我过去。”他一边说，一边把马拴在岸边，拿了鞭子朝小船走来。

船上的人纷纷说道：“船已经开了，不能回头了，干脆让他等下一班船吧。”船夫也大声喊道：“请等下一班船吧。”将军非常失望，急得在水边团团转。

这时，坐在船头的梦窗禅师对船夫说道：“船家，这船离岸还没有多远，你就行个方便，掉过船头载他过河吧。”船家一看是位气度不凡的出家师傅开口求情，就把船开了回去，让那位将军上了船。

将军上了船后，就四处寻找座位，无奈座位已满。这时，他看到了坐在船头的梦窗禅师，于是拿起鞭子就打，嘴里还粗野地骂道：“老和尚，快走开。没看见你大爷上船了吗？快把座位让给我。”没想到，这一鞭正好打在梦窗禅师的头上，鲜血立刻顺着他的脸颊汩汩地留了下来。禅师一

言不发，把座位让给了那位将军。

看到这一切，大家心里既害怕将军的蛮横，又为禅师抱不平，人们纷纷窃语：这将军真是忘恩负义，禅师请求船夫回去载他，他不仅抢了禅师的位子，还打人家。从大家的议论声中，将军明白了一切，他心里非常惭愧，懊恼不已，但身为将军，他又不好意思认错。

不一会儿，船到了对岸，大家都下了船。梦窗禅师默默地走到了水边，洗掉了脸上的血污。此时，那位将军再也忍受不住了，就走上前，跪在禅师面前，忏悔道：“禅师，我真对不起您。”

谁知，梦窗禅师不仅没有生气，反而心平气和地说：“不要紧，出门在外，难免心情不好。”

“忍”字头上一把刀，说明忍的难得和可贵。“忍他人之不能忍，方为人上之人。”忍，是一种高深的修行之道。忍可以避免争端，忍可以大事化小、小事化了，并且可以修身养性。

有位青年脾气很暴躁，还常喜欢跟别人打架，因此很多人都不喜欢他。

有一天，这位青年无意中游荡到大德寺，碰巧听到一休禅师正在说法。他听完后发誓痛改前非，于是对禅师说：“师父！我以后再也不跟人家打架口角了，免得人见人烦，就算是别人往我脸上吐口水，我也只是忍耐地擦去，而默默地承受！”

一休禅师听了青年的话，笑着说：“嗳，何必呢，就让唾沫自己干了吧，何必去擦掉呢?”

青年听了，有些惊讶，于是问禅师：“那怎么可能呢？为什么要这样忍受啊?”

一休禅师说：“这没有什么能不能忍受的，你就把它当做是蚊虫之类停在脸上，不值得与它打架或者骂它，虽然被吐了唾沫，但并不是什么侮辱，就微笑地接受吧!”

青年又问：“如果对方不是吐唾沫，而是用拳头打过来时，那可怎么办呢?”

一休禅师回答：“这不一样嘛！不要太在意！这只不过一拳而已。”

青年听了，认为一休禅师实在是岂有此理，终于忍耐不住，忽然举起拳头，向一休禅师的头上打去，并问："和尚，现在怎么办?"

一休禅师非常关切地说："我的头硬得像石头，没什么感觉，倒是你的手大概打痛了吧?"

青年愣在那里，实在无话可说了。

而历史上赫赫有名的"将相和"的故事更是忍辱求和的经典例证。

蔺相如、廉颇"将相和"的故事在历史上一直被传为美谈。蔺相如以国家利益为重，不计较廉颇一而再、再而三的羞辱，体现了一个大臣对国家的耿耿忠心，同时也显示了自己深厚的修养。蔺相如说："尽管秦王是那样的威风凛凛，但我还是在秦国的宫廷上当众斥责他、羞辱他的大臣们。我虽然不怎么样，难道还怕一个廉将军吗?我只不过是考虑到强大的秦国之所以不敢对赵国发动战争，就是因为赵国有我们两个人在。现在如果我们两个人有矛盾，两虎相争，势必不能同生共存。我之所以对廉将军一再忍辱回避，无非是把国家存亡的大事放在第一位，把个人的恩怨放在后面罢了!"廉颇听说后很受感动，当即脱去了上衣，裸背背着荆杖，在宾客陪伴下，来到蔺相如府上请罪。他说："我是个粗鄙浅陋的人，不料您这么宽容我，容忍我到这种地步。"于是两个人言归于好，成了生死与共的朋友。

廉颇因为蔺相如升迁很快而心理不平衡，总想找机会羞辱他，似乎是一个莽撞而浅薄的人，但是当他知道蔺相如之所以忍让自己是为了国家的利益，就幡然醒悟，毫不顾及自己大将军的身份，主动赤裸着背，背着荆条，上门请罪，同样难能可贵。

蔺相如、廉颇故事的感人之处就在于两个人尽管地位很高，却都能够以国家为重，一个不计较个人得失，另一个知错就改。生活中人们都可能会被冒犯，这个时候立即还击并不一定就能体现出一个人有多么英勇。相反，为了国家和集体的利益做适当的忍让更显得高尚。另一方面，谁都免不了要犯错误，但知道错了之后能不能改正，就体现出一个人的修养到底如何。有的人明明知道自己错了，但碍于面子，死不悔改，一错到底，和廉颇比起来就差了一个档次了。

忍辱负重，宽宏大量，知错就改，是一个人的美德。

6. 切断一切万缘叫做法忍

【南怀瑾语录】

切断一切万缘叫做法忍。我们中国文学的形容词是：拨开慧剑，斩断情丝。有时我们剑是拉不开啊！有时候又只拉一半；有时候剑拉出来了，看看剑却愣住了。不要说斩啦，扯都扯不断，那个剑早就钝了。所以说，法忍也就是六度的中心，忍辱的意思。

在南怀瑾先生看来，佛家提倡的法忍与世俗的忍辱还是有一定区别的，那就是佛家的忍比俗世的忍更彻底，俗人已经忍无可忍，出家人还要继续忍。

有一天，佛陀在竹林精舍的时候，忽有一个婆罗门愤怒地冲进精舍来。因为他同族的人都出家到佛陀这里来，故使他大发怒火。

佛陀默默地听着他的无理谩骂，等他安静下来后，向他说道："婆罗门呀！你的家偶尔也有访客吧！"

"当然有，何必问此！"

"婆罗门呀，那个时候，偶尔你也会款待客人吧？"

"那是当然的啊。"

"婆罗门呀，假如那个时候，访客不接受你的款待，那么那些菜肴应该归于谁呢？"

"要是他不吃的话，那些菜肴只好再归于我！"

佛陀盯着他看了一会儿，然后说道："婆罗门呀，你今天在我的面前说很多坏话，但是我并不接受它，所以你的无理谩骂，那是归于你的！婆罗门呀，如果我被谩骂，而再以恶语相加时，就有如主客一起用餐一样，因此我不接受这个菜肴！"

佛陀于是随口说出这样的偈："对愤怒的人，以牙还牙，是一件不应该的事。面对愤怒的人，不为所动，将可得到两个胜利：知道他人的愤怒，而以正念镇静自己的人，不但能胜于自己，也能胜于他人。”

后来，这个婆罗门就在佛陀门下出家，不久成为阿罗汉。

关于佛陀忍辱的故事还有这样一个。

有一次，有一个人去侮辱佛陀，——他朝佛陀的脸上吐了一口唾沫。

佛陀擦了擦脸，然后问他：“你还有什么要说的?”——好像他说过什么似的。

这个人糊涂了，因为他从来没有料到会有这种回答，他走了。可他整夜不能入睡，越来越感觉到自己做了件绝对错误的事，觉得有罪恶感。

第二天早上，他来了，跪在佛陀脚下说：“饶恕我吧!”

佛陀说：“现在谁来饶恕你？你对着吐唾沫的那个人已经不在了，吐唾沫的那个人也不在了——所以，谁将饶恕谁？忘了它吧，现在什么事都无法做了，一切都已经结束了！因为没有人了，昨天的两个人都已经死了，还能做什么呢？今天你是一个崭新的人，我也是一个崭新的人。”

佛家说：“难忍能忍，难行能行。”

月船禅师是一位绘画高手，他的画惟妙惟肖，却贵得出奇。同时，他还有一个习惯，就是要先收钱再作画。有一天，一个女子找月船禅师作画。

月船禅师问：“你能付多少钱?”

女子回答：“你要多少就付多少，但要在我家当众作画。”

月船禅师答应了，如约而去。

那女子正在家中宴请宾客。月船禅师当众画完画之后，拿了酬劳正想离开。那女子却对宾客说道：“这位画家只知道要钱，画虽好，其中却透露着金钱的污秽，这种画是不宜挂在客厅里的，它只配用来装饰我的裙子。”说着便将自己的外裙脱下，当众要月船禅师在上面作画。

月船禅师仍不动声色，问道：“你能付多少钱?”

女子答道：“随便你要。”

月船禅师又要了一个高价，然后平心静气地在那女子的裙子上作画，画完之后又若无其事地离去。

众人听说此事都非常纳闷：“月船禅师衣食无忧，为什么如此着重金钱？只要给钱，好像受任何侮辱都无所谓，真是不可思议!”

多年后，大家才知道个中原因。原来，月船禅师禅居住之地常发生灾荒，那些有钱的富人不肯出钱赈灾，因此他准备建造一座粮仓，以备不时之需。除此之外，月船禅师还想完成师父的遗愿——建造一座寺院。他又不愿一味地等待他人的布施，只好以作画筹集资金。

7. 能忍辱者，必能立天下之事

【南怀瑾语录】

能忍辱者，必能立天下之事。圯桥匍匐取履，而子房韫帝师之智；市人笑出胯下，而韩信负侯王之器。忍辱的时候有痛的感觉，有非常痛苦的感受，而心念把痛苦拿掉，转化成慈悲，这才是忍辱波罗蜜。

能够忍受侮辱的人，一定能建立统一国家的大业。张良在桥下爬着给老人捡鞋，从此他胸怀帝师的智谋；市井之人讥笑韩信从别人胯下爬出，其实他负有王侯的器量。《说苑·众谈篇》中说：“能够忍受耻辱的人安全，能够忍受羞辱的人可以生存。”被看成是不可能复燃的死灰，韩安国受到何等侮辱；被裹在厕所的席子里，范雎最后封为应侯。侮辱实在是给人治病的毒药，不使病人昏迷又怎能治好病呢？所以为别人系上裤子的人当了廷尉，甘心让自己的脸被人吐唾沫的人居于宰相的地位。忍受耻辱者促命，忍受羞辱者安全。

当我们被别人冤枉时，如果费尽心机地去解释，往往会适得其反，佛家倡导：“禅门宜默。”遇到这种事情时，与其争辩，不若一默，要相信事情总会有真相大白的时候。暂时的隐忍，是为了真相更快的到来。

日本的白隐禅师是一位修行有道的高僧，向来受到大家的尊敬。

有一对夫妇，在白隐禅师的住处附近开了一家食品店。这对夫妇有一个漂亮的女儿，不经意间，夫妇俩发现女儿的肚子无缘无故地大了起来。

出了这种见不得人的事，使得这对夫妇又惊又怒！夫妇俩对女儿爱恨交加，发誓要惩罚那个惹事的家伙。在父母的逼问下，女儿起初不肯招认那个人是谁，最后才吞吞吐吐说出“白隐”两个字。

夫妇俩当即怒不可遏地去找白隐理论。听清事情的原委以后，这位大师不置可否，只若无其事地答道：“是这样吗?”

孩子生下来后，就被怒气冲冲的夫妇俩抱给了白隐禅师。此时的禅师早已经名誉扫地，但他并不以为然，只是非常细心地照顾着孩子。

禅师向邻居乞求婴儿所需的奶水和其他用品，虽不免横遭白眼和冷嘲热讽，但他总是处之泰然，仿佛他是受托抚养别人的孩子一般。

一晃一年过去了，那位未婚妈妈终于不忍心再欺瞒下去。她老老实实地向父母摊牌：孩子的生父是在市场里做工的一名青年。

随后，三人来到白隐禅师那里，不住地向他道歉，请他原谅，并说要将孩子带回去自己抚养。

白隐禅师仍然是淡然如水，他没有任何表示，也没有乘机教训他们。只是在交回孩子的时候，禅师轻声说道：“是这样吗?”就好像不曾发生过什么事，即使有也只像微风吹过耳畔，霎时即逝。

这样的故事还有很多。

唐朝人裴玄本生性幽默，爱开玩笑。他任户部郎中的时候，左仆射房玄龄得了重病，尚书省的官员们要去探望他。裴玄本开玩笑说：“如果仆射的病好了，那是需要慰问他；现在既然严重了，还去探望什么?”有人把这番话告诉给了房玄龄。不久之后裴玄本按规矩去问候房玄龄，房玄龄笑着说：“既然裴郎中都来探望我了，那我就死不了了。”

房玄龄在历史上以善于谋划而著称，自然知晓其中的奥妙，因此在裴玄本的事情上表现得十分幽默与豁达，博得了众人的赞许。房玄龄知道裴玄本的这句话只是玩笑，并没有给自己的名誉与地位造成任何损害，与其死抓住这句话不放，还不如摆出宽宏大量的姿态，于是以一句玩笑话从侧面婉转地批评了裴玄本，更显出他的高明，可谓一举两得。

司马迁忍辱负重，完成了《史记》。因为在他心中有个目标，就是要用历史的史实警示后人。所以他能忍受常人无法忍受的痛苦，完成这一巨著。忍辱是一种美德，只有宽以待人，才可能赢得更多人的尊重，获得更多的成功机会。

第九章

失意的事并不是倒霉

——南怀瑾应挫智慧

南怀瑾先生认为，南怀瑾先生认为“得意失意都是平常事”，要坦然面对人生的困境或逆境。他说：“人生得意的事，有时并不是幸福；而有时失意的事，并不是倒霉。……人生得意的事，虽不一定是坏，也不一定是好，有时失意也不一定是差。”

1. 得意失意平常事

【南怀瑾语录】

人生得意的事，有时并不是幸福；而有时失意的事，并不是倒霉。……人生得意的事，虽不一定是坏，也不一定是好，有时失意也不一定是差。

人一辈子不可能都顺风顺水，有得意之时必有失意之时，在人生面对一切重要关头的时候，一个人的心态就会决定人的一生。因此，得意之时需淡然，失意之时需坦然。

南怀瑾先生认为“得意失意都是平常事”。人生有得意时，也有失意时，有时看得意实失意，看失意而非失意。

一般来说，人们普遍认为做皇帝、做宰相是人生中最得意的事，可是南怀瑾不这样看。他引用古人一首评论历史的诗：“隋炀不幸为天子，安石可怜作相公。若使二人穷到老，一为名士一文雄。”意思是说，隋炀帝运气不好，当了皇帝；而王安石很可怜，做了宰相。为什么这样说呢？南怀瑾解释道，这两个人如果当时不得志，反而是一种幸运。王安石文章出众，如果不当宰相，就有可能成为大文豪。与当宰相相比，他将获得时人及后人更多的敬仰；隋炀帝也是一个才子，如果当时不做皇帝，将会成为名士，而不是一个亡国之君。

与此类似的还有南唐后主李煜。他的文章盖世，可惜也当了皇帝。但是又因为当了皇帝，丢掉江山后，才有他那种高超的文学境界出来。不过，如果站在人生的立场看来，他还是不幸，还是不得意。

南怀瑾接着反过来论证。他认为，《红楼梦》的作者曹雪芹经历了由盛而衰的人生，可以说是从得意步人失意。不过，也正是因为失意，他才写出了千古名著《红楼梦》，这不得不说是另一种幸运与得意。

南怀瑾先生谈古论今，是为了说明人生的得意与失意是不一定的，因此得意时不必骄狂，失意时不必自卑。这与“塞翁失马，焉知非福”是一个意思。也有句话说：“失之桑榆，收之东隅”，与此类似。

人生在世，难免遇到挫折，陷入逆境。此时，如果不能正确地看待自己的利与不利，没有正确认清自己的价值，没有好好地活在这个世界里，难免自卑自贱、灰心丧气。相反，如果能够学会辩证地看待事物的两面性，就会少一些挫折感，人生才能轻松愉快。

人生的得意与失意，多是在权衡得与失之后的内心感受。若是认为得到了，人就会感到得意；反之若是认为失去了，人就会感到失意。其实人的一生，不是得，就是失。权位，有得有失；金钱，有得有失；爱情，有得有失。有时此间得，彼间失；有时此时得，彼时失；有的人得而复失，有的人失而复得；得得失失，失失得得，这就是人生。

有时，你失去了金银财宝，却得到了一家人的安全。失去的固然可悲，得到的也颇为可喜。有时，你得了一些酒肉朋友、冤家债主，失去了道义之交、有情有义之友。如此得失，却是不值。

说到得失，不管是得是失，都有它的道理。如果是你的，不必力争，自会得到；如果不是你的，即使千方百计取得，也会随风而逝。有时候得也不好，有时候失也不坏。得失之间，所谓“各有因缘莫羡人”。即使得到了，也要好好运用；失去时，如果你有足够的条件，它还会再来。

当一个人在得意顺意的时候，心情一定大好，也就是人们经常说的人逢喜事精神爽，这是人之常态。但是，人这一生往往会有如四季变化，人生之路不可能都是风和日丽，也会有电闪雷鸣、风雨交加的时候。所以，不管在人生中遇见怎样的风雨，一定要学会坦然面对，也要学会淡然接受。

人生，失去了金钱、物质，会有再来的时候；失去人格、道德，则不容易恢复。尤其是，得人容易，得人心难；得人心难，失人心容易。得失之间，真的没有定论。

佛学之中所说的平常心就是清静心、自然心。当得意之时，要明白此时之意一定不会永恒。而失意之时，也不要觉得这就是世界的末日，要知道这样的痛苦也只是一种短暂的人生经历。所以，我觉得人还是要在得意之时淡然，失意之时坦然，谨记这句话将使我们每个人受益终生。

2. 宠辱不惊真英雄

【南怀瑾语录】

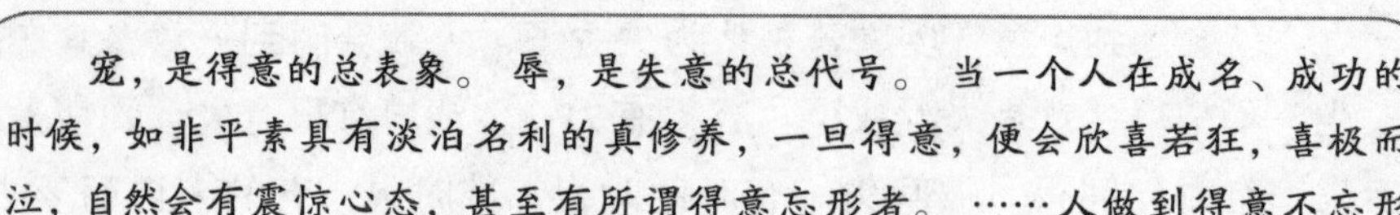

宠，是得意的总表象。辱，是失意的总代号。当一个人在成名、成功的时候，如非平素具有淡泊名利的真修养，一旦得意，便会欣喜若狂，喜极而泣，自然会有震惊心态，甚至有所谓得意忘形者。……人做到得意不忘形很难。

南怀瑾成名之后，家里常常高朋满座，来访之人有很多是名门显贵，当权政要。他写有一副对联："白屋让王侯，座上千杯多名士；黄金如粪土，席前数辈数英雄。"很好地描述了这种盛况。那时的南怀瑾真可谓春风"得意"，但他依然谦逊好礼。

1985 年夏，南怀瑾离台赴美，在华盛顿创办"南怀瑾学院"，旨在推进东、西文化交流。旅美期间，几乎每天都有不少客人来拜访他。这些人中，有美国人，也有英国人、法国人、德国人、日本人、埃及人以及美籍华人……他们多数为学者、教授，也有将军、政要及工商巨子，他们请教的话题涉及佛学、哲学、经济学、国际关系等方方面面。其中也有一些倾慕南怀瑾学识修养的小职员、小老板。不论来者是什么人，他皆待之以礼。

1987 年，南怀瑾结束旅美生活，移居香港，致力于各项建设事业及文化教育事业。他住在半山寓所，每日讲学不辍，慕名而来求教的学生络绎不绝。这其中，除了在台、美时的门生故旧外，大陆政界、商界的重量级人物也不时来访。他一如既往，以谦和诚敬之心接待各方访客，毫无"贡高我慢"之态。

南怀瑾先生名满天下，正可谓春风得意，却毫无骄狂傲慢之态，那么平凡的我们更不应该一得意就忘乎所以了。

人生在世，总是要遇到生活的折磨和坎坷，“心想事成”只是一种良好的祝愿，而遭遇坎坷那是生活的定律。如果一一枚举人生的种种不幸，那是用尽所有的纸张而难言。但关键是面对失意的生活，如何使自己保持一种积极向上、奋发有为的心智与斗志。历史上孙膑去膝而撰兵法，司马迁受非人辱刑而修史书，杜甫遭遇生活磨难而作史诗，凡此等等，都是正确面对失意生活而有所建树的典型例子。

生活中，人人都会有因得意而骄狂的机会：功成名就，我们可以得意；晋级加薪，我们可以得意；被同事称赞，我们可以得意……“人生得意须尽欢，莫使金樽空对月”，几年辛苦，一朝收获，完全应该；当然，“春风得意马蹄疾，一日看尽长安花”，历尽酸甜苦辣，终有回报，这也没错。但是，得意之时，不能骄狂。

俗话说：“弓满则折，月满则缺”，得意而张狂是招灾惹祸的根苗。一旦得意骄狂你就会丧失警惕，飘飘然忘乎所以，忽视敌人对手的存在，并将你的弱点暴露无遗。与此同时，你的竞争对手却虎视眈眈，伺机攻击你。这时，你的下场将会是惨败，甚至还会搭上性命。

得意而骄狂是摧毁心智的利器。纵使是叱咤风云的人物，如果过于张狂，也会遭遇不好的下场，因为得意者终会失意。因此，人不能得意，更不能忘乎所以。

人不可能一直春风得意，如果在得意的时候飞扬跋扈，或者高估自己，往往会导致惨败的下场。因此，与其在失意时慨叹世态炎凉，不如在得意之时，做一个谦逊有礼的人。

(1) 无论穷达都不失本色

一个人最重要的是他的心，他的思想。心没变，人就没变；心变了，人也变了。至于名声、职位、穷富、年龄等等，都不过是外在的形式而已。好比一颗宝珠，如果放在名贵的檀木匣里，它本身的价值不会增多一分；如果放在普通的纸盒里，它的价值也不会降低一分。所以，没有必要因为外在的形式而忽略自己的内心。

(2) 富贵而不骄狂

在富贵之时，要保持清醒的头脑，正确地评价自我。为人尽量保持低调，不过分张扬，谦虚待人，才能赢得别人的尊重。此外，不要丧失社会良知，如果条件允许，可以在享有荣耀富贵的同时，适度回报社会。如果富贵之时，能够保持这种“夹着尾巴做人”的处世态度，就能立于不败之地。

(3) 贫穷而不潦倒

一个人富有了，还有可能保持平常心；一旦贫穷了，就容易心态失常，自信心没有了，进取心没有了，甚至善良之心也跟着没有了。其实贫穷只是一种暂时的状态，才能、美德才是我们永久的财富。只要这些东西没有失去，就不必受那些暂时的不利情况所困扰。

老子曾说过：“富贵而骄，自遗其咎”，意思是当一个人得意之时，难免变得骄狂，认为自己无所不能，做事就随心所欲，只图一时之快而不计后果，就可能做出伤天害理的事来，灾祸也随之而至了。生活的逻辑大都如此。因此，当你得意之时，千万不要变得骄狂。

快乐的人之所以快乐，并不是因为他的生活特别美满幸福，而是因为他能以坦然豁达的心态看待自己的挫折和失意；悲哀的人之所以悲哀，并不是因为他的生活十分坎坷不幸，而是因为他习惯于以消极、悲观、脱离实际理想化的思维方式看待自己所受的磨难和逆境。最有希望和潜力的成功者，不一定就是才华出众、天资超群的佼佼者，而往往是那些得意不忘形、失意不失志、遇挫不气馁、善于从别人的成功中汲取经验、从自己的失意中总结教训、追求不怠、通过种种新的努力、不断播种新希望的人。

3. 失意也能不忘形

【南怀瑾语录】 

我们都常听说“得意忘形”，但是据我个人几十年的人生经验，还要再加上一句话——“失意忘形”。有人本来蛮好的，当他发财、得意的时候，事情都处理得很得当，见人也彬彬有礼；但是一旦失意之后，就连人也不愿见，一副讨厌相，自卑感、种种烦恼都来了，人原来的性格完全变了——失意忘形。

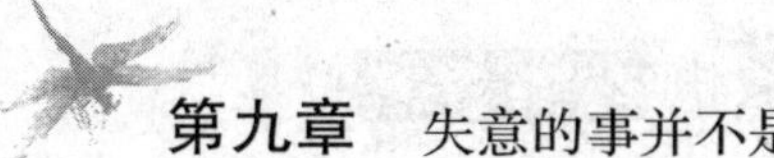

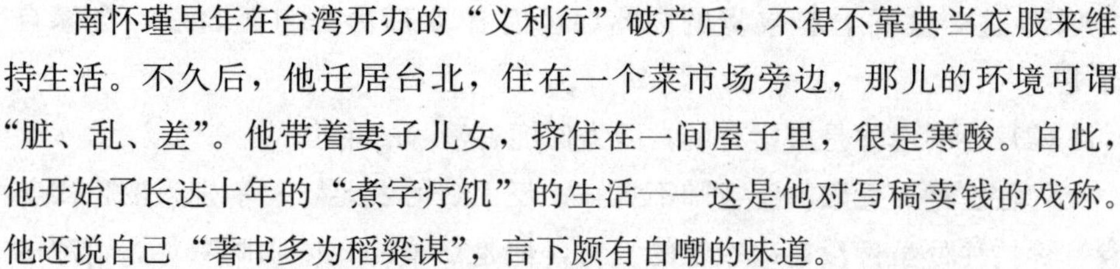

南怀瑾早年在台湾开办的“义利行”破产后，不得不靠典当衣服来维持生活。不久后，他迁居台北，住在一个菜市场旁边，那儿的环境可谓“脏、乱、差”。他带着妻子儿女，挤住在一间屋子里，很是寒酸。自此，他开始了长达十年的“煮字疗饥”的生活——这是他对写稿卖钱的戏称。他还说自己“著书多为稻粱谋”，言下颇有自嘲的味道。

不过，这些丝毫不影响南怀瑾的精神状态。他每天身居陋室，右手执笔疾书，左手抱着大一点的孩子，双脚还要不停地蹬着摇篮，照料更小的孩子。在这样的环境中，他完成了两部著作。他的学生曾这样描述他这一段的生活状况：“一家六口挤在一个小屋内，‘家徒四壁’都不足以形容他的穷，因为他连‘四壁’都没有。然而，和他谈话，他满面春风，不但穷而不愁，潦而不倒，好像这个世界就是他，他就是这个世界，富有极了。”

贫穷落魄而不自惭形秽、不自卑，即可称为“失意不忘形”。能够像南怀瑾先生这样，做到失意而不忘形的人是很少很少的，因为大多数人都有一种攀比心理。一个人如果在事业上、工作上、婚姻上、家庭关系上都很失意落魄，而朋友、同学等个个都是“春风得意”，这一比，人就自卑了，不失意忘形才怪！其实，攀比是可以的，但若比不上，就千万不要“失意忘形”，在那儿不是怨天尤人，就是抱怨连连，甚至是自暴自弃。如果你自己都不相信、不尊重你自己，别人怎么能相信你、尊重你呢？

“失意忘形”的反面即是“得意忘形”。从当今的这个功利社会来看，“得意忘形”的大有人在，事情做成功了，赚到大钱了，或者是地位提升了，都飘飘然，春风满面，从而很快地忘记了从前是怎样落魄的，是怎样艰辛努力的。

那么，一个人怎样做才能在失意的时候依然保持自信，从而做到“不忘形”呢？

（1）要明白你是最健全的，因为你拥有健康的身体

有的人身体健康无病，四肢健全发达，但是精神上却充满了苦恼与自卑。其实只要冷静反省一下，你就会发现自己是多么的幸福！父母生养你，你的两眼可以看缤纷绚丽的世界，双腿可以到处行走，两手可以做事自如，还有什么感到不足呢？跟那些因失去双手而不得不用口或脚来写字的人，因失去双眼而不得不用手来“读”书的人比较起来，你已经拥有了

“健康”这个世界上最宝贵的财富，还有什么理由去自轻自贱、自暴自弃呢？

(2) 要明白你是最富有的，因为你拥有精彩的宇宙

你往往拥有无限的至宝却不自知，反而贪心不足，羡慕别人的良田美眷。你的住处虽然没有冷暖气的设备，但是热情的太阳曝晒着你，清凉的和风吹拂着你，天上的明月、地下的繁花任你欣赏，峻峭的崖壁、幽静的溪谷随你遨游，这山河大地的一切莫不属你所有，你拥有了整个宇宙虚空，一片云彩、一粒砂尘都蕴藏你生命的喜悦，世间上还有什么比拥抱全宇宙更富有的事呢？既然你是最富有的人，你还会在那些一掷千金的富豪面前自惭形秽吗？

(3) 要明白你是独一无二的，因为这世上只有一个“你”

有人也许会怀疑地问：我既没有金钱，也没有名位，样样不如人，怎么称得上是世界第一最独特的人呢？其实只要稍微转念一想，你将会发现自己拥有太多“世界第一”的头衔：你是父母眼中最爱的孩子，你是孩子眼中最慈爱的父母，你是丈夫眼中最美丽的妻子，你是妻子眼中最忠诚的丈夫……

如果你明白了你是这个世上最健全、最富有、最独特的人，那么不管是在如何失意的情况下，你都会认为自己是最棒的。这样，你也就同南怀瑾先生所说所做的一样，做到了“失意不忘形。”

4. 举世非之不加沮

【南怀瑾语录】 

全世界的人骂他、反对他，他绝不会改变自己的人生方向。达到这一种境界很难，在古今中外历史上都很难找到这样的人。孔子在《易经·文言》里对“潜龙勿用”的解释，“确乎其不可拔，潜龙也。”就是要有特立独行的修养，不受任何时代、环境所影响。可见儒家和道家思想是同一个道理。

庄子《逍遥游》里讲到了五种人。前面四种都是才能功业胜于常人的杰出人士，庄子却认为他们只是普通人。

这四种普通人是：第一种人“知效一官”，才智足以胜任一个官职。能胜任什么官职？庄子没有说。不过大小是个官，已经比一般人强了。针对这个问题，南怀瑾大师发表感慨说：“官有大有小，有些人的智能知识、行为效果，当一人之下万人之上的宰相还可以，但不能当皇帝。历史上很多人当宰相时了不起，结果给他当皇帝就当不好啦。有些人做小官还可以，官做大一点就完啦，把他压死了。有些人做个公务员，很有效；有些搞学问写文章的人，如果叫他去修一个坏水管，他会把事情搞得更糟，他没有办法做实际的事情。”当然这只是题外话，也值得我们重视，不要以为官当得越大越好，还得衡量一下自己的才能，到底扛不扛得动这个职位？

第二种人“行比一乡”。他们到底凭什么称雄一乡？是财势、美德、学问，还是恶行？庄子没有说，南怀瑾大师认为都包括在内。他说：“不管他是一个绅士也好，流氓也好，他的行为在这个乡村比起来呱呱叫，真可以起一个领导作用。所以他的行为可以‘比’，在一个乡村里比起来他是老大，是顶尖人物。当然在一个乡里是顶尖人物，拿到国内比起来就不行啦，因为人才更多了。”不过按庄子的意思，好像是从好里说，即使凭财富、美德、学问等称雄一乡，也不过是普通人。如果是地方恶霸，那更是普通人了。

第三种人“德合一君”。他的德行足以辅佐一个国君，那恐怕就是朝廷宰相了，起码也是高官。南大师认为：“古代的‘德’字，不光指道德好，而且指一切思想行为、做人做事都好。”南大师还特别解释了这个“合”字，他说：“有的人德性刚好和皇帝合得很好，他两个在一起，可以搭档二十多年，如果换了一个人，怎么都用不好。这是人生历史的经验。你看古今中外历史上的人物，有汉高祖就有萧何。萧何不碰到汉高祖，换上其他两个人就合不来，合不好。等于男女之间，有的夫妇就配合得那么好，虽然天天吵架，但是吵得很艺术。没有他们这样吵啊，就不会过一辈子。你不相信？有这种人啊，夫妻之间吵来吵去，要是去了一个，另一个也活不长了。这就是‘合’的道理。做生意也一样，老板有一个忠心的帮手，他当董事长就配合得好，假如换了一个，就搞不好了。”总之，一个人担任高官，能够跟君主合得来，可以说十分了不起，天下人都会羡慕他、佩服他，庄子还说他是普通人，这好像要求有点高。

第四种人“耐征一国”。智能足以治理一个国家，应该说很伟大了，庄子还认为他是普通人，这个要求似乎太过分了。

庄子拿以上四种杰出人士当普通人，自有他的道理。因为他们仅仅是才能、地位出众，并没有摆脱欲望的控制，他们仍然不是自身命运的主宰。他们自以为高明，并且试图证明自己的高明，就难免做出糊涂事；他们患得患失，就难免惊恐忧惧；他们喜欢赞美而害怕批评，就难免受情绪所困扰。他们跟普通人的心态又有什么差别呢？

庄子推崇的是宋荣子这种人，他们有着特立独行的、迥乎大众的“第五种人格”。南怀瑾大师说：“这一类的高人，古代称为出格的高人，超出了人格范围以外，‘且举世誉之而不加劝’，全世界的人都恭维他：你了不起！跪下来捧他，他理都不理。他既不想了不起，也不想起不了。‘举世非之而不加沮’，全世界的人骂他、反对他，他决不改变自己的方向。达到这一种境界很难了，在古今中外历史上都很难找到这样的人。孔子在《易经·文言》里对‘潜龙勿用’的解释，‘确乎其不可拔，潜龙也。’就是要有特立独行的修养，不受任何时代、环境所影响。可见儒家和道家思想是同一个道理。”

如果一个人能做到对外界毁誉不动于心，他就真正控制了自己的喜怒哀乐以及自己的命运了，他的灵魂也获得了极大的自由，还有什么值得他担心的呢？

由于南怀瑾行事一向古道热肠，就有许多人背后批评他，说他帮坏人忙，善恶不分，或说他不洁身自爱等等，也有人认为他莫名其妙。对于一切的指责和批评，他都不予理会，更不辩驳，仍然照自己的原则行事。用他的话说：“要做事就不能怕被批评。因为只要做事就会遭人批评，做得不好有人骂，做得好也有人骂，怕人骂就不能做事。”

记得几年前，有一次，他的一位学生到北京公干时听到一些传言：台湾一位略有名气的人到北京时在某高层人士面前说了一些南怀瑾的闲言闲语。后来，这位学生回去后向他提过此事。岂料他却说：“人家要吃

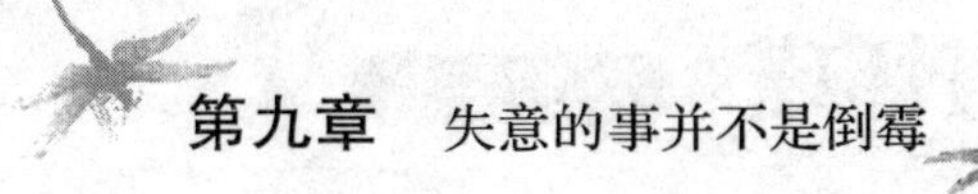

饭嘛！我们也要吃饭嘛！”他一点都不在意什么毁谤呀，谣言呀，闲话呀。他也常说，明白的人自会分辨，不明白的人辩解也不明白，徒费口舌而已。

另一方面，由于他的名气，当面或者背后夸赞他、恭维他的人更不计其数。对此，他并不放在心上，更没有忘乎所以，反倒认为自己只不过是凡人一个。

不为毁誉所动摇，永远对自己保持清晰的认识；不受外界的影响，永远保持内在心境的平和。这就是南怀瑾先生，一个人格独立、心灵自由的人。

一个人的独立必然依赖于心灵的自由。当一个人能够自如地操控自己的心灵，那么他自然会立于天地之间，何况立于人世之中？梁启超在《论自由》一文中说，人有“真自由”，有“伪自由”。什么是真自由？心灵的自由才是真自由。身体能够自主，心灵却不得自由，只是“伪自由”。梁启超认为，“辱莫大于心奴”，别人奴役你，不值得害怕，痛心的是主动受人奴役。但是，主动受人奴役还不是最可怕的，最可怕的是你自己奴役自己。当别人奴役你，如果你不乐意，可以奋起反抗，还有挣脱枷锁的可能；当你主动受人奴役，如果别人或者出于慈悲心，或者出于正义感，也有可能解救你。但是，如果是你奴役你自己，那么你就不会想到反抗，别人也无从拯救，这才是最可怕的。

所以，要想获得心灵真正的自由，得到真正的独立，必须使内在的心境永远保持不受外界的影响。其要点有四：

(1) 内在的心境不受世俗的影响

中国人好随大流的毛病不知始于何时，至今未衰。别人染了头发，他也要赶紧改掉黄种人的老形象；别人一身名牌，他也不能天天“休闲”；别人买了私车，他砸锅卖铁借高利贷也得补上这个缺憾；别人出入豪华场所，他勒紧裤带也要跟着上；别人红杏出墙包二奶，他也要搞出一点风流韵事；别人利欲熏心捞黑钱，他不干几件坏事就冤得慌……如此俯仰随人，自然没有心灵的自由，又何谈人格的独立？因此，一个人要想获得心灵的自由，必须有自己的主见，清楚地知道自己想要什么，去追求自己认为好的东西。

（2）内在的心境不受境遇的影响

人生有顺境逆境，这是正常现象，应当理智地对待。如果在顺境时就得意洋洋，不知防微杜渐；或者在逆境时就灰心丧气，不敢锐意进取，那么就难免为境遇所左右。只有超乎境遇之外，心灵才能自由。

（3）内在的心境不受情欲的影响

从古到今，多少英雄豪杰为情欲所害。无论男女，遇到情欲困扰，智商马上降低一百，能力马上减退十分，能做好的事做不好，能办成的事办不成，甚至彻底改变了人生方向。西方哲人说过：一个人的成功程度，在于他在多大程度上将情欲转移到了更有积极意义的事情上。如果照此推论，一个人的自由程度，也在于他在多大程度上克服了情欲的困扰。

（4）内在的心境不受毁誉的影响

毁誉如果不清醒对待，就会像一条隐在尘世中的绳索，时刻牵绊着生活中迷乱的人们。因此，当你听到别人毁人、誉人，自己不要立下断语，或者说有人攻讦自己或恭维自己，都不要过分考虑。因为过分的言辞无论是毁是誉，其中一定有原因、有问题。所以，毁誉不是衡量人的绝对标准，听的人必须要明辨。

当夜深人静的时候，正是一个人扪心自问、三省其身的最佳时刻。此时，人的心理环境处于最佳状态，容易捕获那迷失本性之“惑”，从而回归内心的本真。也就是说，在这样的清净独处中，人比较容易认清事物的真相和本质。既然真性已回归，那么知耻、改过、忏悔之心也就会油然而生。

一个人内在的心境完全可以由自己决定。它不是受外界的影响，而是受我们对外界看法的影响；我们不能改变外界事物，但却能改变对外界事物的看法，以此来保持心灵的自由与独立。

5. 生于忧患死于安乐

【南怀瑾语录】

个人也好，社会也好，团体也好，国家也好，是“生于忧患，而死于安乐”啊！ 所以，叫你有忧患意识，一个人要活着，想创业成功，在痛苦中会成长，得意了就死亡了。

南怀瑾先生告诉我们，痛苦是人生里帮助我们成长的最好老师。

老天爷要把一件大事交给一个人，就必须先让那个人的身体受苦，一定会先要想办法让他有承受重任的能力。而上天究竟想的是怎样的办法呢？那就是苦恼他的心志，劳累他的筋骨，饥饿他的肚子，穷困他的身子，他做的任何事都会被搅乱，以此来震动他的心意，坚忍他的毅力，增强他的能力。

南怀瑾认为真正的仁人、贤者，不管他的地位多么的低下，经过苦难的磨砺，终有一天会被老天发现，委以重任。舜、傅说、胶鬲、百里奚等就是在畎田、鱼盐、井市之中经历艰苦的磨难，而后被老天委以“大任”的。

德国天文学家开普勒，从童年开始一直多灾多难，在母腹中只呆了七个月就早早来到了人世。后来，天花又让他变成满脸麻子的模样，猩红热又弄坏了他的眼睛。但他凭着顽强、坚毅的品质发愤读书，学习成绩遥遥领先于其他同学。后来因父亲欠债使他失去了读书的机会，他就一边自学一边研究天文学。在以后的生活中，他又经历了多病、妻子去世、良师去世等一连串的打击，但他仍然坚强地挺立着，从未停下对天文学的研究，终于在 59 岁时发现了天体运行的三大定律。他把一切不幸都化作了推动自己前进的动力，以惊人的毅力摘取了科学的桂冠。

巴尔扎克也说："挫折和不幸，是天才的进身之阶，信徒的洗礼之水，能人的无价之宝，弱者的无底深渊。"

人的成长有两种：一种是顺理成章地逐一应对生活所加给我们的责任和压力，在比较顺利的情况之下，缓步增加对生活的认知；另一种是以最难堪的姿态和最残酷的方式，用最猝不及防的手段，一下子为我们撕开生活的真相，打破我们所有的幻想，逼迫我们在最短的时间内迅速成熟或者苍老。不管怎样，两者都是人生的考验，我们都要经受住。

一个没有经历过深刻痛苦过的人，对别人的痛苦就不可能有深刻的理解。一个无视自己痛苦的人，一个从痛苦中不能汲取教训和智慧的人，不可能有深刻的生命领悟。而一个没有从痛苦中走出来的人，自然也不可能产生真正积极的人生态度。

某农夫的一头驴，不小心掉进了一口枯井里，农夫绞尽脑汁想办法要救驴，但几个小时过去了，驴子还在井里痛苦地哀嚎着，农夫无计可施。最后，这位农夫决定放弃，他想这头驴子年纪大了，费很大劲把它救出来不值得。不过，为了以后不使别的家畜掉进枯井，他决定无论如何也得把这口井填起来。

于是农夫便请来左邻右舍帮忙，一起将井中的驴子埋了，以免除它的痛苦。

农夫的邻居们人手一把铲子，开始把泥土铲进枯井中。当这头驴子了解到自己的处境时，刚开始叫得很凄惨。但出人意料的是，一会儿之后，这头驴子就安静下来了。农夫好奇地探头往井底一看，出现在眼前的景象令他大吃一惊：当铲进井里的泥土落在驴子的背部时，驴子的反应令人称奇——它将泥土抖落在一旁，然后站到铲进的泥土堆上面！就这样，驴子将大家铲倒在它身上的泥土全数抖落在井底，然后再站上去。很快，这只驴子便上升到井口，然后在众人惊讶的表情中快步地跑开了！

就如驴子的境况，在生命的旅程中，有时候我们也难免会陷入"枯井"里，会有各式各样的"泥沙"倾倒在我们身上，似乎要把人逼入绝境，就如上述老驴掉入枯井之中一样。意志薄弱者，面对"枯井"（绝境）往往束手待毙。而意志坚强者，则能毅然将那欲埋葬自己的"泥沙"抖落

掉，然后站到上面去，最后挣脱“枯井”的束缚！

困境、磨难，从某个角度看，是我们前进道路上的绊脚石，但是换个角度看，它们也是我们前进道路上的一块块垫脚石，是启发我们潜能和智力的催化剂。只要我们锲而不舍地将它们抖落掉，然后站上去，那么即使是掉落到最深的“枯井”之中，我们也必能安然地脱困。

绝境只能威胁懦夫，强者会在绝境中找到希望。

所以痛苦并不完全是一件坏事，如果你利用这个机会对心灵进行检视和保养，那么痛苦在某种程度上就会变成你心灵成长的契机。众所周知的“破茧成蝶”说的就是这个道理：

一个男孩独自在草地上玩。突然，他发现了一个蚕蛹，觉得很新鲜，就把它带回了家。过了几天，他发现蛹上出现了一道小小的裂缝，里面还有一个小小的虫子在动。又过了几天，裂缝大了一些，他才看清，原来里面是一只蝴蝶。他在一旁耐心地看着蝴蝶在里面挣扎：它已经挣了好几个小时了，小小的身体似乎被卡住了，一直出不来，显得十分痛苦。小男孩禁不住替它着急，也于心不忍，就想帮助它。于是，他拿来一把剪刀，轻轻地把蛹壳剪开，蝴蝶脱蛹而出了。小男孩轻轻地松了口气。可是，这只蝴蝶的身体臃肿，翅膀干瘪，根本飞不起来，不久就死去了。

生物学里说，在蛹壳中的挣扎，是蝴蝶必不可少的成长经历。只有借助蚕蛹的阻力，蚕才能够消耗身上多余的脂肪，并让翅膀变得坚强有力，最后才能振翅高飞，蜕变为真正的蝴蝶。

善良的小男孩不知道，他的好心的确消除了蝴蝶的痛苦，不过也让它失去了成长的机会，不但不能破蛹成蝶，反而走向了死亡。

人生中的痛苦，就好比蚕身上的蛹壳，通过它的磨砺，我们才得以更快地成长。

在生活的不幸面前，有没有坚强刚毅的性格，从某种意义上说也是区别伟人和庸人的一个标志。能够被称为伟人的人，在厄运和不幸面前，不屈服，不动摇，不退缩，勇往直前，坚持不懈地同困难和不幸的命运做顽强的斗争，直到取得最后的胜利，终于成为了主宰自己命运的主人。

逃避、哭泣、唉声叹气都不是解决问题的办法；乞求别人的同情和帮助，只能让别人更看不起你。而能够感动人心的，永远都是那些能够全力抵抗挫折，一次次倒下后又一次次奋力站起来的人。痛苦是成长的前奏，痛苦是成功的催化剂。只有那些敢于同困难做坚决彻底斗争的人，才能够长久触摸成功的奖杯。

6. 树立信仰照亮人生

【南怀瑾语录】

大凡信仰，是一个人崇拜的对象和他的思想与主张。宗教的信仰，当也如是。对他所崇拜的教主自然会礼拜、赞叹、仰慕，由此产生出一股宗教气氛，使灵性发韧而升华。有的宗教只是做些祈祷，而不主张礼拜“偶像”。佛教主张礼拜佛、菩萨圣像，当然它有很深的哲义存在。

正如南怀瑾先生所说，信仰是“有一个崇拜的对象和他的思想与主张”。这种思想与主张有多种表现形式，它可以是一种宗教、一种主义、一种哲学观念、一种学说，也可以是某种真理，或者干脆就是某个人或某种事物。总之，信仰是坚定地相信某种观念或东西。

马克思在中学毕业时，写下了这样一篇文章：“在选择职业时，我们应该遵循的主要方针是人类的幸福和我们自身的完美……人们只有为人类的幸福而工作，才能使自己也达到完美。如果一个人只为自己劳动，他也许能够成为著名学者、大哲人、卓越诗人，然而他永远不能成为完美无疵的伟大人物。历史承认那些为共同目标努力而变得高尚的人是伟大人物；事实证明那些为大多数人带来幸福的人是最幸福的人；宗教本身也教诲我们，人人敬仰的理想人物，就曾为人类牺牲了自己。如果我们选择了最能为人类发展而劳动的职业，那么重担也许能把我们压倒。因为这是为大家而献身，那时我们所感到的幸福将属于千百万人，我们的事业将默默地、但是永恒发挥作用地存在下去，而面对我们的骨灰，高尚的人们将洒下热

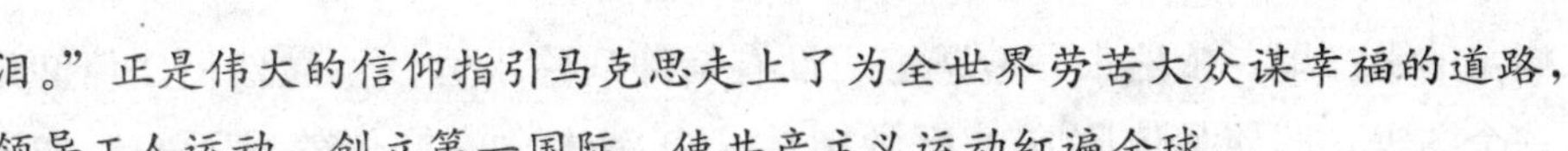

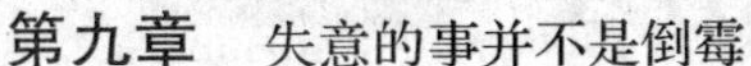

泪。”正是伟大的信仰指引马克思走上了为全世界劳苦大众谋幸福的道路，领导工人运动，创立第一国际，使共产主义运动红遍全球。

信仰的好处是显而易见的。一旦有了信仰，它就会成为你人生的暗夜灯塔，照耀你返航心和故乡的路。有了灯塔，你就不会迷路，将一帆风顺地朝人生目标前进。

信仰的力量是巨大的。具体地说，有以下几点：

(1) 信仰可以使身心安住

经常会有那么一些人，忍不住地怨天尤人、唉声叹气，不是身体不舒服，就是心中很烦恼，很累。这是因为我们的身心没有地方可以很好地安住。

有人把全部的身心寄托在爱情上，可最初的甜蜜很快会过去；有人把全部的身心寄托在物质享受上，可享受带来的快乐也是很短暂的。不可否认，物质可以使我们的欲望得到一定的满足，能使我们的内心得到一定的平衡，但这种满足和平衡仅仅是一时的，快感刹那间就无踪无影了。

但是，一个有信仰的人，他不会将快乐建立在单纯的物质享受上。他可以把身心安住在他所信奉的东西上面，这种东西可以带给他长久的满足，从而获得心灵的宁静。一个人身心一旦获得安住，遇到任何的困难就不会退缩畏惧了。退一步说，即使困难最后没有被克服，但他已能将身心安住在他的信仰上，得到了平安。

(2) 信仰可以使心念专一

有信仰的人，会深信某种东西。在深信的基础上，才能将所有的妄想归成一念。

世界上的任何成就都需要心念专一。假如一个人的思想专注了、集中了，干任何事情都会成功。比如有的科学家能在自己的研究领域取得伟大的成就，有的人念佛能念到明心见性，都是因为思想专一才走上了成功的道路。

(3) 信仰可以使人无畏生死

信仰既可以使人崇高，又可以使人无畏，忘记生死。白色恐怖时期，多少共产党人挣扎在死亡的边缘，危机四伏，精神近于崩溃。多少次，剧痛不能再忍；多少次，可以明哲保身。但是，他们并没有屈服，在那充满痛苦的眼神里，依然书写着坚定，没有信仰的你永远读不懂他们。信仰是一个图腾，即使是依附在上面的肉体全部消逝，信仰依然磨不去、烧不尽，挫骨扬灰之后依然岿然挺立。

（4）信仰可以使人格升华

一个有信仰的人会运用他所信奉的道德规范来约束自己，使自己的人格得到不断的完善和升华。比如一个人信奉佛教，他首先要受持佛教的“五戒”。受了“五戒”的人就不会杀生，不会偷盗，不会邪淫，不会妄语，不会饮酒。假如社会上人人恪守着“不杀生”这条戒律，就不会有杀人放火等现象；如果大家遵循“不偷盗”戒，社会上就不会有偷盗抢劫；假如每一个人都遵守“不邪淫”戒，社会上就不会出现诈骗妇女的怪事；假如人人都能奉行“不妄语”戒，那么社会上就不会出现尔虞我诈，人与人之间必定会真诚相待、和睦相处。

人生需要真正的信仰，信仰是人生路上的指路明灯，只有真正拥有坚定的信仰，才不至迷路走失，才能克服人生一切困境，才能在信仰里摆脱了黑暗和恐惧。

7. 苦尽甘来终成大器

【南怀瑾语录】 

老天爷要把一件大事交给一个人，就必须先让那个人的身体受苦，一定会先要想办法让他有承受重任的能力。而上天究竟想的是怎样的办法呢？那就是苦恼他的心志，劳累他的筋骨，饥饿他的肚子，穷困他的身子，他做的任何事都会被搅乱，以此来震动他的心意，坚忍他的毅力，增强他的能力。

南怀瑾在总结了一些前贤之人的例子之后认为：一个人往往在逆境挫折中才容易奋起。人是这样，一个国家也是如此。

无数事例都证明了这一颠扑不破的真理：

姜子牙年轻时就拜师学道，但无法成仙，返回红尘。虽胸藏万机，却不会营生，不会种地，不善经商，砍材没力气，钓鱼不上钩，连老婆都不跟他而改嫁他人，受尽了屈辱，吃尽了苦头。可最终在渭水河畔得遇文王，拜将封相，成就周朝八百年基业。

战国时，伍子胥父子被楚王猜测，父亲和哥哥一起遇害。伍子胥无奈之下逃到宋国，正赶上宋国发生动乱，他便和太子建逃到了郑国。太子建受晋顷公指使欲在郑国举事，因事情泄露，被郑国杀死了。伍子胥非常担心事情会牵连到自己的身上，因而又逃奔吴国。

伍子胥逃奔吴国时，中途经过楚、吴交界的昭关，守卫昭关的将领想逮捕他，伍子胥只好徒步逃跑，差一点被抓住。伍子胥逃到一条大江旁边，再也无路可走。这时江面上驶来一只小渔船，船夫知道站在江边的是伍子胥，就把他渡过江去了。

伍子胥感激不尽，解下身上的宝剑递给渔夫说："这把宝剑能值100两黄金，送给你，报答你的救命之恩。"渔夫不肯接受伍子胥的宝剑，说："楚国一直悬赏捉拿你，谁能抓到伍子胥，赏给他5万石粮食，还封他为爵，何止100两黄金？我救你只因为同情你。"

伍子胥还没有走到吴国都城就病倒了，只好在半路上停下来，靠乞讨为生。历尽各种苦难，伍子胥终于到达了吴国都城，通过将军公子光见到了吴王僚。

伍子胥又迫不及待地煽动吴王伐楚，不料遭到当头棒喝。于是伍子胥又转而投靠公子光，他觉察到公子光心怀篡位的野心，就处心积虑地收买了一名叫专诸的刺客献给公子光，然后隐居山野开荒种田，等待时机的到来。

公子光终于登上了王位，伍子胥也终于出山了。在此后的九年里，伍子胥同孙武一起策划了四次对楚国的战争，最后一次还攻占了郢都，几乎灭了楚国这个超级大国。

亡国之君勾践卧薪尝胆终于复国。勾践，春秋末期越国君主。以卧薪尝胆的精神和"十年生聚，十年教训"的毅力，成就大业。公元494年，吴王夫差为报父仇，率精兵大举进攻越国，夫椒（今江苏吴兴）一役，越国三万将士仅剩五千，疆土仅剩百里之地。

拼死相抵，还是屈辱求和？勾践明智地选择了后者。他命文种、计倪等大夫守国，自己带着夫人和大夫范蠡入质于吴。

勾践在吴国受辱负重三年，终于换取了吴王夫差信任，被释放回国。回国后，勾践便卧薪尝胆，劳心劳身，一心要报仇雪耻，兴越灭吴。

经过十年生聚、十年教训，越国国势大振。公元前480年开始，勾践几次率军大举进吴。越军势如破竹直捣吴城，夫差溃不成军，夜奔阳山。勾践追至阳山，夫差自刎。越灭吴后，勾践挥师北上，迁都琅琊，称霸中原。终于“苦心人，天不负，卧薪尝胆，三千越甲可吞吴”。

1840年的鸦片战争、1895年的甲午战争、1900年的八国联军入侵、1931年的九一八事变、1937年的七七事变，中国可谓烽烟四起、灾难连连。鬼子的入侵使中国的近代史成为血的历史，但中国人挺过一劫又一劫，国人的凝聚力空前强大，在毛泽东的领导下建立了多民族的统一的社会主义国家。

5·12汶川地震虽然夺取了8万余人的生命，造成数百亿元的经济损失，基础设施需要几年的建设才能恢复，是中国历史上又一大的灾难。我们在灾难面前不屈不挠，昂去不屈的头，挺起不弯的腰，有钱的出钱，有智的出智，有力的出力，十三亿中国人形成巨大的合力，帮助灾区重建家园，把中国建设得更加强大。混凝土经过震动，其凝聚力才得以增强，而中国人经过这一地震，华人、华侨、华裔的爱国情操得到血的洗礼，民族精神得到至高弘扬，人本意识得到至高提升，显示出伟大的中华民族是不可战胜的，伟大的炎黄基石是坚不可摧的、是任何力量不能动摇的！

千淘万漉虽辛苦，吹尽狂沙始到金。人们常说的：“不经历风雨，哪见得彩虹？”当我们遇到危难的时候，在我们落魄的时候，正是这样一个词语激励着我们，使我们正视眼前的困难，接受失败的教训，向成功的彼岸奋勇前进。于是，我们就有了斗志，有了坚韧不拔的信心。当我们享受成功带给我们的喜悦时，我们对“苦尽甘来”就会有深深的体味。

第十章

行到有功即是德

——南怀瑾坚持智慧

南怀瑾先生认为，行善事是没有尽头的，就如同佛说的“修功德是没有尽头”的一样。他说：“在佛的戒律上看到许多地方，佛带领一般弟子修行，学生中有眼睛看不到的，佛帮忙他做事情，那些弟子说您老人家怎么还来帮忙呢？他说我也是要培养功德，他说一个人做功德是无穷无尽的。”

1. 做事最难是坚持

【南怀瑾语录】

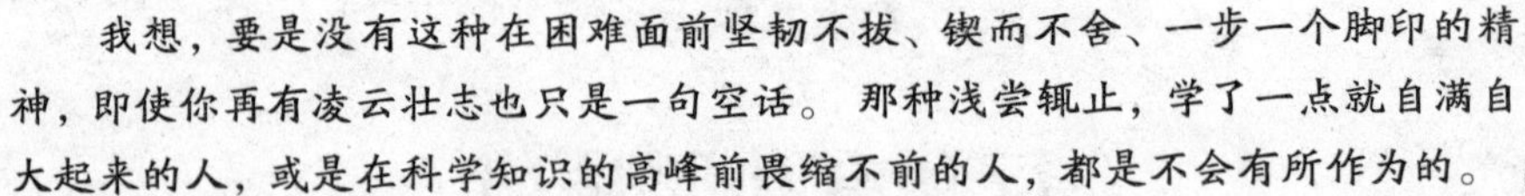

"锲而舍之，朽木不折；锲而不舍，金石可镂。"南怀瑾多次提到荀子《劝学篇》中的这一名句。他认为，"锲而不舍"作为一种治学精神，是极可贵的。做学问，干事业，贵在持之以恒，贵在数年乃至数十年如一日地刻苦钻研、锲而不舍。

有这样两个小故事。

开学第一天，古希腊大哲学家苏格拉底对学生们说："今天咱们只学一件最简单也是最容易的事儿。每个人把胳膊尽量往前甩，然后再尽量往后甩。从今天开始，每天做300下，希望大家坚持下去。"过了一个月，有90%的同学坚持住了。又过了一个月，有80%的同学坚持下来了。再过一个月，60%的同学还在坚持。一年过后，苏格拉底再一次问大家："还有谁在坚持做甩手运动?"整个教室里，只有一个人举起了手，这个人就是后来的希腊另一位大哲学家柏拉图。

在美国标准石油公司里，有一位小职员叫阿基勃特。他不论在住旅馆、购物或写信签发收据时，总是在自己签名的下方写上"每桶四美元的标准石油"字样。久而久之，他被同事叫做"每桶四美元"，而他的真名倒没有人叫了。董事长洛克菲勒听说这件事后，十分感动地赞扬说："想不到竟有职员如此坚持不懈地宣传公司的声誉。"于是，指使人事部门密切关注阿基勃特，看他还能坚持多久。阿基勃特并不知道这件事，但他却坚持了10年，签下了不计其数的"每桶四美元"字样。后来发生的事情就不奇怪了，洛克菲勒卸任后，阿基勃特成了第二任董事长。

世间最容易的事是坚持，最难的事也是坚持。说其容易，是因为只要愿意做，人人都能做到；说其难，是因为真正能做到底的人是极少数。一天甩 300 下手，任何一个人都能做到，但坚持一年甚至更长，那就没几个人能做到了，这就无怪乎新一代大哲学家的名字是柏拉图而不是别人。写下“每桶四美元的标准石油”的字样更是简单，只需几秒钟时间，然而不厌其烦积年累月又毫无收获地写这几个字，也是很难坚持的。可是毕竟阿基勃特做到了，那么董事长的帽子就只能落在他的头上，尽管公司里比他资历老、比他有才华的人多的是。

成功在于坚持，这是一个并不神秘的秘诀。荀子比别人都更明白这个道理，所以在《劝学》中谆谆告诫学子们“锲而舍之，朽木不折；锲而不舍，金石可镂”。历史上也有很多这样的故事，像精卫填海、愚公移山、悬梁刺股、铁棒磨针等，动人且励志，让人回味无穷。

坚持，就好比大浪淘沙；坚持，犹如水滴石穿；坚持，就是积小胜为大胜；坚持，就是从量变到质变；坚持，才能换来“柳暗花明又一村”；坚持，方可“历尽坎坷见大道”；坚持，需要的多是非智力因素，是意志与毅力的较量，因而坚持下来的笨人往往比半途而废的聪明人更容易成功，就像智叟偏偏输给愚公，木讷笨拙的唐僧却能取来真经。

不论做什么事，要毫不动摇地坚持下去，最好的办法是把坚持变成习惯，对坚持的事情产生浓郁兴趣。剧作家莫里哀，一生坚持写戏演戏，最后死在舞台上；画家塞尚，一生坚持绘画不辍，直到逝世时，手中还握着画笔；马克思一生坚持理论研究，最后逝世在书桌前……

在别人看来，不胜辛苦，视为畏途，但他们却乐在其中、甘之若饴。

坚持的过程，多半是寂寞冷清和枯燥的，最后的收获却是令人喜悦、让人羡慕的；坚持的滋味，可能是苦涩酸辣的，但成功的果实却一定是香美甘甜的。综观古今中外，凡是在事业上有所建树的名家学者，无一不是在锲而不舍的努力中取得成就的。也许有的人天赋比较差，而这种锲而不舍的精神却可以弥补天赋中的某种不足。

说到这里，不得不提著名科学家居里及其夫人。

他们为了研究放射性元素，数十年如一日，百折不挠，坚持不懈地进行科学实验，他们一千克一千克地炼制铀沥青矿的残渣，从数吨铀矿残余物中提炼出只有几厘克的纯镭氯化物。他们工作的条件非常艰苦，俄斯特瓦特参观他们的实验后说："看那景象，竟是一所既类似马厩，又宛若马铃薯窖的屋子，十分简陋。"居里夫妇的顽强意志和卓著成就，不能不令人肃然起敬。

《聊斋志异》的作者蒲松龄，几次赴考都名落孙山，便放弃科举考试，立志著文。为了激励自己奋发写作，他给自己刻下一副对联：有志者，事竟成，破釜沉舟，百二秦关终属楚；苦心人，天不负，卧薪尝胆，三千越甲可吞吴。从此，他便埋头撰书，终于写出《聊斋志异》一书，为我国古典文学树起一座丰碑。

丹麦天文学家开普勒在长达30年的时间中，天天坚持观察星象，最终发现了行星运动的三大定律。

试想，如果他们没有"锲而不舍"的精神，能获得如此巨大的成就吗？可见，一个人要想在某一方面有所成就，必须有锲而不舍的精神，"三天打鱼，两天晒网"、"一曝十寒"是不可能成功的。

我国著名数学家华罗庚曾说过："科学上没有平坦的大道，真理的长河中有无数礁石险滩。只有不畏攀登的采药者，只有不怕巨浪的弄潮儿，才能登上高峰采得仙草，深入水底觅得骊珠。"在今天，我们需要有毅力有胆魄的人才去攀登科学技术高峰，我们更需要这种"锲而不舍"精神。

未来是美好的，努力吧，亲爱的朋友们！让我们铭记：锲而不舍，金石可镂。也许，我们可以把生活比做一块土地，把我们自己比做是生活的"掘井人"。要做一个成功的掘井人，必须得有求实的精神，锲而不舍的毅力。也许，有人会说："我不是愿意见异思迁，而是我们工作难以做出什么成就。"工作平凡，表面看上去是可以做"锲而舍之"的借口，但是有哪一种伟大不是从平凡中脱胎而来的呢？时传祥是一个淘粪工人，好像他一辈子也不会做出什么成就的，但是他勤勤恳恳、踏实工作，受到民众的称赞，为劳动者树立了榜样，这不就是成就吗？他挖出了一口最美好的人生之井！

社会并不要求每一个人都成为全才，只要你选准一个方向，持之以恒

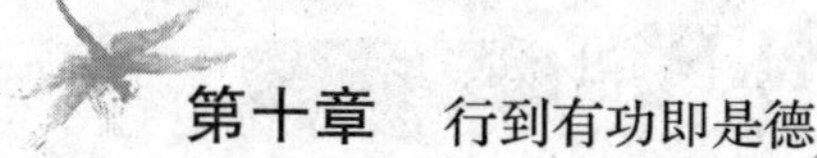

地努力，把这个方面打造成你的核心竞争力，你就可以成为一个别人无法替代的杰出的人、成功的人。

2. 行到有功即是德

【南怀瑾语录】

> 为善去恶而止于至善，行到了就是有功，就是德行的成就，所以千万注意古人的一句话："行到有功即是德"，也就是事到有功即是德。什么是功德呢？必须一切有成果，行为到了，有成果，有功勋，才是真正的德行。

我们在做一件事的时候要调动全身的积极性，达到言行一致、心手合一的至高境界。无论我们做什么事，都要专心致志、全心全意地投入。只有这样，才能做到有行、有果、有勋。

有位名叫大年的学僧，喜好雕刻佛像，但由于缺乏良好的指导，他雕刻出来的佛像总缺乏佛性。于是，大年专程去拜访无德禅师，希望能得到无德禅师指导。

大年到法堂时，无德禅师便放一块宝石在他手中，命他捏紧，然后天南地北地跟他闲聊，除了雕刻方面的事外，其他一切都谈，约一个小时后，无德禅师拿回宝石，命大年回禅堂用功。

这样连续过了三个月，无德禅师始终没有谈到雕刻的技术，甚至连为什么放一块宝石在他手中也没说。终于，大年有点不耐烦了，但也不敢询问无德禅师。

一天，无德禅师仍照往常一样，又拿一块宝石放在他手里，准备谈天。大年一接触那块宝石，便觉得不对劲，立刻脱口而出说道：

"老师！您今天给我的，不是宝石。"

无德禅师问道："那是什么呢？"

大年看也不看，就说道："那只是一块普通的石块而已。"

无德禅师欣慰地笑道："对了，雕刻是要靠'心手合一'的功夫，现在你的第一课算是及格了。"

每个人的能力是不一样的，有的大有的小。无论做什么事，只要根据自己能力的大小，量力而为就行。但谨记一定要尽力而为。

很多时候，我们之所以得不到别人的认可，是因为我们只是一颗普通的沙砾，而不是价值连城的珍珠。所以，若要使自己得到别人的赏识，那你就要努力使自己成为一颗珍珠。

有一个年轻人，自以为是全才，但毕业以后却屡次碰壁，一直找不到理想的工作。他觉得自己怀才不遇，对社会感到非常失望，因为他感到没有伯乐来赏识他这匹"千里马"。

痛苦绝望之下，他来到大海边，打算就此结束自己的生命。在他正要自杀的时候，正好有一个老僧从这里走过，救了他。老僧问他为什么要走绝路，他说自己不能得到别人和社会的承认，没有人欣赏并且重用他……

老僧从脚下的沙滩上捡起一粒沙子，让年轻人看了看，然后就随便地撒在了地上，对年轻人说："请你把我刚才撒在地上的那粒沙子捡起来。"

"这根本不可能！"年轻人说。

老僧没有说话，接着从自己的口袋里掏了一颗晶莹剔透的珍珠，也是随便地撒在了地上，然后对年轻人说："你能不能把这个珍珠捡起来呢？"

"这当然可以！"

"那你就应该明白是为什么了吧？你应该知道，现在自己还不是一颗珍珠，所以你还不能苛求他人立即承认你。如果要别人承认，那你就要由沙子变成一颗珍珠才行。"

年轻人幡然醒悟。

如果你是社会中大多数普通劳动者中的一个，那么就不要抱怨，因为让自己甘于平凡的不是别人，只有自己。南怀瑾先生慈悲地教导学生们，如果你想学佛有德、做事成功，那么就从此刻开始行动，锲而不舍地努力，便能达到看功即是德的境界。

3. 做功德是无穷无尽的

【南怀瑾语录】 

在佛的戒律上看到许多地方，学生中有眼睛看不到的，佛帮忙他做事情。那些弟子说，您老人家怎么还来帮忙呢？佛说，我也是要培养功德，一个人做功德是无穷无尽的。

南怀瑾年逾70岁之时，还不辞辛苦地前往厦门参加南普陀寺的一次福践活动，这和佛的行为是一样的，不能说你公德大了就居功自傲，更不能为此心安理得地过上安逸的“寄生虫”生活。

百丈怀海禅师也是个做功德无休止之人。百丈怀海禅师是福建人，为马祖席下最著名的入室弟子，后住江西百丈山，世称为百丈禅师。四方禅僧纷至沓来，席下人才济济，如沩山、希运等后来都成为一代宗师。百丈怀海禅师立下了一套极有系统的丛林规矩：百丈清规。所谓“马祖创丛林，百丈立清规”即是此意。

百丈怀海禅师倡导“一日不作，一日不食”的农禅生活，曾经也遇到许多困难。因为佛教一向以戒为规范而生活，而百丈禅师改进制度，让禅僧去干农活。甚至有人批评他是背离祖师。百丈禅师除了领众僧修行外，必亲执劳役，勤苦工作，生活中自食其力，对于平常的琐碎事务尤不肯假手他人。有人以为参禅不但要摒绝尘缘，甚至工作也不必去做，认为只要打坐就可以了。其实不做工作，离开生活，哪里还有禅呢？百丈禅师为了拯救禅者的时病，不但服膺“一日不作，一日不食”的生活，甚至还喊出“搬柴运水无非是禅”的口号。

据说百丈怀海禅师九十四岁时，还与弟子们一起耕地、种菜、拾柴。弟子们担心师傅的身体，把他的农具悄悄地藏起来，想让他休息。

百丈怀海禅师无奈，只好用不吃饭的绝食行为抗议，弟子们焦急地问道："为何不饮不食?"

百丈怀海禅师说："我不是大德之人，怎么敢让别人白白养着我呢?今天，我没有劳动，我也不用吃饭了。"当天他真的坚决不进食。

从此，弟子们再也不敢阻止师父劳动了。同时，禅院里也再没有一个人偷懒。百丈怀海禅师告诫弟子们要"一日不作，一日不食"的名言也从此千古传颂。

下面这个故事，对居功自傲之人，更有警示意义。

有一次，很多老百姓聚在一个悬崖上面，要架一座独木桥到对岸的悬崖上。因为那两个悬崖之间是一道很深很深的、水流很急的河沟，所以大家运来了一根又大又坚固的梁木。他们用很粗的绳索捆住梁木的两端，拉着一端的绳索，把梁木放下到河沟里去；让一部分人攀着岩石爬下河沟，以便涉水过去，再爬上那边的悬崖，然后两边的人同时拉着绳索，把梁木拉上去，就可以把桥架好了。

但是，河沟里的水实在太急了，那些涉水的人有好几个被水冲走了，有一两个就在仓猝之间殉了难，于是其余的人都退缩了回来，再也不敢向前，而那梁木也快要被水冲走了。看起来，这独木桥一时是架不起来了。可是，在这些老百姓当中却有一个人，胆子和力气都比别人大，他奋力在急流中挣扎，拉住梁木，终于渡过对面，爬上悬崖，把桥架了起来。

因为这个人的功劳特别大，所以他的同伴们都很感激他，把他尊崇为英雄。他们拿大碗的酒和整个的羊来感谢他，还叫石匠把他的名字刻在河沟旁边的石壁上。大家做这些事情都是实心实意的，因为他们诚心感激他、尊敬他，而且热爱他。

不料，这个人竟因此逐渐变得万分傲慢，俨然以酋长自居了，在村庄中横行霸道起来。大家最初还忍耐着，但有一天，他竟当众宣言："没有我，你们连一条独木桥都架不起来！现在，你们看，我就要把它丢进河里去，看你们怎么办!"大家还以为他在开玩笑呢，而他却真的提起桥木的一端，"嘭"地一下丢进河沟里去了。老百姓们真的不能再忍耐了，一齐跑了过去，也提起他的两脚，把他一摔，他就摔进河沟里去了。老百姓还当天就把刻在石壁上的他的名字也刨掉，而且很快就重新架起了新的独木桥。

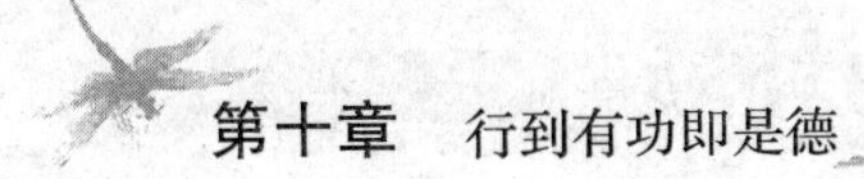

我们在平时做事时，即使被人冠以“功高盖世”的头衔，也要保持清醒的头脑，继续向上奋进，善行是没有尽头的，就如同佛说的——修功德也是没有尽头的一样。

古人云：“酷烈之祸，多起于玩忽之人；盛满之功，常败于细微之事。”自古打下江山的英雄为什么还要励精图治、爱国爱民呢？因为他们懂得水能载舟、亦能覆舟的道理，一旦懈怠，那么下场不是夏桀、商纣，就是阿斗、李煜。“事事有功，须防一事不终”，流芳百世很难，但遗臭万年也许只是因为一件小事。

4. 一无所有是惊喜的开始

【南怀瑾语录】

> 天下的万事万物，随时随地在变，没有不变的东西，没有不变的人，没有不变的事。因为我们对自己都没有把握，下一秒钟我们自己的思想中是什么也没有把握知道。

一首歌，唱得很无奈、很落寞：“我曾经问个不休，你何时跟我走，可你却总是笑我，一无所有……”

在很多人看来，“一无所有”简直是灾难。可是在南怀瑾看来，却未必如此。南怀瑾认为，事物向相反的方向运动，是道的运行规律。假设你一无所有，这并不是一件值得悲哀的事，反倒是一个好消息。因为你已经没有什么可以失去了，你日后的人生，可能是一连串获得、一连串惊喜。很多人正是跌到人生谷底后才开始转运，直至攀上事业巅峰的。

但是，要想攀上事业巅峰，你得善于运用有无规律才行。“反者道之动，弱者道之用”，你想从一无所有走向好运，得动起来才行，你想从弱走向强，得用起来才行。

如何动、如何用呢？要点有三：

第一，假设自己一无所有。

很多人的麻烦不是真的一无所有，而是有而不多，虽说日子过得不好，但勉强也能混下去，并无求变的决心。这就好比正处于坠落中，还没有跌到谷底，除非出现奇迹，否则不会开始上升。假如真的一无所有，情况就大不相同了。

我有一位朋友，年轻时到北京闯荡。好工作找不到，一般工作不愿干，高不成、低不就，钱花光了，工作尚无着落。这时候他连吃饭的钱也没有，所以他必须马上得到钱才行。当然，偷盗、抢劫之类的事他是饿死也不会干的。怎么办呢？他在马路上漫无目的地走着，肚子饿得发慌，却束手无策。

当他路过一家书店时，突然想到一个主意，就走进去，对店主说："我帮你向行人推销书，卖出去你给我提成，行不行？"

店主怎么会把书交给一个陌生人推销呢？自然不答应。他只好悻悻地走出来。可是想来想去没有别的办法，他又去找那个店主提出同样的要求。先后找了八次，店主不知是被他的诚意所感动，还是搞得不耐烦了，就给了他一本书。要是平时，他肯定不会这样死皮赖脸，只因饿得没办法了，才不得不如此。拿到书后，他着急换钱吃饭，推销时心态、神态自然跟一般推销员不同，结果五分钟就把书卖出去了。店主给了他三元钱提成，他总算吃了一顿饱饭。

此后，他继续帮店主推销，吃饭、住宿问题都解决了。再后来他给图书批发公司销书，每本书赚的钱更多，月收入有一万多元。他的推销能力为什么这样强呢？因为他用上了卖第一本书的经验：每天背着书出门时，不带一分钱，如果卖不出书，就没饭吃，只能露宿街头。在这种情况下，他的工作动力自然与众不同。

现在，他已经拥有了自己的直销公司，手下有数百名直销员。他对他们的要求是：出门前不得带一分钱。结果，直销员们每天都有收获，没有谁卖不出东西。

在生活中，绝大多数人并非真的一无所有，如果"假设自己一无所有"，每天从零点起步，所带来的工作动力将是无与伦比的。

第二，再穷也不要失去野心。

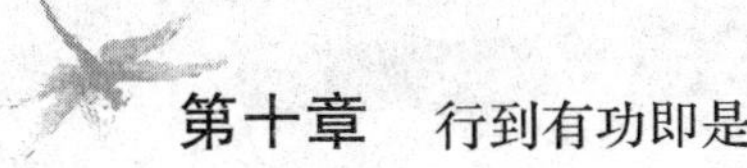

贫穷并没有我们想象的那么可怕，可怕的是思想的贫乏，如果一个人安于现状，上帝也无法帮助他成功。

一位大富豪曾提出过一个问题："穷人最缺少的是什么?"他的答案是：穷人最缺少的是野心。

绝大多数富豪起步之初都是穷人，他们并没有特殊的才能和特别好的机遇，但他们用梦想作为指路明灯，终于到达了成功的彼岸。

吉拉德出生在一个穷工人家庭，他的童年是在父亲的打骂中度过的。挨打带来的恐惧使吉拉德很自卑，从八岁时就有口吃的毛病。长大后，他去一家建筑公司当了一名普通工人。由于表现出色，深受老板赏识。多年后，老板退休，将公司交给他管理。最初几年，他做得很顺手，不料在从事房地产投资时，他被人家坑了，一败涂地。除了妻子、孩子和债务之外，他一无所有。

人们都认为他已经毁了，吉拉德自己却不这么认为，他决心带领家庭走出困境。

吉拉德去一家汽车经销公司应聘一份推销员的职位。经理怀疑有口吃毛病的他是否适于这项工作，就以"没有带暖气的房间"为理由，想打发他走路。

吉拉德坚定地说："假如您不雇用我，您将犯下一生中最大的错误。我不要暖气，只要一张桌子和一部电话，两个月内，我将打破您的最佳推销员的纪录。就这么定了!"

经理被他的豪情打动。于是，吉拉德在楼上的角落里，得到了一张满是灰尘的桌子和一部电话，开始了他的汽车推销生涯。口吃的毛病对一个下定决心的人来说并非不可克服的障碍，他用行动改变着自己的坏运气。三年后，吉拉德荣登"世界零售汽车及卡车推销员第一名"的宝座，并将这一纪录保持多年。再后来，他创办了著名的美国重庆公司，昂首步入世界大富豪的行列。

对于人生成功来说，拥有一定资源，当然更容易着手，但一无所有也不是难以逾越的障碍。这好比爬山，关键在于你是否有努力攀登的决心，而不在于你从哪里起步。

第三，为梦想付出对等的努力。

每一个稍具常识的人都知道，从一无所有到富甲一方，从默默无名到名扬天下，从人微言贱到手握重权，是一段遥远的距离。想省略艰苦奋斗的过程而直达目标，是不可能的。你只有做得比绝大多数人出色，才会有惊人的收获。请看一个成功事例：

艾尔出生在一个贫穷的家庭。父亲在他小时候就去世了，母亲在一个伞厂做工，每天工作十几个小时，含辛茹苦地把艾尔拉扯大。由于没钱交学费，艾尔小学未毕业就辍学了。

后来，艾尔迷上了演讲。苦练多年后，他终于能轻松自如地驾驭这项技能。他的演讲很有魅力，能让人哭，能让人笑，能让人慷慨激昂，能让人义愤填膺……一位朋友告诉他："你很有头脑，对事情有自己清楚的判断，又有这么好的演讲才能，为什么不从政呢?"

艾尔闻言心动。但是，想到自己的学历，他又胆怯了：一个小学文凭也没拿到的人，有资格跟那些出身名门、受过良好教育的人竞选吗？有能力胜任政府部门的工作吗？他不敢尝试。

母亲知道他的想法后，严厉地说："我能接受你被打败，但我不能接受你因为自己的胆怯而失败。"

为了不让母亲感到丢脸，他鼓起勇气，向政界努力。30 岁那年，他成功当选为纽约州议员。但接下来，艾尔还有许多需要克服的难题：他看不懂那些要他投票表决的既长又复杂的法案；他当选为森林问题委员时，他还从未踏进过森林一步；他当选为金融委员会委员时，他还从未在银行开过户头……所有这些陌生的东西都让他感到惊恐不安，使他不止一次萌生过自动辞职的念头。

但他没有逃避，每天坚持读书，如饥似渴地学习那些他需要知道、暂时却不知道的知识，有时一天要读 16 个小时。他将读书的习惯坚持了一辈子。在他当选为纽约州长的时候，他已经成了一个学识渊博的人。他曾四度当选为纽约州长，创下了一个空前绝后的纪录。而且，先后有六所大学授予他名誉学位。

可见，只要打消了随波逐流和投机取巧的念头，不吝于付出，一定能取得令人称羡的成就。

一个人能否成功，关键不在于他的起点有多高。没钱，没学历，没背景，都是成功的不利因素。但是，对那些有进取心的人来说，这些不利因素都可化为动力：没钱，可以使自己免于耽溺在逸乐之中，身体和名声都得以保全；没学历，可以提醒自己知识远不够丰富，需要努力学习；没背景，可以使自己不抱依赖他人的幻想，一切全靠自己努力。只要打消了随波逐流和投机取巧的念头，不吝于付出，一定能取得令人称羡的成就。

5. 知其不可为而为之

【南怀瑾语录】

孔子的圣人胸怀，对于社会、国家，是“明知不可为而为之”。虽然知道挽救不了，可是他硬要挽救，做了多少算多少。孔子所以为圣，就在这里。明知道这个救不起来，我尽我的心力去救他，救得了多少算多少，这是孔子之圣。

南怀瑾说：他们（指孔孟）走这个路子，所为何来？明知其不可为而为之也。他们也晓得这个时代、这个世界救不了，但是救得了也好救不了也好，就是那个样子，不改其志，拼命地叫！拼命地喊！你们不要睡啊！醒醒啊！可是讲了硬是不听。不听，你把我杀了也没关系，人反正要死，何足惧哉！

孔子说：“知其不可而为之”。如果把这句话安在南怀瑾的头上，也是合适的。因为就算身负盛名如他，也有实现不了的理想。在台湾的时候，南怀瑾先生做了许多事情，有一件事他很想做而没有做成，那就是续编《四库全书》。

《四库全书》是清朝乾隆年间由著名学者纪晓岚任“总编辑”，集中了几百人，花了几十年时间，才编纂完成的鸿篇巨制。但是，出于封建统治的需要，很多重要的经典专著因为不符合乾隆和清王朝的口味，而没有被收录在内。还有些经典著作，根据乾隆的御旨被删去了许多内容。乾隆以后，很多人都想把《四库全书》续编下去．把被漏掉删掉的内容以及成书以后新出现的重要著作加上去。

但是，这个巨大的工程，真正要做，又谈何容易。一是要有钱，二是要有人。相对来讲，钱还比较容易解决，人就很难办了。乾隆当年，可以集中几百人，设立一个机构；而在台湾，要找到几百个有高深学问的人，就已经很不容易了。更何况，在商品经济的社会里，有没有人愿意干这种默默无闻、无利可图的事情也很成问题。

这是一件受现实所限很难实现的事情，但南怀瑾在台湾的时候，还是为此大声疾呼，认为这件事非常重要，要赶紧去做。不过，他的呐喊没有人响应。最终，他这个理想也只能是一个理想而已了。

南怀瑾先生曾经在一首诗中感叹："生身斯世成何用，无力回天愧对天。"这是他在做过一些"知其不可为"的事之后发出的人生感叹，这感叹里包含许多对于现实的无奈。实际上，他的一生，不是"成何用"，而是对社会做出了很大的贡献；只是"无力回天"也是事实，毕竟个人的力量是有限的，要"回天"，翻开几千年的历史，又能有几人呢？

明知不可为而为，是社会责任感使然。是不计成本地奉献精神，是对精神境界的不懈追求。

（1）"不可为而为之"是一种对人生的挑战

"不登高山，不知山之高也；不临深溪，不知地之厚也"（《荀子·劝学》）

"知其不可为"只是凭经验作出的初步判断，不一定准确，也并非实际的"不可为"。到底可不可为，只有通知实践来验证，也就是要"为之"，即实践是检验真理的唯一标准。

如果知其不可为就不为，就等于承认凡事无须坚持，遇到困难只管放弃，听天由命，随遇而安。那么就不会有力挽狂澜、扭转乾坤、逢凶化吉、转危为安、如有神助等等情况的发生。英语里有一句谚语叫"自助者天助"，就是这个道理。

（2）"不可为而为之"是一种无畏的精神

"知其不可而为之"，孔子的概括真是入木三分，深刻得很。一个人知道自己所从事的事情是可望成功的，于是坚持干下去，最后果然取得成

功，他固然是一个成功的人，但说来却并没有什么特别的了不起。

而一个人明知自己所从事的事情，在自己的有生之年不可能取得成功，但他还是一丝不苟地坚持做下去，“春蚕到死丝方尽，蜡炬成灰泪始干”，为自己的信念和理想而献身，这就非常不易而难能可贵了。就像愚公移山，又像西绪福斯把石头推上山坡，圣人何尝不知道“克己复礼”任重而道远，但却周游列国，“累累如丧家之犬”而精神不改，晚年退居讲学，仍然以礼乐文化为核心内容，为推行“仁道”而贡献力量。正如曾子所说：“仁以为己任，不亦重乎？死而后已，不亦远乎？”正是这一方面的精神，突现了儒家积极入世的特征。

(3)“不可为而为之”是一种神圣使命

所谓“不可为”，不是不能去做，而是在一般人看来没有实现的可能性，是“费力不讨好”的事情，所以认为没有必要去做。一定要保证很快就见成效才去做，一定要先有利于自己才去做，一定要先有利于自己所在的全体才去做，一定要有利于当时的时代才去做，这几种情况虽然有不同，但都是从事功的角度来说的。圣贤君子做事，所重视的是道义，事功的实现体现在道义之中，而不是把事功放在道义之上。如果不符合道义，即使有局部的、暂时的利益，也会造成严重的后患。依据道义去做事，即使局部或暂时看不到利益，但是全局的、长久的利益就在其中了。

不因为是否成功才决定做不做，而是因为应该做就去做。儒家讲“无所为而为”的学说：一个人不可能无为，因为每个人都有些他应该做的事。然而他做这些事都是“无所为”，因为做这些事的价值在于做的本身，而不是在于外在的结果。

“道之将行也与？命也。道之将废也与？命也。”（《论语·宪问》）

他尽了一切努力，而又归之于命。命指天命，即天的命令或天意，它被看作一种有目的的力量。但是后来的儒家，就把命只当作整个宇宙的一切存在的条件和力量。我们的活动，要取得外在的成功，总是需要这些条件的配合。但是这种配合，整个地看来，却在我们能控制的范围之外。所以我们能够做的，莫过于一心一意地尽力去做我们知道是我们应该做的事，而不计成败。这样做，就是“知命”。

在科学实验、科学研究中，艺术创造中，学理探讨中，新理论体系的形成过程中，使自己成为一个垫脚石，成为铺路的石子，成为划时代的一个序曲的例子不胜枚举，没有知其不可而为之，就没有历史的前进与科学的进步，就没有人类文明的积累与辉煌，就没有可歌可泣的历史、今天与未来。你必须具有知其不可而为之的精神，必须在追求成功、追求高妙、追求高境界的同时具有不怕碰壁、不怕失败、不怕风险、不怕付出，更不怕投入的决心和勇气。

“不知不可为而为之，愚人也；知其不可为而不为，贤人也；知其不可为而为之，圣人也。”（张岱《四书遇》）

“明知不可而为之”，这是一个理想主义者的形象勾画。明知道此生无法做成这件事，却偏偏要去做。为什么？为了他的理想。理想是一个人的精神家园，是心灵的归宿，是精神的“落脚点”。有了它的存在，在漫长的人生旅途中，无论如何疲惫、如何艰辛，也不会迷失方向。

与此截然相反的是，有另外一种人，知其可为而不为。他们常常懒惰成性，或被一时的乱花迷乱了双眼，于是茫然无措、浑浑噩噩；另外，还有一种人，不知其可为不可为而不为。这种人永远成不了“人杰”，因为他“不为”、不拼，所以一生将一无所获。

请不要担忧自己的弱小，你看那扑往火中的飞蛾，它何曾后悔？请不要畏惧他人的嘲笑，以卵击石也是一种壮举。为了理想，请不要太注重结果，不如学会享受“不可为而为之”的过程。

6. 吾将上下而求索

【南怀瑾语录】 

一个人活着就为了实现自己的志向，“路漫漫其修远兮，吾将上下而求索”、“亦余心之所善兮，虽九死其犹未悔”是让人何等热血沸腾！而这千古名句又成了多少人的座右铭！人若无志，如鸟无翼，一个人总要有一生追求的远大目标和志向，才不会枉此一生。

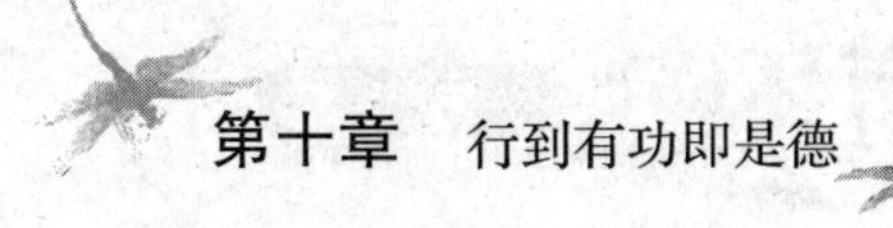

南怀瑾先生很欣赏“路漫漫其修远兮，吾将上下而求索”这一句话，这句话虽不是他老人家的原创，但却是很多人都喜欢和用来自勉的一句话。

追溯这句话的来源，它是楚国三间大夫屈原融一生爱国、爱民之志写下的千古名句。屈原一生忠君爱国、“事君不贰”，所有读过《离骚》的人，都不难发现屈原之志在于国家。

屈原，名平字原，生于楚宣王在世朝代，死于顷襄王的朝代，一生经历了楚威王、楚怀王、顷襄王三个时期，屈原主要的活动时期是楚怀王时期，而这正是中国将要实现第一次统一大业的前夕。“横则秦帝，纵则楚王。”当时楚国国力强大，屈原出身贵族，又明于治乱，年轻时就十分有才，因此得到楚怀王的重用，担任“左徒”一职，负责起草法令和接待外宾的重要职位。屈原也精于治乱，并立志要让楚国更加强大。但是屈原受到重用时，却有一些小人对他的地位和才能非常嫉恨。

有一次，屈原起草了一个文辞华美、条令严谨的宪令，上大夫靳尚看到后十分羡慕，于是想占为己有，以便向楚怀王邀功。但耿直的屈原却把这事揭发了。从那以后，靳尚就对屈原怀恨在心。后来靳尚又和阴毒险恶、臭名昭著的楚怀王之妃郑袖狼狈为奸，对屈原百般加害。

楚怀王十五年，张仪从秦国到楚国，用重金收买靳尚、子兰、郑袖等人当内奸，并以“献商于之地六百里”诱骗怀王，致使齐、楚断交。但楚怀王受骗后大怒，两次出兵秦国，结果惨败，从此楚国国力大减。

此时楚怀王想起屈原，于是让屈原出使齐国重修旧好，这才让当时的局势有所改变。但这时秦国又派张仪到楚国对齐楚联盟进行瓦解，最终齐楚联盟没有取得成功。楚怀王二十四年，秦、楚“黄棘之盟”使楚国投入秦国怀抱。而在政策上和靳尚有冲突的屈原也被逐出郢都，流浪到汉北。

楚怀王三十年，又把屈原召回。当年秦王约楚怀王在武关相会，屈原知道秦王绝对不会怀好心，于是苦劝怀王不要去，但怀王还是去了。结果怀王被秦扣留，客死异乡。

顷襄王即位后，听信靳尚等小人的投降政策，空有满腔爱国之情的屈原再次被流放，结束了他的政治生涯。屈原一生“正道直行，竭忠尽智”，政治生涯的失败让他把满腔的爱国之志化为诗歌。在他被流放的期间，写成了《离骚》、《天问》、《九歌》、《九章》等千古传唱的作品。后来，秦攻下楚国郢都，楚王仓皇逃走。被流放到洞庭湖的屈原得知楚国大势已去，无力回天，于五月初五抱石投入汨罗江而死。

屈原一生忧国忧民，他行廉志洁的人品为后世万代景仰。郭沫若评价屈原是“伟大的爱国诗人”，梁启超也说他是“中国文学家的老祖宗”。屈原的性格与志向是近千年来中国知识分子典型的性格与志向，其爱国忧民的人生价值观也是千百年来中国人生价值的重要取向。《离骚》中“朝发轫于苍梧兮，夕余至乎县圃。欲少留此灵琐兮，日忽忽其将暮。吾令口和弭节兮，望崦嵫而勿迫。路漫漫其修远兮，吾将上下而求索”等诗句，表达着屈原那种执著精神和远大志向，感动着整个中华民族。

有人说屈原的一生是失败的，所以他才投江而死。但南怀瑾强调的是，一个为自己的理想和志向而死的人，你能说他失败吗？

这就像西方伟大哲学家苏格拉底在法庭上那场辩论一样。他一个人对五百零一人组成的法官团所讲的：“朋友，你们都是雅典公民。雅典是最伟大的城市，以智慧和强盛驰名远近。可是你只顾在多赚财富和博取名声与荣耀方面用心，对于内心的修养和真理，以及怎样使灵魂更加完美等问题却置之不理，难道你不感到羞愧吗？”

如此一来，原来要审判苏格拉底的人却被他教训一顿。结果他以281票对220票被判有罪，五百多人的法官团一怒之下宣判了苏格拉底的死刑。当他在监狱中等死的时候，正是雅典派往提洛岛祭祀阿波罗神的圣船扬帆起航之日。按照祖传礼法，祭神期间（包括圣船往返航期在内），城邦必须洁净，不得行刑，所以苏格拉底缓刑一个月。

这时，苏格拉底的学生、朋友都已经把钱财准备好，只要他一点头就可以逃跑。但他却说：“我身为雅典公民，一定要遵守法律。法律以不义的方式宣判我有罪，但我不能因此而反抗法律。”在他死的时候，甚至问狱卒喝了毒酒之后有什么反应，想自己先有个心理准备。

苏格拉底一生以死刑作为终结，他怕死吗？当然不是，对他来说，为自己理想而死并不觉得自己失败。同理，我们不难想象屈原抱石投江之时又是何等的沉着！

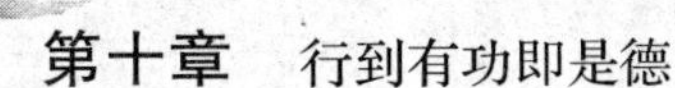

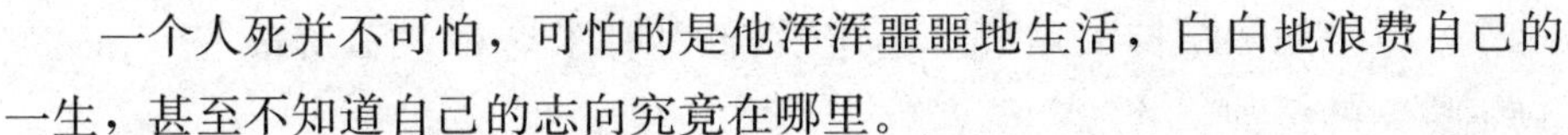

一个人死并不可怕，可怕的是他浑浑噩噩地生活，白白地浪费自己的一生，甚至不知道自己的志向究竟在哪里。

南宋哲学家朱熹说：“大丈夫不可无气概”，“立志不坚，终不济事”。北宋文学家苏轼指出：“天下未有其志而无其事者，亦未有无其志而有其事者。事因志立，立志则事成。”“古之立大事者，不惟有超世之才，亦必有坚韧不拔之志。”孙中山也认为：“古今人物之名望的高大，不是在他所做的官大，是在他所做事业的成功。人苟有正确的志向，地位虽小，未尝无大事业之成功。”可见，志向是我们人生的导航灯，可以为我们指引出生活的方向。

不仅如此，远大的志向还与我们的未来密切相关，只有一个有志向的人才有可能实现自己的理想。大禹治水三过家门而不入。霍去病为了国家驻守边关，抵御匈奴，当他击退了匈奴的入侵，汉武帝送他大宅时，他却说：“匈奴未灭，何以为家?”……古今中外有这么多英雄、伟人、哲人，都为了自己的志向奋斗一生，不是更加说明远大志向对人的重要性吗?

无论遇到多大的困难都不要失去自己远大的志向，不要畏惧前方的道路是多么的曲折和长远，只有通过不断的求索才能看到最美丽的风景。

7. 坚持的极致“千万人吾往矣”

【南怀瑾语录】

> 一辈子跟着别人的屁股走，当然也就只能得到别人剩余的利益，永无出头的一日。既然每个人的条件不同、能力不同，那么就更应该掌握自己的方向，开创自己的道路。

任何事业的成功，都不可能一帆风顺，都会遇到各种意想不到的挫折和障碍，有时还难免会遭到失败。关键就在于要知难而进，不因失败而灰心、失望。英国著名哲学家罗素说过：“伟大的事业是根源于坚韧不拔地工作，以全副的精神去从事，不避艰苦。”有了这种“不避艰苦”和“坚韧不拔”的精神，才能获得真知。

南怀瑾一生可做的事很多，可选择的前景也很多。比如：他可以当官，却没有去当官；如果他想当官，不说易如反掌，也是门路很宽的。那时，国民党统治集团为江浙帮所控制，他是浙江人，算是蒋介石的小同乡，同时在国民党党国要员中，有他很多朋友，只要他稍微表现出一点投靠的意思，不用一分钱的礼，不用求爷爷拜奶奶的那么费事，就可以在国民党里谋到一官半职，或许还能青云直上。他在二十多岁的时候，陈诚就推荐他给蒋介石当秘书，他都没有干。

南怀瑾没有遁入空门。他学了那么多年的佛法禅宗，而且年纪轻轻就被认为是得道开悟了的高人，但他没有踏人空门、出家为僧。他一辈子没有踏入空门，因为他还牵挂着世间的事。他曾经写过自励的诗句：此身不上如来座，收拾河山亦要人。

很多学生及友人也劝南怀瑾做生意，但他执意坚持和选择了个穷行当，那就是要以讲学为生。任何人的劝说都不管用了。从此，他就终生走上了传承中国文化的艰辛之路。

他走上这条路，完全是精神意志上不屈不挠追求着的一种水到渠成。这期间，他还不可思议地拒绝了国民党政府甚至蒋介石的委任呢。这也是一般人所难以做到的。

南怀瑾用自己的行为告诉大家，既然每个人的条件不同、能力不同，那么就更应该掌握自己的方向，开创自己的道路。这条路也许很狭窄，没有其他大路来得宽阔平坦，沿路也没有丰盈鲜美的花果，只有满途蜿蜒坎坷的荆棘，但只要坚持下去，那就是一条完全属于你的路。就算路途漫长而不平顺，但是尽头却海阔天空，那儿如诗如画的美丽景色，将会是世上最动人的一角，只有你一个人能够看见。

于娜原本经营一家小小的唱片公司，专门翻唱一些过时的流行歌曲，然后以较低的价格在市场上抛售，这门生意虽然有利可图，却始终没有大展拳脚的机会。

于娜辛辛苦苦努力了十年，依然无法获得应有的报酬，于是她决心不再跟着流行走。

她开始研究国内外的市场，发现欧美国家有一些博物馆，保存着许多中古世纪用风琴演奏的音乐作品。这类音乐带有浓浓的怀旧气息，绝大部分与宗教艺术相关，风格独特，潜力十足。

于娜相当欣赏这类型的音乐，因此集中全力投资，把这些稀有的乐曲制作成一张张精美的专辑。

为了省下成本，她不做宣传也不搞噱头，一切只等行家来评鉴。

于娜相信只要是好的音乐，就一定能引起人们的共鸣，她把重心摆在音乐本身的品质上，果然一推出，就得到了不少消费者的青睐。

这些消费者多半都是热爱音乐的知识分子，深深被这些来自中古世纪的琴声所吸引。因此，于娜乘胜追击，搜寻更多不朽的乐曲，使这些被人遗忘许久的旋律重新找到属于自己的天地。

这样的音乐虽然不是主流，却富有浓厚的文艺价值，而且在盗版的侵袭浪潮中侥幸逃过一劫，于娜因此赚进了上百万的收益，并且业务仍持续扩大。

于娜苦心钻研，又有过人的眼光，因此找到了一个成功的起点，就是“不追随别人的脚步，走自己的路”。

如果只是一辈子跟着别人的屁股走，当然也就只能得到别人剩余的利益，永无出头的一日。

生命原本就是短暂的，为何还要栽培忧愁呢？效仿他人，是浪费自己的时间，也是糟蹋自己宝贵的人生。遵循自己内心的直觉，满怀勇气去追寻自己的理想。在展现自我的道路上，即使风雨兼程、披荆斩棘，也无怨无悔。信念不倒，逆境终转。

南怀瑾告诫那些身处逆境的人，逆境是每个人都不想遇到的，但它却没有人们想象的那么可怕，它是我们每个人生命中的必经之路。而在逆境中，只要你不忘自己的志向，就可以更加清楚地看清事物发展的客观规律，并从中磨炼自己的各种素质，为将来的成功打下基础。一个人只有在逆境中，才能更加清楚地看清人生的本质及人性的阴暗面，从而悟出人生的真谛。

面对人生的种种挑剔、指责、打击，我们要毫不气馁，执著地追求自己的志向，这才是走向成功的唯一大路。而知道这一点的人，无论身份多么卑微，最终都会事有所成。

屈原是中国文学史上第一位最伟大最杰出的浪漫主义诗人，他在长期的流放生活中，始终坚持自己的主张，决不随波逐流。我们从他的代表作《离骚》中可以看出他以政为德、治理美政、以民为本、情系民众、呕心沥血、举贤授能、忠君爱国、高尚伟杰的为政思想。他一生“致君尧舜”的努力与“哲王不寤”的激烈冲突就是他理想与现实的尖锐矛盾。当时有许多人劝他“不要拘泥”、“随和一些”，但伟大的屈原却说：“宁赴湘流葬于江鱼之腹中，安能以皓皓之白，而蒙世俗之尘埃乎?”原本可以避免悲剧的屈原选择了悲剧性的人生。他那种宁可跳身江水葬身鱼肚也不让自己洁白的品质蒙上世俗灰尘的精神和在任何情况下都矢志而决不随俗、恋国而决不弃国的精神，都化为千古不朽的诗篇。屈原一生都在为楚国的兴盛奔走呼号，可惜朝廷昏暗不明、小人当道，一生都处于逆境与挫折之中的屈原以自己的血泪写下了楚辞《离骚》。

眼看国破之难，自己虽然忧心如焚但无法施展力量的屈原，最终来到汨罗江边抱石自沉。两千多年的岁月过去了，在悠悠的历史长河中这不能算是短短的一瞬。屈原的生命虽然早在千百年前那一瞬间死去，但他的形象却依然留在人们心间。大江东去，暮往朝来，时至今日，人们在端午节那天仍要在河里划龙舟，要把粽子系上五彩丝线来纪念伟大的诗人屈原。由此可见，他的精神是永存的，他对民众和对祖国忠贞不渝的感情永远留在每个人心中。

每个人的一生有或大或小、或多或少、或这样或那样的挫折和逆境。在复杂多变的社会形势中，当你身处逆境要如何自处?

南怀瑾说：“逆境就像一个孵化器，每一个有机会看世界的小鸡都必须在孵化器里待足够的天数才可以破壳而出，来到这个世界。逆境对我们每个人来说是不可避免，但它却不是不可改变的，古今中外无数成功者的实例告诉我们，只要你有一颗能征服它、百折不忘其志的心，就可以让你征服人生路上一座又一座的山峰。当你达到最高点回首往事，你会发现你所有成功的素质大多是在逆境中苦修而来。”

人生不一定非要成功到何种程度才算是精彩；坚持走自己的路，努力收获着属于自己的那份果实，这样的人生不是照样很精彩么?